贺易●著

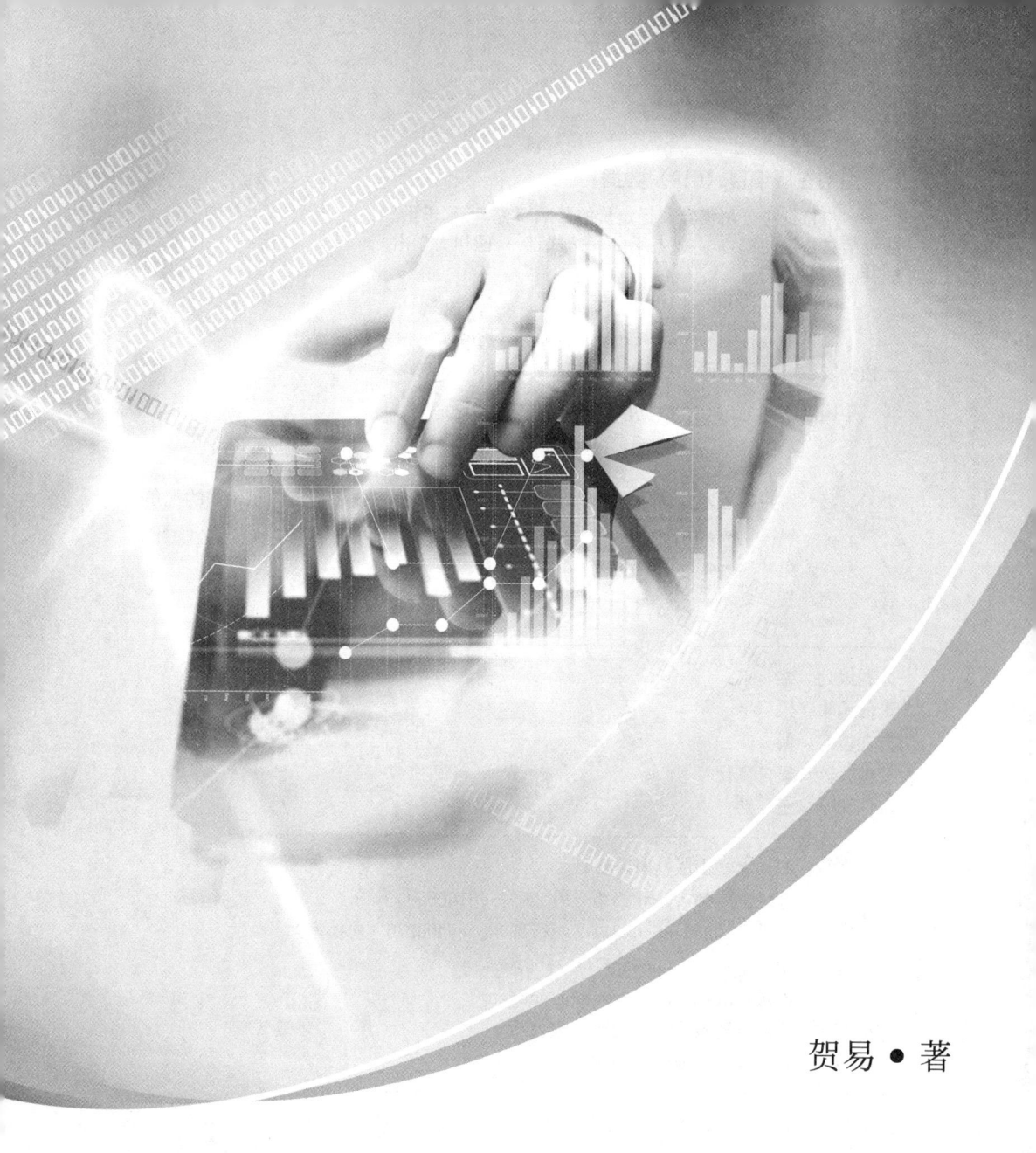

客户特征对公司债券发行定价的影响研究——基于供应链信息传递的视角

四川大学出版社

图书在版编目（CIP）数据

客户特征对公司债券发行定价的影响研究：基于供应链信息传递的视角 / 贺易著. — 成都：四川大学出版社，2022.8
ISBN 978-7-5690-5618-1

Ⅰ. ①客… Ⅱ. ①贺… Ⅲ. ①客户－影响－公司债券－债券发行－定价－研究 Ⅳ. ①F810.5

中国版本图书馆CIP数据核字（2022）第140205号

书　　名：	客户特征对公司债券发行定价的影响研究——基于供应链信息传递的视角
	Kehu Tezheng dui Gongsi Zhaiquan Faxing Dingjia de Yingxiang Yanjiu——Jiyu Gongyinglian Xinxi Chuandi de Shijiao
著　　者：	贺　易

选题策划：梁　平
责任编辑：梁　平
责任校对：傅　奕
装帧设计：璞信文化
责任印制：王　炜

出版发行：四川大学出版社有限责任公司
　　　　　地址：成都市一环路南一段24号（610065）
　　　　　电话：(028) 85408311（发行部）、85400276（总编室）
　　　　　电子邮箱：scupress@vip.163.com
　　　　　网址：https://press.scu.edu.cn
印前制作：四川胜翔数码印务设计有限公司
印刷装订：四川煤田地质制图印刷厂

成品尺寸：170 mm×240 mm
印　　张：13.25
字　　数：249千字

版　　次：2022年8月 第1版
印　　次：2022年8月 第1次印刷
定　　价：79.00元

本社图书如有印装质量问题，请联系发行部调换
版权所有 ◆ 侵权必究

四川大学出版社
微信公众号

前　言

自 2007 年我国证监会出台《公司债券发行试点办法》以来，公司债券市场规模日益壮大，到 2019 年底公司债券发行总额已超过 10 万亿元。发行公司债券已成为众多企业获取长期直接融资的选择之一，这也意味着公司债券市场上有越来越多的投资标的供投资者选择，如何有效地评估公司债券的信用风险，并要求相应的风险溢价成为投资者面临的一项难题。对于公司债券发行主体，投资者要求的风险溢价水平会直接影响公司债券在市场上的发行价格，直接关系到公司债券发行的成本。

根据信息不对称理论，投资者与公司债券发行主体通常存在较大的信息不对称，投资者需要根据发债企业公开披露的信息来了解发债企业日常的经营状况以及未来的偿债能力，评估公司债券的信用风险，从而要求合理的风险溢价。信息传递理论表明，投资者不仅仅会关注企业自身财务业绩的信息，还会关注与其在经济业务上有紧密联系的利益相关主体的信息。客户作为企业重要的利益相关者，会对企业的日常生产经营产生直接影响。具体而言，客户的购买需求与能力直接决定了企业的经营收入，进而关系到企业自身在债券到期时的偿债能力。然而，客户并不是"同质"的，不同客户所包含的特征显示的差异化的购买需求与能力，会直接影响买卖双方的交易成本，对上游企业经营业绩产生不同的影响。因此，发债企业的客户向投资者传递的企业经营业绩相关的信号是有差异的。

本研究在前人的基础上，从三个维度对公司债券发行企业的主要客户特征进行探讨：主要客户的资质、主要客户的地理分布特征以及主要客户的稳定性。这三个特征分别影响了企业经营收入的保障程度、企业与客户交易过程中付出的交易成本以及企业与主要客户稳定关系所传递的未来收入的持续性，进而影响企业在公司债券到期时偿还债务能力。为此，本研究以 2007—2019 年在沪深两市公开发行的公司债券为样本，主要探究以下问题：公司债券投资者是否能识别这些客户特征所传递的企业生产经营相关的信号，进而影响债券投资者所要求的风险溢价？客户的这些特征对企业经营产生了何种影响，进而如何影响债券投资者对公司债券的信用风险评估？客户特征对公司债券发行定价的影响是否取决于不同条件，即这些客户特征对公司债券发行定价的作用在何种情况下更明显？

基于此，本研究的实证部分主要包括以下内容：

第三章研究了客户资质对公司债券发行定价的影响，发现公司债券发行企业主要客户资质越高，公司债券发行定价越低。原因在于，公司债券投资者会识别发债企业不同资质的客户对企业生产经营的影响，若发债企业的前五大客户中拥有高资质的客户（如政府或上市公司客户），对企业现有经营收入的保障程度较高，传递了企业经营业绩的积极信号，投资者会降低风险溢价的要求。运用替换研究变量、使用加权平均等多种方法进行稳健性检验，采用倾向性匹配得分法（PSM）、差分模型、其他固定效应等缓解潜在的内生性问题后，上述结果依旧稳健。在机制分析中发现，企业拥有高资质的客户会对企业未来销售收入的增长产生正向影响，进而向投资者传递了企业经营业绩的积极信号。此外，研究表明，客户资质与公司债券发行定价的负向关系在非中央控股的企业、客户为非外资合营企业的样本观测组中更为明显，说明客户资质对公司债券发行定价的负向影响取决于发行者自身的背景特征以及客户的其他能力特质。

第四章研究了客户地理分布特征对公司债券发行定价的影响，发现公司债券发行企业的主要客户地理分布越分散，公司债券发行定价越高。这说明债券投资者会识别分散的客户地理分布特征所传递出的发债企业经营业绩相关的风险信号，即分散的客户分布会降低企业与客户的信息沟通效率，在维护与客户的关系中也需要花费较多的交易成本，甚至因地理分布过度分散导致交易的破裂，致使投资者要求更高的债券信用利差作为风险补偿。经过一系列稳健性检验后主要结果保持不变；运用工具变量法（IV）、Heckman两阶段法等缓解可能存在的内生性问题后，上述结论依旧稳健。机制检验表明，客户地理分布越分散，企业会花费较多的交易成本与客户达成商业交易，进而向债券投资者传递企业经营的风险信号。另外，研究发现，若企业所在地区交通状况较好或企业的外部审计质量较高时，客户地理分布分散程度与公司债券发行定价的正向关系会被削弱。

第五章探究了客户稳定性对公司债券发行定价的影响，发现当公司债券发行者的主要客户稳定性较高时，投资者要求更低的风险溢价，即公司债券发行定价越低。这说明债券投资者可以识别较高客户稳定性所传递的企业经营业绩相关的积极信号，稳定的客户降低了交易过程中的信息沟通成本，为企业的未来收益提供了更多保障，会使得公司债券到期时的债务偿还能力更强，投资者会相应降低对风险溢价的要求。在经过一系列稳健性检验、内生性检验后研究结果仍保持不变。机制检验发现，客户稳定性越高，发债企业资产收益率的波动率越低，进而向投资者传递企业经营业绩的积极信号。本研究还发现，当经济政策不确定性较高，或企业与监管机构距离较远时，债券投资者可能更重视客户稳定性对企业生产经营带来的影响，使得客户稳定性与公司债券发行定价的负相关关系更加明显。

衷心感谢我的博士生导师干胜道教授，干老师严谨细致的治学风格、深邃广博的学术视野、平和淡然的人生态度、坦荡无私的胸怀气度深深地影响着我，本书能顺利完成与干老师的细心点拨和耐心指导密不可分。在此，向无私付出的干老师表示诚挚的谢意！同时，特别感谢四川大学出版社梁平编辑的帮助与指导！

著　者

目 录

第一章 概论 …………………………………………………………（1）
 第一节 研究背景与研究意义 ……………………………………（1）
 第二节 研究内容与方法 …………………………………………（6）

第二章 制度背景、理论基础与文献回顾 ……………………………（12）
 第一节 制度背景 …………………………………………………（12）
 第二节 理论基础 …………………………………………………（15）
 第三节 文献综述 …………………………………………………（23）

第三章 客户资质对公司债券发行定价的影响 ………………………（51）
 第一节 问题提出 …………………………………………………（51）
 第二节 理论分析与假设 …………………………………………（52）
 第三节 研究设计 …………………………………………………（55）
 第四节 实证结果分析 ……………………………………………（61）
 第五节 本章小结 …………………………………………………（103）

第四章 客户地理分布特征对公司债券发行定价的影响 ……………（105）
 第一节 问题提出 …………………………………………………（105）
 第二节 理论分析与假设 …………………………………………（107）
 第三节 研究设计 …………………………………………………（109）
 第四节 实证结果分析 ……………………………………………（113）
 第五节 本章小结 …………………………………………………（144）

第五章 客户稳定性对公司债券发行定价的影响 ……………………（146）
 第一节 问题提出 …………………………………………………（146）

第二节　理论分析与假设……………………………………(147)
　　第三节　研究设计……………………………………………(150)
　　第四节　实证结果分析………………………………………(153)
　　第五节　本章小结……………………………………………(175)

第六章　研究结论与政策建议………………………………………(177)
　　第一节　研究主要结论………………………………………(177)
　　第二节　政策建议……………………………………………(179)
　　第三节　研究局限与展望……………………………………(181)

参考文献………………………………………………………………(184)

第一章　概论

第一节　研究背景与研究意义

一、研究背景

改革开放四十多年以来,我国经济发展取得了举世瞩目的成就。自20世纪90年代沪深两市建立至今,中国资本市场得到了快速发展,成为世界第一大新兴资本市场,然而也存在一系列问题:我国资本市场制度和机制还有待完善,资本市场发育程度和活跃度与西方发达资本市场相比尚存在差距(Wong et al., 2016)。值得指出的是,资本市场的健康发展有助于实现资源的有效配置并服务于实体经济。目前中国金融市场仍然是以国有银行为主导,银行信贷是企业融资的主要途径(Gong et al., 2019),2007年我国非金融上市公司银行借款占总负债的均值为53.69%,2017年该值仍高达44.16%。[1] 然而,以往研究表明银行信贷资金并未使企业融资成本显著降低(孙会霞等,2013),尤其是民营企业会受到银行的信贷歧视(Lu et al., 2012),因此融资规模小、融资成本高是制约我国大多数企业发展的瓶颈。与之相对应的现状是我国债券市场发展起步较晚,其制度体系、配套设施不够健全,尤其是针对企业融资所发行的公司债券市场规模与西方发达公司债券市场存在差距:美国2019年度公司债券市场存量余额与当年GDP的比值为44.63%,而中国公司债券市场余额与GDP的比值只有7.00%,表明中国公司债券市场与发达资本市场仍然存在较大差距[2]。2017年,中国人民银行副行长潘功胜指出,债券市场作为金

---

[1] 数据参照姚立杰、付方佳、程小可:《企业避税、债务融资能力和债务成本》,《中国软科学》,2018年第10期,第117~135页的算法。

[2] 美国公司债券数据源于美国证券行业和金融市场协会(SIFMA),GDP数据源于CEIC宏观金融数据库。

融市场重要组成部分，具有"价格锚"和"蓄水池"的作用，推进债券市场的建设是我国金融体系改革的必要举措。① 因此，近年来国家开始逐渐重视债券市场的发展。2017年党的十九大报告提到要进一步加快多层次资本市场的建设，提高直接融资的比重，缓解企业融资难、融资贵的问题。

在我国债券市场中，公司债是一种非常重要的融资方式，能在保证股东控制权不被稀释的前提下，优化企业的融资结构，缓解企业融资约束，并且能产生财务杠杆效应和税盾价值。证监会在2007年8月14日出台了《公司债券发行试点办法》。该政策的出台是我国公司债券市场发展的里程碑，它规范了公司债券的发行行为，为债券市场的发展提供了制度指引。随后在2015年1月15日证监会出台了《公司债券发行与交易管理办法》，将公司债发行主体由之前的上市公司扩大到所有公司制法人，并建立了非公开发行制度，越来越多的企业将发行公司债券作为获得长期直接融资的有效途径，在公司债券市场上可供投资者选择的标的也越来越多，如何准确评估发债企业的信用风险进而要求合理的风险溢价成为债券投资者不得不面对的问题。由于债券投资者与发债企业存在信息不对称，债券投资者主要通过发行者公开披露的信息（比如公司债券发行者的年报、公司债券募集说明书等）来了解其经营情况及未来偿债能力。

根据信息传递理论，企业之间的信息会相互传递（Foster，1981）。对于发债企业公开披露的信息，债券投资者不仅会关注企业自身财务业绩的披露，也会关注与其有紧密经济联系的公司状况的披露，进而做出投资决策（Pandit et al.，2011；Cheng and Eshleman，2014）。客户是企业重要的利益相关者，企业与主要客户之间存在紧密的经济联系，会对企业本身的经营业绩产生直接且重要的影响。企业将产品销售给客户后获得主营业务收入，才能维持企业正常的经营运转。与主要客户的商业关系破裂，会给企业经营带来较大的经营不确定性，增加债券到期时的违约风险。② 因此，债券投资者会关注发债企业主要客户的情况，分析主要客户传递的非财务信息，将其作为企业自身财务业绩信息的补充与佐证，能够帮助债券投资者更准确地评估发债企业的违约风险，进而要求相应的风险溢价，以降低投资风险。

以往文献研究发现企业的客户集中度会影响交易双方的议价能力，向投资

---

① 详细内容可见：http://finance.jrj.com.cn/2017/08/29092023019498.shtml。
② 2019年7月，由深圳大富配天投资有限公司（代码：300134.SZ）发行的"16配投01"到期时发生违约，其主要原因是发行人的主要客户的购买具有不可持续性，导致其经营业绩下滑，债券到期时无法偿还债务，由此可见，客户会直接影响上游企业发行债券的违约风险。

者传递企业经营相关的信号，进而影响投资者的决策（Dhaliwal et al.，2016；王雄元和高开娟，2017）。然而，客户集中度仅从企业重要利益相关方的依赖角度来探讨供应链关系，反映出客户对企业生产经营的重要性。客户集中度把主要客户视为"同质"的，并没有反映出不同特征的客户对企业的影响。事实上，不同客户存在众多差异，并非同质存在。客户自身拥有的特征可能会影响客户的购买需求和购买能力，这会直接影响到销售收入的保障度以及稳定性，进而影响到公司债券发行到期时的违约风险。因此，发债企业的主要客户自身包含的不同特征可能会向债券投资者传递差异化的信号，有必要进一步深入探究发债企业具备不同特征的客户向公司债券市场传递企业经营相关的风险信号，使得债券投资者识别发债企业潜在的经营风险，更准确地评估发债企业的信用风险。

公司债券投资者自身所具备的特质会使其更关注发行者客户层面传递出的信息。与股权投资者相比，公司债券市场的投资者可能更会关注企业客户层面所传递的信息。原因在于：首先，从获利的方式来看，债权人是在收回本金的基础上，通过持有期间的利息获取收益的；而股东是通过企业赚取丰腴的利润获得更多的资本利得。获取收益的差异导致了两类投资主体有不同的风险偏好。债权人可能更会关注企业未来的现金流量，能否到期还本付息（Ball et al.，2008）。而客户直接影响债务人的未来业绩与现金流量，进而影响债务人的偿债能力，债券投资者因此可能更关注企业的客户状况。其次，从获取信息的渠道来看，股权投资者获取信息的途径更多，由于我国股票市场发育成熟度更高，股权投资者不仅仅依靠企业自身披露的信息进行投资决策，还可以通过财经媒体、金融分析师等中介机构、股吧论坛等途径来获取投资标的的相关信息，而公司债券市场目前仍处于发展阶段，公司债券的投资者主要依靠企业在债券募集说明书中公开披露的信息对债券的信用风险做出评估，发债企业的客户状况在一定程度上能反映企业目前的经营状况，会引起债券投资者的关注。再次，从投资期限来看，股权投资者在二级市场上进行交易的灵活度较高，而我国公司债券发行平均期限在 5 年以上。公司债券的存续时间长，会增加投资过程中的不确定性，会使得公司债券投资者在债券发行之初更关注那些影响企业偿债能力的因素，而主要客户的购买需求和能力会直接对企业的生产经营产生影响，进而影响企业所发行债券到期时企业是否有足够的资金偿还债务。一旦公司与主要客户的关系出现问题，企业经营业绩受到影响，债券投资者可能面临债券到期时无法收回本金的风险，因此公司债券投资者对企业客户层面传递出的企业经营相关的风险信号会有更敏锐的反应。与私有债的债权人，即银行相比，由于银行与企业存在信贷关系，银行更容易获取企业大量私有信息（Bhattacharya et al.，1995），对企业经营状况和财务状况更加了解，且能更好地监督企业贷款去向。公司债券投资者作为外部人，获取信息的渠道有限，与企业存在的信息不对称问题更严重（Bharath et al.，2008），因此，公司债券投资者可能更关注企业公开披露的信息，尤其是客户层面传递的企业经营相关的信息。

正因为客户层面的信息对投资者评估企业信用风险尤为重要，中国证监会对公开发行证券的公司客户信息的披露做出了一定的要求。证监会在《公开发行证券的公司信息披露内容与格式准则第 2 号——年度报告的内容与格式》（证监发〔2012〕22 号）第 21 条明确指出，公司应披露前 5 大客户销售额占年度销售总额的比例，鼓励公司分别披露前 5 名客户名称和销售额。美国资本市场对于公司客户信息披露的规定与中国存在一定差异。美国资本市场目前遵循的是 1997 年美国财务会计准则委员会出台的财务会计准则公告第 131 号《分部报告》，规定企业仅需要披露销售收入占比在 10% 以上的客户的存在性以及它们具体的销售份额，对客户具体名称的披露未做具体规定（Hui et al.，2012）。正因为美国财务会计准则委员会没有对企业客户具体名称的披露做明确规定，致使之前学者在以美国资本市场为背景下研究客户在资本市场发挥何种作用时，大多基于客户集中度的层面来探讨（Campello and Gao，2017；Dhaliwal et al.，2016；Patatoukas，2012），中国背景下的客户特征的研究也多基于此（陈正林，2017；李欢等，2018；王丹等，2020）。然而，企业的客户是"异质"的，有必要去细分不同特征的客户对企业经营以及信用风险带来的不同影响，我国资本市场目前关于客户信息披露的制度为研究客户具体的特征提供了很好的试验场景。因此，本研究基于供应链信息传递的视角，研究公司债券投资者如何识别发债企业客户的不同特征传递的企业经营相关的各种信号，进而影响公司债券的发行定价。

二、研究意义

在我国公司债券市场日益发展的同时，公司债券市场上的投资者也越来越多。众多债券投资者会关注企业公开披露的哪些信息，进而影响到公司债券的发行定价是值得学术界研究的。客户作为企业的重要利益相关者，会对企业生产经营活动产生重要影响，进而影响投资者对发债企业的信用风险评估。本研究主要基于我国公司债券市场，以供应链信息传递为视角，探究发债企业主要客户的特征对公司债券发行定价的影响，关注客户资质、客户地理分布以及客户稳定性向资本市场传递企业经营相关的风险信号，分析债券投资者是否能够识别到发债企业客户的不同特征，进而要求相应的风险溢价作为补偿。因此，研究发债企业客户的具体特征对公司债券融资成本的影响是具有理论意义和现实意义的。

（一）理论意义

本研究丰富了信息不对称理论和信息传递理论在公司债券市场中的运用。根据信息不对称理论，债务人与债权人始终存在着信息不对称，对于债权人而言，为降低投资风险，会关注债权人公开披露的信息以降低与债务人之间的信息不对称。本研究发现债券投资者除了会关注企业自身的财务业绩之外，还会关注发债企业主要客户的不同特质对企业生产经营以及偿债能力的影响，进而使公司债券投资者对债券要求不同的风险溢价；此外，供应链企业之间确实存在着信息传递，债券投资者会依据发债企业主要客户层面传递的信息做出投资决策，并且债券投资者能识别出发债企业客户不同的特征传递的差异性信号，进而影响公司债券的发行定价。进一步地，本研究丰富了供应链相关理论的内涵和外延。客户作为企业重要的利益相关主体，除了会对企业自身产生影响外，也会影响债券投资者对企业的信用风险评估。企业与客户之间形成交易关系的过程中会产生交易成本，债券投资者会根据企业与不同特质的客户之间所产生的交易成本来评估企业交易过程中面临的风险，进而导致投资者对不同发债企业要求相应的风险溢价。

（二）现实意义

本研究为政府监管部门提供了一定政策依据。研究结论表明，债券投资者会通过获取发债企业客户的信息来评估债券发行人的信用风险。为了保障公司债券市场健康有序发展，监管部门应不断完善债券发行人的客户相关信息披露制度，确保客户信息披露的可靠性、完整性，除了披露前五大客户的金额占比以外，也应披露客户的具体名称等信息，这样能降低债券投资者与发债主体间的信息不对称，让投资者更清楚地了解发债主体经营方面的真实情况，更好地维护债券投资者的合法权益。

本研究为企业的信息披露以及经营策略也提供了一定的指导意义。研究发现公司债券投资者会识别主要客户特征对企业生产经营的影响进而影响公司债券的发行定价。发债企业要重视披露信息的质量，提高客户信息披露的详尽程度，并且应该重视客户关系的维护，这样有利于降低与债券投资者之间的信息不对称，从而降低公司债券发行的融资成本。

本研究对公司债券市场的投资者也具有一定实际意义。研究发现企业客户的不同特征会影响发债主体的生产经营风险，进而影响债券到期的违约风险，因而评估主要客户的状况是衡量公司自身财务业绩的佐证与补充。公司债券投资者在选择公司债券投资标的时，可以以此为参考依据，更准确地评估发债主体的违约风险。

第二节 研究内容与方法

一、研究内容与研究框架

本书基于我国公司债券市场，以供应链信息传递为视角，细分了发债企业主要客户的具体特征，研究公司债券发行企业的主要客户特征传递的企业经营相关的信号，被公司债券投资者识别后，会影响公司债券投资者对发债企业信用风险的评估，进而影响公司债券的发行定价。本研究主要从三个不同的维度来刻画企业的主要客户特征：一是主要客户的资质，二是主要客户的地理分布特征，三是主要客户的稳定性。之所以要从这三个维度来区分主要客户的特征，是因为这些特征从不同的角度影响了企业生产经营业绩以及运营成本，进而影响了公司偿债能力的高低。具体而言，不同资质的客户自身的生产经营风险以及面临的市场风险不同，会影响客户的购买需求以及款项支付能力，对企业现有的经营收益的保障程度会不同，同时高资质的客户也传递出上游企业产品的优质性与市场地位，进而影响公司债务偿还的能力；客户的地理分布特征会影响企业与主要客户之间的交易成本（即企业为维护现有客户关系而付出的成本），也会影响到企业现有经营收益，进而影响债券投资者对企业的信用风险评估；客户稳定性反映了企业与客户关系的稳定程度和紧密程度，关系着企业预期未来收入的持续性，进而影响债券到期时企业偿还债务的能力。因此本书将探究我国公司债券市场的投资者是否能够识别到发债企业的客户的这些特征，影响到公司债券市场投资者的信用风险评估，进而影响到公司债券的发行定价。研究的基本框架见图1—1。

第一章 概论

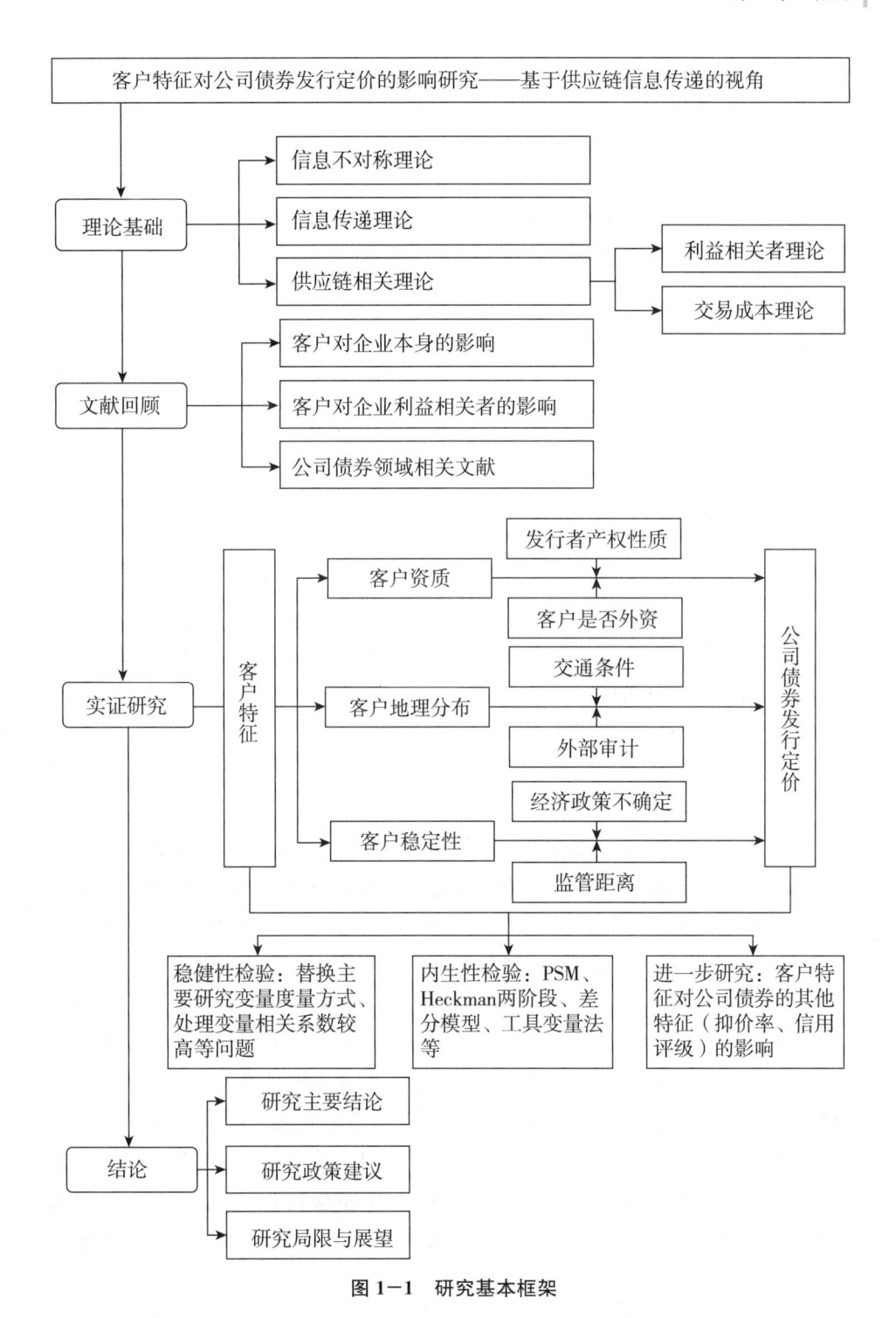

客户特征对公司债券发行定价的影响研究——基于供应链信息传递的视角

理论基础
- 信息不对称理论
- 信息传递理论
- 供应链相关理论
  - 利益相关者理论
  - 交易成本理论

文献回顾
- 客户对企业本身的影响
- 客户对企业利益相关者的影响
- 公司债券领域相关文献

实证研究

客户特征
- 客户资质
- 客户地理分布
- 客户稳定性

调节变量：发行者产权性质、客户是否外资、交通条件、外部审计、经济政策不确定、监管距离

→ 公司债券发行定价

稳健性检验：替换主要研究变量度量方式、处理变量相关系数较高等问题

内生性检验：PSM、Heckman两阶段、差分模型、工具变量法等

进一步研究：客户特征对公司债券的其他特征（抑价率、信用评级）的影响

结论
- 研究主要结论
- 研究政策建议
- 研究局限与展望

图1-1 研究基本框架

本书的内容结构如下：

第一章是本书的概论部分。该部分介绍了本书的研究背景、理论意义与实际意义、主要内容，以技术线路图的形式梳理了本书的研究框架，并对研究存在的创新点进行了阐述。

第二章介绍了本研究的制度背景、相关理论基础以及对现有相关文献进行阐述。在制度背景部分介绍了我国公司债券市场的发展历程与公司债券的发行定价机制，以及我国证监会对上市企业的客户信息披露的制度和客户信息披露的现状，以此说明本研究的必要性和可行性。随后，将信息不对称理论、信息传递理论、利益相关者理论以及交易成本理论作为研究的理论基础，介绍了这些理论的基本概念以及在本研究中的具体运用，阐述了企业的主要客户对企业生产经营可能产生的影响，向企业的债券投资者传递企业经营相关的信号，进而影响债券投资者要求差异化的风险溢价这一逻辑链条，为后续研究提出发债企业的客户特征对公司债券发行定价影响的研究问题作了理论铺垫。在文献回顾部分汇总梳理了目前国内外关于客户层面的研究，包括客户对上游企业本身的影响，客户对上游企业利益相关者的影响；在公司债券相关文献方面，梳理了公司债券发行定价、公司债券评级以及公司债券契约条款影响因素的研究。最后对现有文献的相关研究进行了简要评价，提出了现有文献有待进一步深入研究的方向，为本研究提供了充足的文献基础。

第三至五章为本研究的实证部分，具体分析了客户的差异化特征对公司债券发行定价的影响。

第三章研究的是客户资质对公司债券发行定价的影响，即公司债券的投资者是否能识别主要客户的不同资质对企业经营收益的保障程度的影响，进而影响债券投资者对企业信用风险的评估。同时进行了一系列稳健性测试，并采用了PSM、Heckman两阶段等方法缓解了本章探究问题潜在的内生性问题。通过机制检验探究了不同客户资质对企业经营业绩产生的影响，进而影响投资者对企业信用风险的评估。进一步地，分别检验了发债企业不同的产权性质和主要客户有外资引入的状况下，客户资质对公司债券发行定价的影响是否具有差异性，以明确客户资质对公司债券发行定价的影响是否也是取决于不同的环境。随后进行了机制检验来探究不同客户资质对企业经营业绩产生的影响，进而影响投资者对企业信用风险的评估。最后，本章检验了客户的资质对公司债券其他特征的影响，比如公司债券信用评级以及公司债券上市首日抑价率的影响。

第四章研究的是主要客户地理分布特征对公司债券发行定价的影响，即主要客户的不同的地理分布是否会影响企业交易过程中付出的成本,以及是否向债券投资者传递不同的企业经营相关的风险信号。在稳健性检验中替换了主要研究变量的度量方法,在内生性检验中采用了工具变量法(IV)以及差分模型等,以保证结果的可靠性。通过对机制的分析,明晰发债企业主要客户地理分布对企业经营成本产生影响,并进一步影响发债企业的信用风险,以此影响公司债券投资者的决策。进一步地,通过对全样本进行分组,检验发债企业所在地区的不同交通条件以及不同的外部审计质量是否会对客户地理分布与发债企业的公司债券发行定价之间关系产生影响。机制检验中,研究了发债企业主要客户地理分布对企业经营成本产生的影响,进而影响发债企业的信用风险。最后,本章探究了客户地理分布特征是否对公司债券抑价率产生影响,以检验客户地理特征除了会影响公司债券一级市场之外,是否同样会影响公司债券二级市场。

第五章研究的是客户稳定性对公司债券发行定价的影响,即分析公司债券投资者是否能识别到发债企业主要客户的稳定性给企业经营业绩持续性和稳定性带来的影响,进而影响债券投资者对公司债券要求相应的风险溢价。在稳健性检验中替换了主要研究变量的度量方法,并运用一系列不同方法解决可能的内生性问题,以保障本章实证结果的可靠性。机制分析中,探究了发债企业主要客户稳定性对经营业绩波动率的影响,以此明确客户的稳定性会影响债券投资者对企业信用风险的评估。在分组检验中,本章聚焦于客户稳定性对公司债券发行定价的影响是否会受到宏观经济政策不确定性以及不同监管环境的影响,以此来证明客户稳定性对公司债券发行定价的影响取决于不同的背景条件。在进一步的分析中,本章探究了客户稳定性对公司债券信用评级的影响。

第六章为结论部分,对研究结论进行总结,并提出相应的建议对策。此外,本章也指出了本研究的不足之处以及研究展望,有助于关注客户特质在资本市场中作用的研究者进一步推进该领域的研究。

二、研究方法

(1)本研究采用了文献梳理以及理论逻辑分析相结合的方法。首先,根据本书提出的问题总结了国内外目前关于下游客户对企业产生哪些影响以及公司债券的相关文献,梳理了现有研究观点的逻辑,评述了现有文献的不足,并在现有文献的基础上分析可以深入拓展的方向,奠定了本研究的文献基础。尽管现有文献研究发现客户会对企业产生多方面的影响,但企业的主要客户是否能影响外部利益相关者对企业的评估,以及外部利益相关者如何识别出不同特征客户传递的信息仍有待研究。以信息不对称理论、信号传递理论和供应链相关理论（包括利益相关者理论和交易成本理论）为基础，构建研究的逻辑框架，分析了主要客户的特征对公司债券发行定价影响的逻辑，为提出研究假设奠定坚实的理论基础。

（2）本研究采用了实证研究的方法。通过对发债企业的主要客户的特征以及公司债券发行定价进行度量，构建不同的模型对主要研究假设进行实证检验。在实证章节（第三至五章）中，通过描述性统计分析对自变量、因变量以及控制变量的数据特征进行详细呈现，为进一步实证研究提供保障；利用Pearson相关系数检验初步测试主要研究变量间的相关关系，并且检验变量间是否具有严重的多重共线性问题。利用普通最小二乘法（OLS）对主要研究假设进行检验，同时在进一步研究或者稳健性检验中运用Ologit、聚类回归分析等差异化的实证检验方法。通过替换主要变量的度量方式或者以发债规模的加权平均等方法进行稳健性测试，以保证结果的可靠性。在解决内生性问题时，利用倾向性匹配得分方法（PSM）解决模型变量选择的可观测误差问题，运用Heckman两阶段解决样本的选择性偏差问题，利用工具变量法来解决因遗漏变量、度量偏差等潜在的内生性问题，并使用差分模型进一步识别客户具体特征对公司债券发行定价影响的因果关系。在进一步的研究中，探究企业自身、外部环境或宏观层面不同条件下客户特征对公司债券发行定价的差异化影响，并进行了主要解释变量的差异性系数检验。

三、主要的创新点

本书的研究拓展了供应链关系相关领域的研究。以往文献研究客户对企业的影响大多将客户视为"同质"，探讨客户集中度高低对企业生产经营的影响（Itzkowitz，2013；Lian，2017）。此外，Cohen and Li（2020）以及窦超（2020）发现政府客户这一特征对企业本身以及外部利益相关者对企业评估的影响，但并没有对客户具体特征进行更细致的区分，也未涉足对债权人影响的分析。本研究以供应链信息传递为视角，在多个维度上刻画了客户的特征，发现客户资质、客户的地理分布以及客户的稳定性三个特征会向资本市场传递企业经营相关的信号，影响债券投资者对企业信用风险的评估，进而影响公司债券的发行定价。通过对现有文献的系统性分析可知，本研究是目前较为全面地分析客户的具体特征在公司债券发行定价中的作用的实证文献。

本研究丰富了公司债券风险溢价影响因素的相关研究。以往学者主要探讨企业自身属性（Ge and Kim，2014；Gong et al.，2017）、企业行为（周宏等，

2016)、中介机构（陈超和李镕伊，2013；林晚发等，2019）等在债券发行中的作用，很少从企业利益相关者的角度进行研究。本研究揭示了客户作为企业重要的利益相关主体，会影响外部投资者对企业信用风险的评估，客户的不同特征会向资本市场传递差异化的信号。鉴于中国的公司债券发展时间只有10多年，与西方发达的公司债券市场在发育成熟度以及公司债券市场效率上存在一定差异，本研究立足于中国这个世界上最大的新兴资本市场，有助于监管者、投资者等通过客户不同的特征识别公司债券的信用风险，进而降低投资风险，达到提升资本市场资源配置效率的目的。

之前的文献大多集中于探讨大客户对企业自身的经营活动、财务与战略行为选择的影响（Patatoukas，2012；Krolikowski and Yuan，2017；陈正林，2017），本研究基于供应链信息传递的视角，除解释了客户作为企业重要的利益相关者会对企业本身产生影响外，还分析了客户如何影响企业债权人对上游企业的经营风险进行评估。研究表明，债券投资者能感知到不同客户特征对企业带来的影响，本研究为公司债券发行企业的客户特征对公司债券发行定价的影响提供了经验证据。在实证分析中，不仅论证了三种客户特征是否能被债券投资者识别，进而影响公司债券投资者对发债企业的违约风险评估，且通过机制测试来解释客户资质、客户的地理分布以及客户的稳定性如何影响企业的生产经营，进而影响债券投资者不同的风险溢价要求。

本研究为了探究客户特征是否会对公司债券的发行定价产生影响，使用了多种多样的实证估计方法。为了明确上述因果关系，使用了当前主流的处理内生性的方法，比如差分模型、PSM法、Heckman两阶段法以及工具变量回归等方法（比如在第四章，利用城市海拔高度作为工具变量控制了可能存在的内生性问题），以尽可能地证明客户的特征会影响公司债券发行定价，提供了债券投资者对发行人不同客户特征下要求不同风险溢价的逻辑机制。

第二章　制度背景、理论基础与文献回顾

第一节　制度背景

一、我国公司债券市场发展历程与定价机制

我国公司债券市场的发展起步于 2007 年，证监会在 2007 年 8 月 14 日出台了《公司债券发行试点办法》，该政策的出台被誉为我国公司债券市场发展的里程碑，它规范了公司债券的发行行为，为债券市场的发展提供了制度指引。2007 年 9 月 24 日，我国第一只公司债券"07 长电债"在上海证券交易所正式上市发行，从而拉开了我国公司债券市场的帷幕。与西方发达国家相比，我国公司债券市场起步较晚，是一个新兴的债券市场。美国公司债券市场在 19 世纪独立战争时期开始萌芽，1982 年美国公司债券存量规模就已突破 3000 亿美元，如今已成为较为成熟的公司债券市场[①]。

2007 年至 2014 年作为中国公司债券市场的初始发展阶段，我国公司债券市场规模增长相对缓慢，截至 2014 年 12 月 31 日，公司债券市场上共发行了 1297 只公司债券，公司债券发行规模达 8816.49 亿元。2015 年 1 月 15 日证监会出台了《公司债券发行与交易管理办法》（后文简称《管理办法》），将公司债发行主体由之前的上市公司扩大到所有公司制法人，并建立了非公开发行制度。公开发行主要针对 A 股上市公司和境外上市外资股的境内股份有限公司，非公开发行主要针对在中国境内注册的中小企业法人。2015 年《管理办法》的出台，降低了公司债券发行主体的门槛要求，我国公司债券市场进入了飞速发展阶段，如表 2-1 所示，2015 年新增公司债券发行额为 10613.95 亿元，而

---

① 参见 http://finance.sina.com.cn/stock/hkstock/hkstocknews/2020－05－06/doc－iircuyvi169477.shtml。

在 2014 年新增公司债券发行额仅为 1551.22 亿元，2015 年新增债券发行额同比增长率约为 584%。2015 年新增公司债券发行额已超过了 2007—2014 年公司债券发行的存量规模，说明 2015 年《管理办法》的出台极大地推动了我国公司债券发展的进程。截至 2019 年 12 月 31 日，中国债券市场上共发行了 9709 只公司债券，其中由沪深上市企业发行的公司债共有 1867 只，而大多数的公司债券则在《管理办法》出台后由非上市企业或者在港交所上市的公司发行，并且 2007—2019 年间公司债券发行总规模已经超过 10 万亿元。与 2007 年相比，2019 年公司债券发行规模增长了 225 倍，且公司债券占整个债券市场的比重由 2007 年的 0.14% 上升到 2019 年的 5.62%，中国的公司债券市场得到了跨越式的发展[1]。

表 2-1 2007—2019 年我国公司债券历史发行数量及规模

年份	发行规模（亿元）	发行规模占当年债券发行比例（%）	总发行数量（只）	其中由沪深上市公司发行数量（只）
2019	25407.33	5.62	2460	266
2018	16511.45	3.77	1520	291
2017	11132.69	2.72	1219	189
2016	28259.38	7.75	2321	407
2015	10613.95	4.58	892	199
2014	1551.22	1.27	470	85
2013	1700.86	1.88	360	95
2012	2626.81	3.24	294	178
2011	1291.20	1.65	83	77
2010	511.50	0.55	23	19
2009	734.90	0.85	47	42
2008	288.00	0.39	15	14
2007	112.00	0.14	5	5
合计	100741.29		9709	1867

注：数据源于同花顺 iFind，部分数据在此基础上进行手工整理[2]。

---

[1] 以上数据统计结果为笔者根据同花顺 iFind 金融数据库的数据整理所得。
[2] 沪深上市企业发行公司债券在 2015 年之前少于市场发行的数量，原因在于港交所上市的企业仍在沪深交易所发行了公司债券。

由此可见，我国公司债券市场发展速度较快，公司债券市场规模表现出高增长的趋势。然而，随着公司债券市场的日益发展，公司债券市场上的发行主体和投资群体日益复杂化。在发行主体众多的情况下，投资群体需要根据发债主体披露的更详尽的信息才能从众多公司债券中选择合适的投资标的。从债券发行人的角度来看，发债企业需要提高公开披露信息的质量，更真实地反映企业的经营情况以及经营风险，使得债券投资者更准确地评估企业的投资价值，进而要求合理的风险溢价。另外，监管机构也不断优化和规范发行主体的信息披露行为，在《上海证券交易所公司债券上市规则》（2015修订版）和《深圳证券交易所公司债券上市规则》（2015修订版）等相关规定中对公司债券发行主体的信息披露进行了规范，旨在让债券投资者有效地了解发展企业的经营状况和现金流状况，对发债企业的信用风险做出更准确的判断。监管机构通过出台一系列政策法规来完善债券投资者的保护机制，维护了公司债券市场的秩序，保障公司债券市场健康有序的发展。

根据《管理办法》第37条的规定，公司债券发行定价要采取市场化方式来确定，公司债券发行定价的流程通常如下：首先，由发行人和承销商根据市场情况来确定公司债券发行的票面利率的大致区间。其次，通过向投资者（主要是机构投资者）[①] 网下询价的方式来了解投资者对公司债券发行价格以及认购意愿，采用簿记建档的方式记录询价结果，确定最终的公司债券发行票面利率并向市场公告。可以看出，公司债券发行的票面利率能够反映投资者对公司债券的风险评估结果，投资者对公司债券的风险溢价要求会影响公司债券发行价格的确定。

二、公司债券发行企业的客户信息披露制度与现状

我国证监会将企业的主要客户认定为"销售占比在前5位的客户"。证监会在《公开发行证券的公司信息披露内容与格式准则第2号——年度报告的内容与格式》（证监发〔2012〕22号）第21条明确指出，公司应披露前5大客户销售额占年度销售总额的比例，鼓励公司分别披露前5名客户名称和销售额。在公司债券市场开始运行之后，中国证监会对公司债券市场的发行主体的客户信息披露也提出了相应的要求。《公开发行证券的公司信息披露内容与格式准则第23号——公开发行公司债券募集说明书》（证监发〔2015〕2号）第

---

① 吴武清、甄伟浩、杨洁等：《企业风险信息披露与债券风险溢价——基于债券募集说明书的文本分析》，《系统工程理论与实践》，2021年第7期，第1650~1671页。

39 条规定：发行人应当披露报告期内营业收入的主要构成，以及产品或服务的主要客户情况。这说明我国资本市场的监管者也十分重视企业的客户信息披露。因为客户信息能反映出企业生产经营情况，债券投资者需要根据企业客户的状况来判断企业经营业绩的可持续性以及潜在的风险，进而更准确地评估企业的违约风险。

而美国资本市场对于公司披露客户信息的规定与中国存在一定差异。美国资本市场对于企业主要客户的认定是以"是否存在 10% 以上的销售额占比"为标准。1976 年美国财务会计准则委员会发布财务会计准则公告第 14 号《企业分部财务报告》，要求企业披露主要客户名称及其对该客户的销售额占企业总销售收入的比重。然而在 1997 年美国财务会计准则委员会又对该准则进行了修改，发布了新的财务会计准则公告第 131 号《分部报告》。新的准则规定企业仅需要披露销售收入占比在 10% 以上的客户的存在性以及它们具体的销售份额，对客户具体名称的披露未做具体规定（Hui et al.，2012）。

由于非上市公司没有公开披露的财务报告，财务数据相对难以获取，因此本研究的试验场景主要基于上市公司公开发行的公司债券，并且根据上市公司在公司债券发行前一年年度报告中关于客户情况的披露信息来研究发债企业的客户是否会影响企业公司债券的发行定价。因此本研究对 2007—2019 年上市公司公开发行的公司债券的发行人所披露的客户信息进行分析。在 2007—2019 年，沪深上市企业公开发行的公司债共计 1867 只，但是只有 532 只公司债券能够获得在该债券发行前一年的客户详细信息，包括前 5 大客户的名称、销售金额及其对应的销售占比。其余公司债券的发行人一部分未披露客户任何信息，一部分只披露了客户的销售占比但未涉及主要客户名称等信息。虽然并非所有公司债券发行的上市公司都进行客户信息披露，但是已披露客户信息的样本公司为本研究提供了一个探究客户具体特征对公司债券发行定价影响的机会。

第二节 理论基础

一、信息不对称理论

新古典经济学理论认为市场是"充分竞争"的，并且假设经济活动中各主体掌握着完全等量的信息。信息不对称理论（Information asymmetry theory）

颠覆了新古典经济学关于交易双方完全信息对称的假设，它最早由经济学家Akerlof在20世纪70年代开始关注。该理论解释了信息在市场中的重要性，并且认为在商业交易中交易双方获得的信息量是不对等的，信息处于优势地位的一方会向外部传递信号（Signaling），处于信息劣势的一方会努力搜集交易对手的信息并进行甄别（Screening）来降低信息不对称[①]。这一理论为微观市场经济提供了一个新的视角，成为解释产品市场、劳动力市场、资本市场交易主体行为以及运行效率的理论依据。按照信息不对称发生的时间点的不同，可以分为事前（Ex-ante）信息不对称和事后（Ex-post）信息不对称。事前信息不对称是指在契约合同签订之前，信息优势方故意隐瞒信息，信息劣势方无法评估产品的价值，进而造成逆向选择，降低了整个市场的运营效率。事后信息不对称是指在契约合同签订之后，交易的一方无法对另一方的行为进行实时监督，所有的行为都要依靠合约双方的道德自律来保障。事后信息不对称是导致道德风险的主要原因。信息不对称产生的原因主要有以下三个方面：一是信息源的不对称，信息优势方（信息发布者）会隐藏已掌握的信息，"选择性"披露或虚假性披露，导致交易对手无法获得有效信息，造成信息不对称（林俊波，2004）。二是信息使用者获取信息的成本以及吸收能力的差异导致了不同程度的信息不对称。获取信息是需要花费时间和资金成本的，不同类型的信息使用者搜集信息的渠道不同，获取信息所花费的成本也有所不同。并且信息使用者吸收和处理信息的能力也有差异，机构投资者的信息获取与处理能力通常强于普通个体投资者（Utama and Cready，1997），所以不同类型的信息使用者的信息不对称程度是有差异的。三是信息流动速度的问题，信息传播不一定是及时的，信息的传播在一定程度上会受到地理空间和时间的制约，交易双方在时间和空间上的差异往往造成信息的时滞性，导致信息不对称（Krugman，1991）。下文将结合本研究内容对该理论做出进一步阐述。

下游客户作为企业的外部利益相关者，直接对企业的生产与经营业绩产生影响。客户作为信息的发布者，将自身的产品需求方面的信息传递给供应商企业[②]，供应商企业是客户信息的接收者，根据接收到的客户的相关信息做出相应的产品生产计划，所以客户传递的信息对于供应商企业生产经营决策是十分重要的（Raman and Shahrur，2008）。然而，在产品市场中，企业作为客户的

[①] Akerlof G A. The Market for 'Lemons'：Qualitative Uncertainty and the Market Mechanism，Quarterly journal of economics，1970（89）：488—500.

[②] 供应商企业指供应链关系中处于上游的企业，因此，在本研究中"上游企业"与"供应商企业"所表达的含义一致。

"外部人",并不能够完全掌握客户的所有信息,企业与客户之间存在着信息不对称,原因如下:首先,基于"理性经济人"的假设,客户会维护自身的利益,他们总希望在交易活动中处于优势地位。所以,客户不一定会传递自身的真实信息给供应商企业,他们可能向供应商企业释放一些"虚假"的积极信号,使得供应商企业提供较多的专有资产投资,来保障自身产品的需求。比如客户企业会通过盈余管理操纵收益,向供应商企业释放低财务风险的信号,促使企业增加专有资产的投资(Dou et al.,2013)。其次,客户给供应商企业传递的信息不一定是及时的。客户将自身需求信息传递给企业的过程中,会受到时间与空间的阻碍。信息传递的时滞性会导致企业无法实时掌握客户对产品的需求,进而导致企业生产计划调整的不及时。客户信息传递的时滞性会增加企业与客户之间的信息不对称,增加企业交易过程中的风险。比如,当客户与企业的地理距离远时,信息沟通的效率会降低,增加了企业获取客户"软信息"的难度,企业可能会花费更多的时间和精力去搜集其客户的需求信息,以评估客户的采购和货款偿付能力,进而降低企业的经营风险(Porter,1998)。此外,客户可能会选择性披露自身信息,供应商企业掌握的客户信息不一定是全面的。为了让供应商企业进行更多的专有资产投资以满足自身产品的需求,客户往往会披露自身经营层面的积极信号,以增加供应商企业进行专有资产投资的信心(殷枫和贾竞岳,2017)。而关于自身经营的风险信息,客户可能会选择不披露。比如供应商企业掌握主要客户经营业绩下滑的风险信息,可能会减少对主要客户的专有资产投资,或者去寻求其他新买家,以减少客户的经营风险对企业生产经营的不利影响,而这对客户企业是不利的。因此,客户会选择性披露自身相关信息(Chiu et al.,2019)。客户与供应商企业的信息不对称贯穿着交易活动的始终。而客户自身特征具有差异,不同客户的信息披露行为也不尽相同,因此研究客户具体特征对企业的影响变得十分有意义且有必要。

企业与债券投资者之间也存在着信息不对称。债券投资者作为发债企业的"外部人",并不能够全面掌握发债企业的所有信息,处于信息劣势方(Bharath et al.,2008)。信息不对称使得债券投资者花费时间和财力去获取和运用相关信息,进而指导其投资决策。在债券市场中,企业与债券投资者的信息不对称具体表现为:在债券合约签订前,投资者仅能依靠发债企业公开披露的信息来了解企业内部的财务和经营状况,而发债企业作为信息优势方,为了吸引债权人的投资,会选择披露公司生产经营的利好信息,向债券投资者释放企业经营业绩优良以及拥有足够的偿债能力的积极信号(Ge and Kim,2014);而对于影响企业经营的风险信息,发债企业可能不会充分披露,比如,债券投资者不一定能掌握到企业的借入资金使用在何处、具体项目以及项目风险的大小等相关信息，这些因素会直接影响到公司债券违约风险的大小，形成事前的信息不对称，进而有可能危及债权人的利益。在债券合约签订后，也可能存在信息不对称，债券投资者作为"外部人"，无法对企业的日常生产经营进行实时监督，一旦公司生产经营出现问题，销售款项无法收回，发债企业的偿债能力则会下降，债券投资者会面临债券到期无法按时收回利息和本金的风险（Chen et al.，2016）。所以，债券投资者与公司债券发行人之间存在着信息不对称，债券投资者作为信息劣势方，会重视发债企业公开披露的财务信息以及非财务信息，以降低信息不对称的程度，尤其会关注直接影响到发债企业营业收入的来源渠道，进而关注影响企业债务偿还能力的因素。

二、信息传递理论

信息传递理论（Information transfer theory）最早是由学者 Foster 在1981年提出的[①]。该理论认为一个公司的价值评估会受到其同行或与其有紧密关系的公司信息的影响。换言之，公司间的信息是相互传递的，投资者不仅依据企业本身的生产经营业绩对企业进行价值评估，也会依据与其关系紧密公司所传递的信息进行决策。信息传递可能会发生在相同行业的企业间以及供应链上下游企业间（Cheng and Eshleman，2014）。下游客户与企业在业务流程上有较为紧密的经济联系，企业生产出来的产品销售给客户，才能获取营业收入，最终实现企业价值的提升。以往文献表明，客户层面传递出的信息是企业的外部利益相关者评估企业价值的重要依据：供应商企业的股权投资者会对其客户季度盈余公告做出反应，所传递的消息会导致供应商企业的股价做出同向变动的反应（Pandit et al.，2011）；分析师通过跟踪目标企业的客户的盈余公告信息，修正对供应商企业的盈余预测偏差，提高对目标企业的盈余预测的精准度（Guan et al.，2015；谢璇等，2019）。这说明正因为供应链中的企业之间有紧密的经济关联性，客户层面所传递出的信息是投资者评估供应商企业价值的重要依据。将产品销售给客户是上游企业获取营业收入的主要来源，直接影响企业的经营业绩和盈利水平。债券投资者在选择投资的公司债券时是为了到期收取本金以及按期获得利息。发债企业是否有持续可观的经营业绩和较强的偿债能力直接决定了债券到期的违约风险，这是债券投资者重点关注的。债

[①] Foster G. Intra-industry information transfers associated with earnings releases. Journal of accounting and economics，1981，3（3）：201-232.

券投资者会关注发债企业的客户状况，分析发债企业的客户传递的增量信息，将其作为发债企业财务报表以外的信息补充与佐证，用来更准确地评估企业经营业绩以及违约风险。若债券投资者从企业的客户信息中解读出对于企业发展的利好因素，则会降低投资者所要求的风险溢价，反之则会提高要求的风险溢价。下文将结合本书研究内容对该理论做出进一步阐述。

债券投资者通过对发债企业的客户状况进行分析，可以挖掘出企业生产经营与财务状况等多维度的信息。具体如下：一是可以评估企业现有营业收入是否有真实性和可靠性。通过对发债企业的客户特征进行分析，可以评估出主要客户的购买需求是否稳定，客户对企业产品的需求量是否与发债企业公开披露的产品销售情况相匹配，这些信息都有利于投资者去评估企业的收入是否含有"水分"，现有客户是否具有企业经营业绩以及现金流强有力的支撑，进而影响到发债企业是否能够在债券存续期间按期付息、到期还本。事实上，企业收入的真实性是值得投资者去关注的，因为企业虚构客户以及销售订单是进行虚增营业收入的常用手段[①]，这种机会主义行为最终会损害投资者的利益。如果企业的销售收入不是真实可靠的，预示着公司有较高的违约风险，债券投资者通过分析发债企业的客户信息能更清楚核实企业的销售收入的真实性，进而更准确地评估公司债券的违约风险。二是可以评估企业的商业信用风险和存货周转情况。企业为了维护与主要客户的关系，通常会给予大客户一定的商业信用，比如赊销或销售折扣等（陈正林，2017）。因为客户并非同质的，客户回款速度也存在差别，如果客户的回款周期长，势必会增加发债企业的商业信用风险，进而影响整个企业的运营效率。企业为了提高生产的及时性，会储存一定量的原材料和产成品以满足客户对产品的需求（Ak and Patatoukas, 2016）。然而，若企业产品囤积过多，存货周转率速度慢，会导致企业财务运营效率的下降，增加企业的运营风险。需求信息是由客户传递给供应商企业的，企业的库存规模会受到客户需求的影响。如果客户的需求波动性大，产品订购的随机性强，客户要求订单的交货时间短，都会增加供应商企业库存管理的难度，企业需要预测客户的产品需求来储备更多的产品，以防止不能如期交货的风险。不同客户的产品需求波动是存在差异的，会给供应商企业的库存管理带来差异性影响。三是可以评估企业未来营业收入的可持续性和潜在风险。企业未来收入是否具有可持续性是值得债券投资者关注的，因为公司债券的存续时间通常较长，给投资者带来了不确定性，企业未来收入的可持续性直接影响到发债企

---

① 瑞幸咖啡财务造假其中一个重要的财务造假手段就是虚构客户，虚增销售订单。

业在债券到期时能否按期付息、到期还本。如果客户对企业产品的需求与购买力是持久稳定的，在产品交付后能够及时回款，那么企业未来收入相对可持续性更高，面临的潜在风险就很可能下降。反之，如果客户的产品需求波动和不确定性较大，因自身财务状况不良而回款速度慢，这会导致企业营业收入面临较高潜在风险和不确定性。因此，分析发债企业的客户状况可以帮助投资者更清晰地了解企业的生产经营状况，进而更准确地评估发债企业的违约风险。基于此，本研究从供应链信息传递的角度分析不同特征的客户给企业生产经营带来的影响，探究公司债券投资者是否能准确地评估发债企业在发行人不同客户特征背景下的违约风险，进而要求相应的风险溢价作为风险补偿。

三、供应链相关理论

（一）交易成本理论

交易成本理论（Transaction cost theory）最早是由英国经济学家 Coase 于 1937 年提出的[①]。交易成本指的是市场参与主体为了促成某项交易而付出的成本。具体而言，在经济活动中，市场参与者需要结合自身的资源需求来搜寻适合的交易对象，获取交易对手的相关信息，通过与交易对手的磋商与谈判，在交易双方达成共识后签订合同条约，合同条约中规定了双方在交易过程中的权利与义务，在合同执行过程中，交易双方会相互监督对方是否履行合约中的条款。不同交易涉及的交易成本也有所不同。Williamson（1979）将交易成本分为信息搜寻与获取成本、协商与谈判成本、监督交易进行的成本以及违约成本。Williamson（1985）按照交易成本发生的时间点不同，将交易成本分为：事前的交易成本，包括签约、谈判、保障合约的成本；事后的交易成本，包括监督成本、构建与运营成本、转换成本（若一方的交易对象发生更换时的成本）。该学者还指出，交易成本除了交易主体在交易过程中产生的成本外，还包括因交易双方经济制度差异产生的制度摩擦成本。这进一步丰富了交易成本的内涵与外延。学者对交易成本产生的原因进行了分析：第一，交易双方存在信息不对称，导致信息获取和搜寻的成本较高（Cannon，2001）。第二，交易过程中存在不确定性。因为在市场环境中充斥着不确定性和变化，交易双方都将交易过程中可能遇到的不确定性纳入合约之中，增加了合约制定和执行的困难程度。第三，交易双方都是自利的，甚至为了维护自身利益而采取一些机

---

① Coase R H. The nature of the firm. Economica, 1937, 4 (16): 386−405.

会主义行为来损害交易对手的利益，双方不信任进一步导致了交易过程中监督成本的增加（Dahlman，1979）。第四，交易过程中为了保证合约的履行所必须进行专有资产投资（Banerjee et al.，2008）。因此，交易成本的高低会直接影响企业生产经营的成本，进而影响外部利益相关者对企业生产经营的评估。下面将结合交易成本理论来阐述下游客户如何影响企业的交易成本。

企业与客户在交易过程中，从与客户对象签订购销合约到合约执行的多个环节都会产生不同类型的交易成本。第一，企业需要搜寻和获取客户的相关信息，及时了解客户对产品的需求信息进而做出相应的生产计划，信息的搜集与获取是需要花费时间和资金成本的。在介绍信息不对称理论时提到，上游企业作为客户的"外部人"，在日常的生产经营中需要付出时间和精力与客户交流、沟通，及时获取客户需求相关的信息，根据客户对产品的要求来调整企业的生产计划。除了正常获取客户信息会产生信息成本外，客户为了让自身处于交易优势的地位，可能采取一些机会主义行为，比如隐瞒或不真实地披露自身的信息，导致供应商花费更多成本进行信息甄别（Williamson，1979）。企业与不同客户进行交易活动所发生的信息成本是有差异的，比如企业与当地客户之间的信息沟通成本会远低于与非本地客户之间的信息成本；因为客户自身信誉度与道德规范存在差异，发生机会主义行为的可能性也可能有所不同，在建立信任的基础上所产生的成本会存在差异。第二，企业为了保证合约能正常履行以及维护与主要客户的关系，会进行专有资产投资。企业进行这项资产投资是为了维护特定客户的关系，满足特定客户的产品需求。较高的资产专用性会导致企业面临较高的转换成本（Switching cost），即当现有客户不再向企业购买产品，而重新选择其他供应商时，企业之前为特定客户进行的专有资产投资对其他企业的适用性较低，企业需要重新寻求客户，进而导致了较高的转换成本（Lian，2017）。然而，不同的客户可能导致企业的转换成本有所差异。如果一个客户自身的经营状况优良，购买需求稳定，企业重新为该客户进行专有资产投资的潜在风险就相对较低；反之，如果客户自身的经营状况不稳定，对产品的需求量就很可能受限，企业为客户进行的专有资产投资就会面临较高的转换成本。第四，有形商品运输所产生的物流成本。客户所处的区域不同，产生的物流成本也有所差异。比如，企业将货物运输至本地客户公司所花费的物流成本会低于运输给非本地客户所产生的物流成本，物流成本的高低会让交易双方重新审视与交易对手之间的商业关系（Cannon，2001）。第五，客户发生违约给企业带来的损失，即客户无法按照既定的合同条约履行付款义务。只有当企业将产品销售给客户，客户支付相应的货款，企业的产品价值才得以实现，企业才会有继续扩大再生产的资金,倘若客户在交易过程中违约,对企业的生产经营会产生负面影响。客户自身特征不同,发生违约的可能性也有所不同,比如声誉优良的企业通常被公众认可,坚持着较高水平的道德规范,发生拖欠货款等不道德行为的可能性就相对较低。由此得知,客户给企业带来的交易成本是有所不同的,而交易成本会直接影响发债企业的生产运营成本以及经营状况,进而影响发债企业在债券到期时的违约风险。因此,鉴于不同公司债券发行人客户的资质存在差异性,有必要探究不同客户特征是否会影响发债企业违约风险,进而导致债券投资者要求不同的风险溢价作为风险补偿。

(二)利益相关者理论

经济学家 Freeman 在 1984 年提出了利益相关者理论(Stakeholder theory)[①]。该理论颠覆了传统的"股东利益至上"的观点,认为企业并非投入了实物资本的股东所独有,股东虽是企业的出资方,但并未承担企业的所有风险。企业的生产经营处于社会的大环境之中,其发展离不开一系列利益相关者的关注与支持,这些利益相关者包括客户、供应商、企业职工、债权人、政府、行业内的竞争者等个体或群体,这些主体给企业注入了财务资本、物质资本、人力资本、技术资本等一系列资本,也为公司承担了相应的风险,如环境风险、生产安全风险等。利益相关者理论表明,企业的生产经营决策不仅要考虑股东的权益,也需要考虑这些市场中不同经济主体的利益,因为这些利益相关者主体会对企业的生产经营以及未来的可持续性产生深远的影响(Clarkson,1995)。

之后有较多学者探讨了如何对利益相关者进行分类,Carroll and Buchholtz(1996)按照是否与企业存在市场交易关系将利益相关者分为:直接的利益相关者,即与企业存在市场交易关系,包括供应商、客户、企业职工、债权人;间接的利益相关者,即与企业不存在市场交易关系,包括政府、社会机构与组织、社会公众等。可以看出,直接的利益相关者与企业的关系更为紧密,这些主体对企业生产经营的影响更直接。Wheeler and Sillanpa(1988)根据社会维度的紧密度将利益相关者分为四类:一级利益相关者,指与企业的关系最紧密的主体,包括客户、供应商、投资者等;二级利益相关者,指通过一些社会活动与企业建立了间接的关系,包括社会公众、社会组织与团体;一级非社会的利益相关者,指不与具体的社会人产生关联,但与企

---

① Freeman E. Strategic management: a stakeholder approach. Pitman Press, Boston, 1984.

有直接联系，比如自然环境；二级非社会的利益相关者，指不与具体的社会人发生关系，与企业存在间接关系的，如人类。以往学者提出的多种对于利益相关者的分类方法都将客户作为企业十分重要的利益相关者。

客户作为企业重要的利益相关主体，在经济活动上与企业密切相连，会对企业生产经营及销售等多个环节产生影响，直接影响企业销售收入的实现、财务状况及未来经营业绩的可持续性（Patatoukas，2012；李欢等，2018）。因为企业与下游客户存在紧密的经济联系，企业的债权人在评估公司违约风险时，应该将债务企业的客户状况纳入其违约风险评估的因素之中。因为企业是否能够按期清偿债务很大程度上取决于是否有稳定的经营业绩和充裕的现金流作为保障，而不同类型的客户对企业的经营业绩的影响是不同的，比如资质高的客户发生财务危机的可能性较低，对企业的产品需求相对稳定，企业拥有这类客户通常是经营业绩的保障。反之，如果企业与资质较差的客户存在商业关系，客户自身存在的较高的经营风险很可能通过供应链的关系传递给上游企业，进而导致企业的经营风险提高，增加企业债务到期难以偿还本金的可能性。因此，债权人有必要关注发行者不同客户特质对企业生产经营带来的影响，进而导致债券发行企业违约风险存在差异。该理论为公司债券投资者对发行者客户的异质性差异的关注提供了强有力的支撑。

第三节　文献综述

图2-1展示了本研究的文献综述框架。在文献综述中，首先介绍了财务会计领域在客户层面的相关研究，这些文献主要从客户议价能力、客户传染效应以及客户对企业监督治理三个逻辑起点探讨上游客户对企业本身产生的影响；客户可能会对企业的日常经营行为、财务行为以及企业的战略行为选择产生影响；客户除了对企业本身产生影响外，客户信息会随着供应链关系发生传递，企业的外部利益相关者（包括股权所有者、债权人以及中介机构）会根据企业的客户相关信息对企业价值做出判断，进而做出相关决策。而目前文献关于公司债券的发行定价的研究中，大多集中在探讨公司自身特征、公司行为以及债券自身特征对公司债券发行定价的影响，较少研究公司债券发行企业的外部利益相关者是如何影响公司债券的发行定价的。客户作为企业的重要利益相关者，公司债券投资者如何评估发债企业的主要客户特征传递的企业生产经营相关信息并要求相应的风险溢价，进而影响公司债券的发行定价是值得深入研究的。

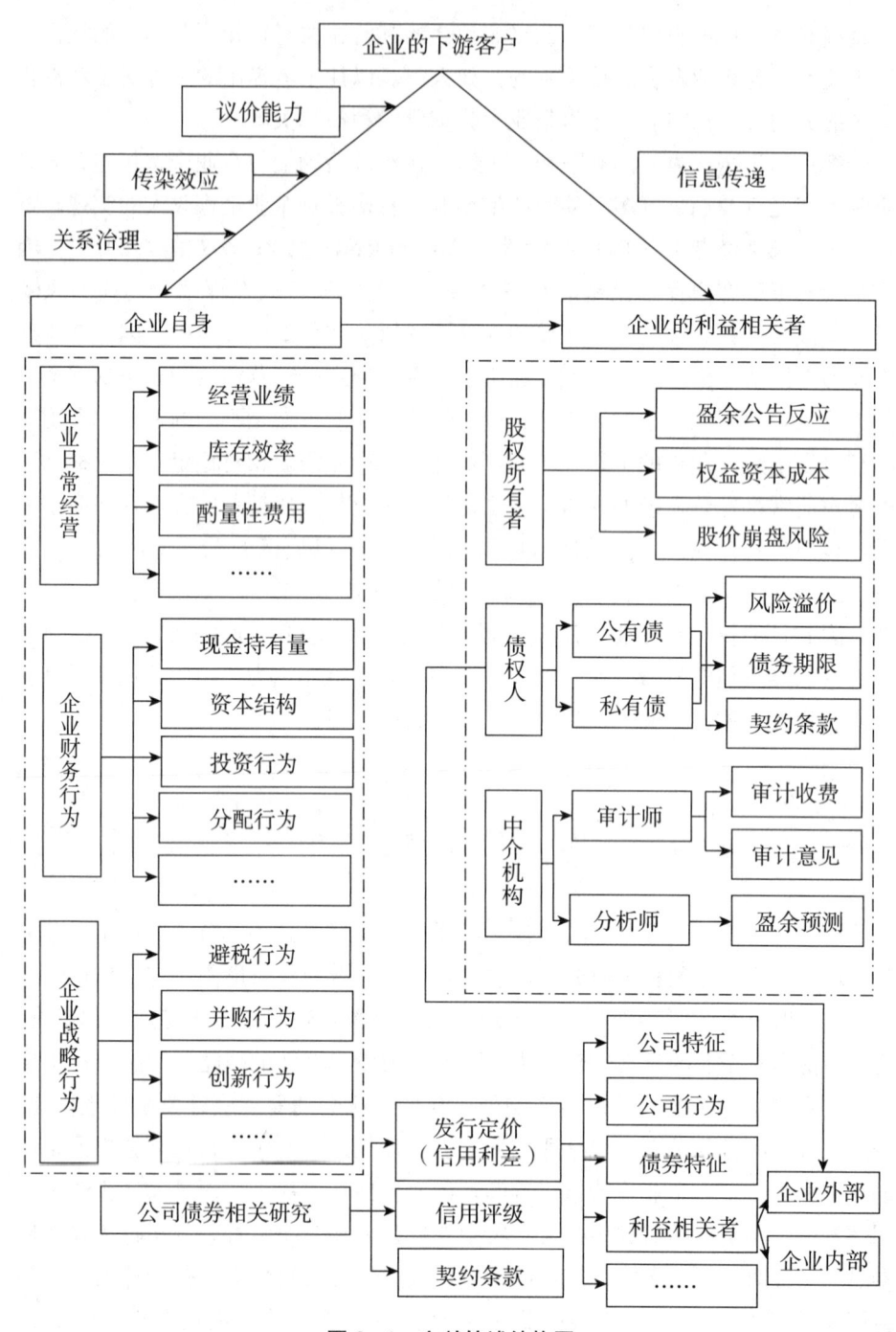

图 2-1　文献综述结构图

一、客户对上游企业行为的影响

企业与客户通过一系列合同安排形成了明确的契约关系，上游客户作为企业的重要利益相关者，会对企业经营活动产生深远的影响。以往文献主要集中于研究：客户对企业日常生产经营活动的影响，如交易成本（Kalwani and Narayandas，1995）、库存效率（Ak and Patatoukas，2016）、经营业绩（Patatoukas，2012；Murfin and Njoroge，2014；Irvine et al.，2016；Kolay et al.，2016）；客户对企业具体的财务行为选择，如资本结构（Banerjee et al.，2008）、现金持有量（Itzkowitz，2013）、盈余管理（Raman and Shahrur，2008）、会计政策与信息披露（Hui et al.，2012）、商业信用（Fabbri and Klapper，2016；陈正林，2017）、股利分配（Wang，2012）、投资行为（Chatfield et al.，2004）；战略行为选择，如企业创新活动（Bindroo et al.，2012；Krolikowski and Yuan，2017；Tan et al.，2019；吉利和陶存杰，2019）、避税行为（Cen et al.，2017）和并购行为（Cheng et al.，2019）等。

（一）客户对企业日常生产经营活动的影响

以往学者关于客户对企业日常经营活动的影响有着不同的研究结论。大客户能给企业日常经营带来积极作用主要是基于大客户给企业带来一些营运管理（Operation Management，OM）的优势，进而降低了客户需求的不确定性。Kalwani and Narayandas（1995）研究发现，企业与大客户建立长期的商业关系会降低企业酌量性费用的支出，能更好地了解客户的需求，降低企业的销售管理费用，进而降低企业的交易成本。此外，企业依赖大客户能提高企业产成品以及原材料的周转效率，出现库存产品过剩的可能性较低，提高企业的库存管理效率（Ak and Patatoukas，2016）。同样地，Patatoukas（2012）发现企业通过大客户的关系，提高了企业整体的运营效率，促使企业有更好的获利能力和经营业绩。此外，有学者对客户的类型进行了一定区分，发现有政府背景的大客户对企业的经营业绩有促进作用，这是因为政府背景的大客户具备一些先天特性：有政府作为隐性担保，发生财务违约的可能性较低；政府购买通常是长期且稳定的，相比于其他类型的客户，政府改变产品需求或更换供应商的可能性较低；政府背景的客户在产品市场上所面临的竞争较低，因为上游企业提供的产品大多数具有非竞争性。这说明有政府背景的客户的需求不确定性较低，从而降低了企业为客户进行专有资产投资的风险以及经营的不确定性，有利于提升企业的经营业绩（Cohen and Li，2020）。

但有研究表明，较高的客户集中度会给企业生产经营带来风险，这主要是基于大客户议价能力的角度（Bargaining power view）来分析其对企业经营带来的风险。因为企业依赖于现有的大客户，大客户在产品价格与需求等方面有更强的议价能力，致使上游企业在交易中处于劣势地位。大客户基于其较高的议价能力，很可能在事后对合同条款进行重新谈判（Renegotiation），比如大客户会刻意压低产品的价格，有意延长付款时间，使得上游企业的回款周期延长，会损害上游企业的经营业绩（Murfin and Njoroge，2015）。另外，有学者研究发现，大客户对企业经营业绩产生的影响取决于企业－客户之间关系的成熟度，即合作初期的关系不确定性较高，企业在前期需要进行较多关系型投资，大客户增加了企业获利的不确定性，而当双方关系进入成熟期，大客户会给企业带来技术共享的优势以及发挥协同效应，进而促进企业经营业绩的提升（Irvine et al.，2016）。Kwak and Kim（2020）的研究表明，客户集中度与供应商企业的经营业绩关系呈"U"形。客户集中度较低时，客户对供应商企业的依赖也较低，企业需要进行大量专有资产投资，维护客户关系，让客户增加对其产品服务的依赖，此时大客户给企业带来的规模经济优势不足以弥补专有资产投资给企业带来的损失；而随着客户集中度的提高且超过某一拐点时，客户集中度高所发挥的规模经济、信息共享优势为企业增加的收益会高于企业专有资产投资所付出的成本。

客户作为企业重要的经济资源，其财务状况会对企业的经营收入产生直接影响。有研究发现，客户自身的经营业绩会影响上游企业的经营业绩，具有"传染效应"。当大客户面临财务困境时，之前与上游企业签订的契约无法正常履行，未来的产品需求会大幅降低，企业为维护客户关系而进行的专有性投资由于现有客户的中断而面临着较高的转换成本，会导致企业的经营业绩受损（Lian，2017）。Kolay et al.（2015）也发现了这种传染效应，在客户申请破产的当年，上游供应商销售管理费用会增加，经营利润会大幅降低，客户财务困境带来的负面溢出效应说明供应商在契约关系中处于被动地位。

（二）客户对企业具体的财务行为选择

客户会对企业资本结构产生影响，现有研究主要集中在资产负债结构以及现金持有方面。Banerjee et al.（2008）研究发现，企业为了维护与客户供销关系的持续性，通常要进行大量的专有资产投资，由于专有资产的投资是事前行为且具有较高的专用性，虽然维护了交易双方的关系，但对上游企业而言是存在较高风险和不确定性的,如果客户面临财务风险无法正常履行合同条约,那么企业前期投入的专有资产将面临较高的转换成本,其经营业绩会面临风险。所以上游企业会关注客户的财务状况,尤其当客户有较强的议价能力时,企业通常会维持较低的资产负债率,以作为降低大客户给企业带来的风险的防御手段。此外,客户也会影响企业的现金持有量。Itzkowitz(2013)的研究表明,当企业对大客户依赖程度较高时,企业通常会保持较高的现金流量,主要出于以下两种动机:一是基于承诺动机,大客户会利用其议价优势要求企业进行大量专有资产投资,以便为其提供良好的服务,并且客户也会关心企业的财务状况是否能够支撑提供稳定的产品及服务。为了迎合客户的需求,防止大客户的流失,以证明企业的财务状况有长期为客户提供服务的能力,企业会持有较多的现金,以吸引客户与企业建立长期稳定的买卖合作关系。二是基于预防动机,企业对大客户的依赖度越高,那么一旦大客户中断,企业失去大客户的成本就越高。因此,企业持有额外的现金,能够对冲客户风险,以降低客户中断给企业经营带来的不利影响。有学者区分了不同类型的客户对企业现金持有的影响,政府背景的客户大多具有非营利的特性,这类客户并不重视企业流动性和专有资产投资,政府背景客户甚至会从那些有财务困境的供应商购买产品以解决当地就业问题。因此,相比于非政府背景的客户,与政府背景客户建立商业关系的企业并不一定持有大量的现金(Bae and Wang,2015)。

客户也会影响企业的盈余管理行为(Raman and Shahrur,2008)。从信息传递的角度来说,盈余管理消除了收入中暂时性的成分,使收入更能反映企业的盈利能力,让客户能更清晰地评估进行专有资产投资的风险,可以帮助企业与客户之间建立信任。从机会主义的角度来说,盈余管理能降低企业的收益波动水平,企业为了维持与大客户的关系而进行盈余管理,会向客户释放企业盈利能力的积极信号,促使双方进行更多的专有资产投资。因此,企业为了维护与大客户之间的关系会进行较多的盈余管理活动。

企业的公开信息披露水平以及会计稳健性也会受到客户的影响(Crawford et al.,2020;Hui et al. 2012)。客户作为企业密切的利益相关者,双方进行商品服务交易的同时也在交换企业的内部信息,与外部人相比,客户更能了解到企业的生产、经营和财务等方面的信息,客户能获取相对更多的私有信息,进而降低对企业公开信息披露的动机。因此,企业的客户集中度越高,公开披露信息量会越少,具体体现为管理层盈利预测的频率变低(Crawford et al.,2020)。此外,Hui et al.(2012)的研究发现,客户议价能力较强时,对企业的会计稳健性有更高的要求。具体而言,企业与客户之间的契约关系和债务契约关系具有相似性。债务人要求企业按期付息、到期还本，更关心的是企业经营的"坏消息"是否会影响企业债务偿还能力。同样，由于企业与客户之间存在信息不对称，客户更关心企业是否能够长期稳定为其提供产品和服务，担心企业经营的"坏消息"会对企业正常生产经营产生负面影响。如果企业无法正常生产经营，无法正常履行卖方的义务，会对客户造成较高的转换成本甚至损失。而企业的额外收益对客户带来的收益是十分有限的。因此，大客户需要企业更保守地披露财务报告，进而提高企业的会计稳健性。

大客户的议价能力会影响到企业的商业信用，买卖双方的议价能力直接决定了企业商业信用的高低。当客户议价能力较强时，客户会要求企业给予更多的商业信用、更多份额的赊销且延长付款时间。当企业自身议价能力高、客户对企业的产品依赖度较大时，企业会强制客户在规定时间内付款，给予较少的商业信用（Fabbri and Klapper，2016）。另有学者从竞争理论的角度对该问题进行了解释，客户集中度直观地反映出企业与客户的竞争地位。客户集中度高，则客户的竞争地位高，企业为维护大客户关系不得不在商业信用方面做出一定让步（陈正林，2017）。同时该研究指出，企业对大客户提高商业信用的合理性在于大客户集中给企业带来了一定的规模经济，并且客户可能成为企业获取银行信贷的隐性担保主体。买卖双方熟悉度高，提供商业信用并不一定会导致企业更高的坏账风险。此外，民营企业在产品市场上的竞争压力更大，与国有企业相比，民营企业会给予大客户更多的商业信用；企业所在行业的竞争程度高，企业会给予客户更多的商业信用来维持与大客户的关系（Peng et al.，2019）。

大客户对企业的财务分配行为也会产生影响。Wang（2012）从财务困境的角度解释了大客户对企业股利分配行为的影响。企业为了建立与主要供应商（或客户）的稳定关系，需要进行大量的专有资产投资，会增加企业对流动资金的需求。为了确保有充裕的流动资金，企业通常会减少定期派送股利的动机，节省更多的流动资产以降低企业的财务困境成本。国内学者史金艳等（2018）也发现客户集中度与企业现金股利发放倾向呈现显著负相关关系，并从融资约束理论解释了这一关系：大客户通过高议价能力要求较多的专有资产投资和商业信用，增加了企业的融资约束，降低了企业现金股利的发放。

企业与客户在交易中会进行博弈，客户与企业的议价能力会影响企业的投资水平。如果企业对客户的依赖较高（客户的集中度高），客户会利用其议价优势地位要求企业进行更多的专有资产投资，以便企业能够为其提供优质、稳定的产品和服务。企业也会通过进行大量的专有资产投资来吸引和维持与现有客户的关系。因此，大客户会促使企业过度投资（Krolikowski and Yuan，2017）。但如果供应商企业所在的市场竞争小，供应商的市场份额较大，客户很难选择其他可替代的供应商，此时企业的议价能力就会提高，客户对企业过度投资的正向影响会减弱（Zhang et al.，2020）。另有学者发现，客户在交易过程中间接充当了监督者的角色。客户从选择的供应商处购买产品，与其自然形成相互依存的主体，客户有动机去监督企业的日常生产经营，一旦上游供应商的经营出现问题，风险也会转移给客户。并且客户通过与供应商日常的商业往来给予客户监督企业的机会，能够清楚了解到企业的生产经营情况（比如定价结构、库存周转周期、原材料质量等）。因此，客户能以较低的成本获取企业的私有信息。客户作为认证主体，降低了企业与外部投资者的信息不对称，拥有大客户的企业融资约束会得到缓解，其投资－现金流敏感性会降低（Itzkowitz，2015）。此外，客户与企业之间存在着信息环境差异，可能导致上游企业掌握的信息严重不足，为了维持客户关系而加大投资（Chatfield et al.，2004）。具体而言，企业需要根据客户的购买需求来进行专有资产投资，配套相应的生产能力，但客户为了避免供应商的生产力达不到要求造成供货中断，会调高自身的产品需求。因为供应商的供货能力超过产品需求，只会增加供应商的投资，对客户而言是没有损失的，但若供应商的生产能力达不到客户需求进而造成供货中断，会直接造成客户损失。而由于客户传递出的需求信息是没有通过正式合同约定的，客户虚高的产品需求导致企业生产能力过剩，导致上游企业过度投资，Chatfield et al.（2004）将这种现象称为"牛鞭效应"。客户出于自身考虑总会期望供应商企业进行更多的专有资产投资。Dou et al.（2013）同样证实了该效应的存在，客户会通过盈余管理来平滑收益，向供应商企业释放低财务风险的信号，促使企业增加专有资产的投资。

客户披露的信息质量与数量会影响供应商企业的投资决策。客户向企业披露的增量风险信息会提高企业的投资效率。Chiu et al.（2019）对客户年报的风险因素部分进行文本分析，研究发现，客户年报风险因素披露提高了企业的投资效率，出现过度投资或投资不足的可能性降低。原因在于，客户年报风险因素披露包含了供应商企业未预测到的增量风险，尤其是议价能力弱的供应商企业，这些风险信息是无法从私有渠道获取的。客户的年报是经过外部审计所认证的，其真实性、可靠性有充分保障。供应商企业可以通过客户年报披露的风险信息评估出客户的运营和获利能力，根据客户披露的风险因素更准确地预测客户未来的购货需求，进而合理地评估企业未来的相应投资。此外，Yin et al.（2020）的研究认为，若客户发生不道德的行为（如财务欺诈、诉讼），会向供应商企业提供虚假信息,导致供应商企业投资扭曲。客户从事一些财务虚假行为,供应商企业会进行更多投资以跟上客户的虚假繁荣,客户这种不道德的行为会导致供应商低效率的投资。此外,供应商企业在不确定性较高的情况下(销售波动率高)很难预测客户的需求,会更依赖客户传递的历史信息。在这种情况下,客户传递的虚假信息对企业投资效率的负面影响会更强。

客户除了对企业的具体财务行为产生影响外,也会影响企业的战略行为选择。有文献表明客户会影响上游企业的创新行为。Krolikowski and Yuan (2017) 从客户集中度和客户的议价动机两种维度来衡量上游企业与客户之间的关系,研究发现,企业对客户的依赖度高(客户集中度高),企业需要进行较多的专有资产投入来维护客户关系,一旦客户关系终止,企业会面临高的转换成本。因此企业会将创新活动作为自我防御的一种手段,通过创新来增强自身竞争优势,提高产品市场份额,尤其是在竞争程度高的行业,企业会不断进行创新活动来维护与客户之间的关系,同时通过创新优势来降低现有客户对企业造成的风险。当客户的议价动机较高时,客户担心企业从事高风险的创新活动会影响企业目前的经营状况,进而影响产品的供应。此时,客户有动机阻碍企业创新。孟庆玺等(2018)以中国市场数据为背景,研究发现客户集中度对企业创新的影响更多体现为"阻碍效应",客户处于议价的优势地位,企业会面临较多的"敲竹杠"风险(Hold-up problems)。客户在交易中往往会压低交易价格、延长付款时间等,这无疑增加了企业的融资约束,占用了企业现金资源。创新是具有高风险的活动,长期来看,需要大量的现金流进入并伴随着较高的失败率。因此,客户的集中度高会增加企业的融资约束,进而降低企业进行创新活动的可能。从企业自身角度来看,企业为维护与大客户的关系需要进行大量专有资产投资,在企业现金流量不充沛的情况下,其财务行为往往更为保守,体现为企业自身缺乏进行创新活动的动机。Tan et al. (2019) 利用中国市场数据进行研究得出了相似的结论,即客户的集中度越高,企业在创新技术上的投入越低。具体而言,客户集中度每上升1%,企业研发投资额会降低0.11%。另有学者从利益相关者知识共享的角度来分析客户对企业创新行为的影响。企业与客户建立关系的同时也会产生隐性知识传递与共享。客户与企业生产流程紧密相连,通过与客户长期的交易合作,彼此建立信任,进而促进知识与信息的交换(吉利和陶存杰,2019)。Bindroo et al. (2012) 通过企业与客户群的地理区位关系对企业创新的影响分析后发现,客户群越分散越能让企业了解到不同地区客户的需求特征和潜在客户的偏好,能够为企业研发新产品、解决客户问题提供新想法和思路;不同地理区位的客户的知识异质性高，能促进企业与客户之间知识共享，能激发企业研究新产品来解决不同地理市场的问题，因而客户群的地理异质性能促进企业的创新行为。此外，有学者从创新具有外部性的角度来分析大客户对企业创新的影响。Li（2018）认为，创新具有外溢性，客户的高创新水平会增加供应商企业的创新水平。从需求的角度来看，客户的高创新水平会促进客户盈利能力的提升，进而增加对产品的需求，这对上游企业的经营业绩有正向的促进作用。供应商企业的经营业绩提升后，其拥有的现金流会更充裕，也就有更多的现金流投资在创新活动中；从知识共享的角度来看，上游企业与客户在生产环节上紧密相连，在交易过程中能相互传播创新的思想，提供生产效率提高的手段等。客户的高创新水平使得供应商企业从客户那里获得更多的新知识、新技术，进而促进供应商企业创新能力的提升。

客户会影响企业的避税行为。客户集中度较高的企业更有动机从事避税活动，原因在于，客户集中度高的企业需要进行大量专有资产投资去维护客户关系，避税可以缓解企业的现金流压力。通过避税可以节省企业的现金流，这种内部筹集资金的成本比向外部筹集资金的成本更低，避税还可以增加企业的净现金流量（Cen et al.，2017）。此外，客户集中度高的企业通常会保持低的资产负债率来向客户释放企业财务风险低的信号，因此客户集中度高的企业不会通过过高负债来筹集资金，缺乏债务税盾的优势则会增加企业的避税动机（Huang et al.，2016）。Cao et al.（2020）以中国市场为背景得出了相似的结论，即客户集中度高会增强企业的避税动机。但当企业所在地区的税收征管强度高时，这一正向关系会减弱。此外，避税策略也可能通过客户与供应商之间的合作来实现。由于客户与企业形成的密切而熟悉的关系，双方信息共享程度高，合作的效率也就更高，企业为了维护与客户的关系会配合客户完成与供应链相关的避税策略（比如将产品销售到企业避税天堂的子公司），而这种避税策略的实施可以使双方都获得收益（Cen et al.，2017）。

客户也可能影响到企业的并购行为。Cheng et al.（2019）研究发现，客户集中度高的企业收到并购方报价的可能性越低。客户集中度可能会增加目标公司未来现金流的不确定性，进而导致并购方与标的公司之间的信息不对称，并购方可能进行价格保护，无法做出预定价格的要约价格，并且采取更多的股权支付方式来降低客户集中度带来的不确定性。

可以看出，客户对上游企业生产经营、财务行为、战略行为选择都产生了深远的影响。以往学者研究客户对上游企业的影响主要从以下三个逻辑出发点进行论证推理：①客户的议价能力对企业的影响。买卖双方的力量博弈的结果导致处于议价优势的一方会要求议价劣势的一方做出妥协与让步。以往文献多以客户集中度作为客户议价能力的度量标准。客户集中度高说明企业对客户的依赖度高，客户会利用议价优势的地位要求企业进行较多的专有投资（Banerjee et al.，2008），给客户让步较多的商业信用等（Fabbri and Klapper，2016），要求供应商企业更稳健地披露财务信息（Hui et al.，2012）。同时，处于议价劣势的供应商企业会主动采取维护客户关系的措施，向客户释放积极的信号，比如通过盈余管理、增加投资来向客户释放企业经营业绩优良的信号（Raman and Shahrur，2008）。从影响结果来看，较高的客户集中度可能给企业带来一些积极影响（即供应链整合效应），发挥规模经济，产生协同效应（Irvine et al.，2016）；也可能对企业造成一些消极影响（即风险效应），比如过度投资（Chatfield et al.，2004）、较多的闲置资金（Itzkowitz，2013）。②客户的会计信息的传染效应。大客户与企业经济业务上紧密相连，通过客户的会计信息披露向上游企业传递经营相关信号，进而影响企业的生产经营决策。比如客户的风险信息披露、客户发生了财务困境会向企业传递风险信号进而影响企业生产经营决策（Kolay et al.，2015）。③基于企业与客户紧密联系而形成的利益共同体会给企业带来一定经济后果。比如客户作为知识传播的主体，将知识共享给供应商企业，提升供应商企业创新水平（Bindroo et al.，2012；Li，2018）；客户与供应商企业共同参与避税的行为（Cen et al.，2017）等。

二、客户信息的溢出对上游企业各利益相关者的影响

由于客户信息具有溢出效应，客户信息除了影响上游企业本身以外，上游企业的其他利益相关者也会对客户信息做出反应。这些利益相关者主要包括股东（Pandit et al.，2011；Cheng and Eshleman，2014；魏明海等，2018；褚剑和方军雄，2016）、债权人（Campello and Gao，2017；李欢等，2018）、中介机构（Dhaliwal et al.，2020；Guan et al.，2015；Krishnan et al.，2019）等。

（一）客户信息对股东的影响

客户作为企业重要的利益相关者，销售给客户的产品是企业经营收入的主要来源，客户披露的信息能帮助上游企业的股权投资者预测其经营业绩，进而对上游企业股价产生影响。Pandit et al.（2011）的研究发现，信息外溢除了发生在同行业企业外，上下游企业形成的供应链信息也具有外溢性。供应商企

业的股权投资者会对下游客户的季度收益报告有所反应，客户在盈余公告中传递好（坏）消息对供应商的股价会产生上升（下降）的反应。具体而言，供应商股价对客户盈余公告反应程度的大小与客户自身股价对其盈余公告的反应正相关；供应商销售业绩对客户依赖度越高，供应商股价对客户盈余公告的反应越明显；如果宏观经济的不确定性高，供应商企业自身面临的经营不确定会更大，供应商企业的股权投资者会更重视客户业绩信息的披露，在宏观经济不确定高时，供应商企业的股价对客户盈余公告的反应程度越高。而当供应商企业业绩收益持续走高时，供应商企业股价对客户盈余公告反应程度却较低。Cheng and Eshleman（2014）的研究表明，股权投资者会根据客户的盈利信息对企业未来业绩作出判断，供应商企业在客户发布盈利公告期间的股票收益与供应商企业随后公布的收益之间存在显著负相关关系。这说明股权投资者会对客户发布的盈余公告有所反应。供应商企业自己公布盈余公告后股票收益与客户发布盈余公告时供应商企业的股票收益呈负相关关系的原因在于：下游客户的盈利信息并不完全能精准地反映上游企业的经营业绩，投资者如果不能有效理解这一信号的不精确性，那么投资者就会对供应商企业的客户的盈余公告做出过度反应。如果供应商公司的股价确实出现过度反应，则应在供应商公布自己的收益时纠正这种过度反应，因此出现上述负相关的关系。魏明海等（2018）以中国资本市场为背景，基于利益相关者理论和资源依赖理论，发现供应商与客户之间存在盈余关联，投资者会关注客户盈余信息进而推断供应商的未来盈余水平，企业对客户依赖程度越高，供应链中客户盈余信息传递效应越强，并且该效应会受到社会资本的影响；当客户与企业存在关联关系，且客户与企业均为国有企业时，客户与供应商企业关系更为紧密，投资者会更关注客户的盈余信息，进而导致传递效应更强。客户与供应商企业信任度较高，会增加供应商企业股权投资者利用客户盈余信息推断企业经营业绩的准确性，传递效应体现得更为明显。Mihov and Naranjo（2017）认为，若一个企业的客户集中度高，该企业受到客户股价特殊回报冲击的影响更大，导致企业自身的股票价格波动率更高。这种现象可以用投资组合理论来解释，即企业的客户较为分散，平滑了特定客户给企业带来的风险效应。这也说明供应链上下游企业风险相互传染，不仅仅会影响企业自身经营业绩，也会影响供应链伙伴在资本市场的表现。

从长期来看，客户信息会影响股东对企业经营风险的评估，进而影响企业的权益资本成本。Dhaliwal et al.（2016）研究发现，客户集中度会增加企业风险，使得企业权益资本成本增加，尤其当企业失去大客户或者大客户面临财务风险时，这一关系更为显著。但当企业的客户为政府机构时，政府采购合同期限较长，且政府客户发生财务破产的可能性较低，股权投资者则认为企业与政府背景客户存在的商业关系一定程度上保障了企业经营业绩的稳定，因而政府客户降低了企业的权益资本成本。陈峻等（2015）以中国资本市场为背景得出了相似的结论，即客户集中度会对企业的经营造成风险：客户集中度高会迫使企业作出让步；企业对客户依赖度高，一旦客户终止交易会对企业的现金流产生不利影响，如果大客户破产会对企业经营造成实质性的损失。因此，股权投资者会要求客户集中度高的企业给予更多的风险溢价，使得客户集中度高的企业的权益资本成本更高。另外，公司面临的外部环境不确定性越高，会加大客户集中度对权益资本成本的影响，外部环境不确定性越高，企业的盈余波动越大，企业抵御风险的能力会降低。大客户在外部环境不确定的情况下可能要求企业进行更多的专有资产投资以降低自身的风险，会导致公司的权益资本成本大幅度上升。

此外，大客户也会对企业股价崩盘风险产生影响，Lee et al.（2020）研究发现，客户集中度越高的企业面临的股价崩盘风险也越高。原因在于，企业为了维持与大客户的关系会进行大量的专有资产投资，大量的现金流支出会增加企业的经营风险，企业可能会囤积坏消息，增加了股价崩盘的风险；企业为了维护与大客户的关系，会通过盈余管理调高应计利润，向大客户释放积极信号，以提高客户的预期，而当期较大的应计项目规模会增加企业未来囤积坏消息的可能，进而增加股价崩盘风险。若企业拥有政府背景的客户则会降低股价崩盘的风险。因为政府客户本身发生破产风险的可能性较低，能给企业提供相对稳定的现金流，并且其需求相对稳定。企业与政府背景客户通常签订的是长期购销合同，企业进行的专有资产投资的转换成本较低，降低了企业股价崩盘风险的可能。而褚剑和方军雄（2016）基于中国资本市场得出了相反的结论。他们的研究表明，大客户为保护自身利益会利用自身议价优势迫使企业及时披露坏消息，并且促使企业更及时地确认损失，向资本市场提供更为稳健的会计信息，降低了企业信息披露风险，进而降低了企业股价崩盘风险。另外，集中的客户能提高企业的运营效率，企业与特定大客户进行交易，其经济业务复杂性较低，投资者能更准确地解读企业财务会计信息，评估公司的风险水平。因此，大客户能降低企业坏消息累积释放而造成股价崩盘风险的可能性。而有学者研究发现，客户集中度与企业股价崩盘风险呈倒"U"形关系。当客户集中度较低时，企业的议价能力相对较高，客户并不能监督到公司隐藏坏消息的行为，且可能成为企业隐藏坏消息的合谋者；当客户集中度达到一定阈值时，客户议价能力处于优势地位，由于双方的关系紧密，客户会充当企业"监督者"的角色，一方面能获取企业私有信息，另一方面会加强监督企业生产经营，抑制企业隐瞒坏消息的机会主义行为，进而降低企业的股价崩盘风险（刘文军和谢帮生，2017）。

此外，大客户会影响供应商企业在 IPO 市场上的估值。供应商企业在上市之初与市场投资者的信息不对称较大，而客户作为企业的合作伙伴，相比于外部投资者，客户能获取更多关于企业产品市场的私有信息。一旦供应商的经营出现危机，影响产品的正常供应，就会对客户造成经济损失。在交易关系建立之初，大客户会对供应商资质进行严格筛选与甄别，在交易关系正式形成后，利用自己的议价优势来督促企业生产经营。在供应商企业 IPO 过程中，大客户充当着信息认证者的角色，降低了企业与投资者之间的信息不对称。拥有大客户的企业，其 IPO 折价率较低（Johnson et al.，2010）。Peng et al.（2019）研究发现，客户集中度在一定程度上能发挥供应链整合的效应，节约了企业维护客户所花费的销售成本，经济业务复杂程度相对低，降低了企业与投资者之间的信息不对称，投资者愿意支付更高的定价，进而降低了 IPO 抑价率。

也有学者从客户信息披露的角度研究其对公司股价的影响。李欢和王丹（2016）研究发现，企业披露客户信息增加了投资者获取企业信息的渠道，企业通过对客户信息的披露，让股权投资者更清楚地了解客户的生产经营状况以及未来的购货需求，进而能更准确地评估企业未来的经营发展情况。因此，企业披露客户信息提高了公司的透明度，降低了股权投资者与企业的信息不对称，进而降低股价同步性。

（二）客户信息对债权人的影响

客户信息也会影响债权人对企业风险的评估，进而影响企业的债务成本。客户集中度会影响私有债的债权人（银行）对企业的信用评估。Campello and Gao（2017）研究发现，大客户议价能力强，会要求企业进行更多的专有资产投资，一旦客户关系发生变化，专有性资产面临高的转换成本，会增加企业的现金流风险。客户会利用其议价优势要求企业降低产品售价，要求供应商企业在商业信用上做出更多让步，如延迟付款等，这也增加了企业经营业绩的风险。因此，银行会将客户的高集中度视为企业经营的风险信号，给予企业更高的银行贷款利率以及更多限制性条款数量。进一步的研究则发现大客户的应付账款较多，说明大客户回款周期长，增加了企业的流动性风险，因而银行会增加企业的贷款利率和限制性条款数量；客户所在行业需要专有资产投资越多，银行也会要求更高的贷款利率和更多的限制性条款数量作为风险补偿，以降低到期无法收回本金和利息的风险。而王迪等（2016）以中国资本市场为背景，得出了相反的结论。他们发现银行更愿意给客户集中度高的企业发放贷款。其原因为客户集中度高时，说明买卖双方都进行了相对规模的专有资产投资，企业为维护大客户进行的专有资产投资也增加了客户与企业长期合作的意愿，大客户对企业目前的生产经营是认可的，稳定的供应链关系是企业经营收入的可靠保障；企业与集中的大客户合作，也降低了银行监控企业财务状况的难度，因此银行将客户集中度高视为企业经营业绩稳定、财务风险小的积极信号。李欢等（2018）发现客户集中度是企业与客户之间的信用契约的反映，企业与客户双方为维护交易关系都进行了相当的专有资产投资，大客户集中大批量的采购产品说明了大客户对企业的商业信誉与产品服务的肯定。大客户为企业未来现金流入提供了有效保障，向资本市场传递了企业价值相关的积极信号。银行作为长期借款的债权人，更关注企业长期经营业绩的持续性与稳定性，大客户对企业经营收益的保障一定程度上降低了银行与供应商企业之间的信息不对称，降低了银行后期监督成本。因此，客户集中度高的企业获取银行贷款的能力更强。此外，中国的国有企业有各级政府为其提供各种资源，财务破产的可能性更低，企业拥有国有企业客户，会增强客户集中度对企业获取银行贷款能力的正向效应。

Cen et al.（2015）从大客户稳定性的角度来研究客户对供应商企业贷款成本的影响，由于客户与企业形成长期的商业关系，与其他利益相关者相比，客户对企业内部生产运营状况更为了解，大客户具有声誉效应并能够监督企业的行为。尤其是稳定的大客户作为企业收入的保障，向银行释放了企业经营业绩积极的信号。因此，银行将拥有稳定大客户的企业视为更"安全"的债务人，银行会给予那些与大客户建立长期关系的企业更低的贷款利率和较少的限制性契约条款。

公有债的债权人也会通过客户信息对企业的信用风险进行评估。银行作为债权人有更专业的知识和能力，能够在整个放贷期间对企业行为进行实时监督，与公有债投资者相比，银行掌握了更多的企业私有信息，对客户信息的依赖度较低。而公有债的投资者专业知识相对较低，无法实时掌握债务人的生产经营状况，在评估企业的信用风险时可能更依赖客户信息（Kashyap et al.，2002）。Liu et al.（2020）认为，债券持有人往往面临的是不对称的回报。公司经营业绩提高时，债券投资者不能获得超额收益，公司出现财务困境时，债券投资者面临无法收回本金的风险，因而债券投资者更关注企业的下行风险。企业为维护客户进行的专有资产投资会增加企业流动性风险，大客户利用议价能力压低产品价格、延迟付款时间等增加了企业经营业绩的不确定性。债券投资者将客户度高集中视为企业的风险信号，会要求更高的信用利差、更严格的契约条款作为风险补偿。另外，企业所在地区的金融体系越发达，越能更好地维护债权人的权益，当企业失去大客户而遭遇财务困境时，有效的法律执行有助于债权人收回贷款成本，因此地区金融机构发展水平高能削弱客户集中度与债券信用利差的正向关系。王雄元和高开娟（2017）也得出了相似观点，即客户集中度增加了企业现金流风险和未来收入风险，债券投资者要求更高的信用利差作为风险补偿。并且企业授予客户的商业信用越多，公司自身风险会放大客户集中度产生的风险效应。然而，Cai and Zhu（2020）的研究却得出了相反的结论，认为大客户在与企业交易过程中充当了监督认证的作用，客户有较强的动机去监督企业的生产经营，维护供应链的稳定性，防止供应链中断给自身带来的风险，所以客户发挥的监督认证作用降低了企业与公司债券投资者的信息不对称，进而降低了企业的债券信用利差。若供应商企业所在行业资产专用性较高，可供选择的供应商较少，为了维持供应链关系的稳定性，客户会加强对供应商企业的监督，客户发挥监督作用降低债券信用利差的作用会更明显。但如果供应商企业处于竞争性行业，可供选择的供应商较多，客户监督企业的动机会减弱，大客户对企业债券信用利差降低的作用会减弱。此外，交易对手的风险会出现相互转移的可能，进而影响债券发行的信用利差。当企业的大客户有较高的资产负债率时，会增加客户未来出现违约的可能，那么企业授予客户的商业信用（赊销货款）可能面临无法收回的风险，并且客户财务风险也增加了其未来购买需求的不确定性。Gençay et al.（2015）则通过建立网络自回归模型论证了客户作为交易对手如何将其财务风险传递给供应商企业，进而影响供应商企业的债券信用利差。

（三）客户信息对中介机构的影响

客户信息会对分析师的行为和盈余预测精准度产生影响。Guan et al.（2015）的研究表明，企业与客户的经济联系越紧密（即客户集中度高），供应商企业与客户之间的信息互补性越大，此时金融分析师跟踪客户的边际收益大于边际成本，跟踪供应商企业的分析师则很可能跟踪其客户的盈余信息，通过对客户盈利状况的分析来对供应商企业进行盈余预测。跟踪覆盖了企业客户的分析师的盈余预测精准度高于那些没有覆盖企业客户的分析师的盈余预测精准度；同时跟踪供应商企业和其客户的分析师在客户盈余公告发出后，这些分析师会通过客户盈余公告的信息来修正其对供应商企业的盈余预测，进而降低对供应商企业盈余预测的偏差。该研究说明客户信息的外溢性会影响分析师的盈余预测行为。同样，Luo and Nagarajan（2015）也发现客户与供应商企业之间的信息存在互补性，在跟踪供应商企业的同时，跟踪其客户的信息，可使分析师更了解供应商企业的产品销售情况，提高信息利用的质量。但是由于一些上下游企业处于不同的行业，分析师需要投入较多的时间和精力追踪上下游企业，增加了分析师的信息搜寻成本，分析师虽然提高了供应商企业的盈余预测精准度，但对其他企业的盈余预测精准度会降低。王雄元和彭旋（2016）从客户稳定性的角度来研究上游客户对分析师盈余预测的影响。从信号传递的角度来讲，稳定的大客户向市场传递了企业经营业绩稳定的信号，相比于经常更换客户的企业，有长期合作的大客户的企业经营不确定性更低，降低了分析师盈余预测的难度，因而分析师更可能会跟踪拥有稳定大客户的企业。从大客户本身作用来讲，大客户与供应商企业长期合作，也需要对其生产经营状况、供货能力与售后等多方面进行评估，大客户为了降低自身的风险会监督企业日常生产经营与财务状况，抑制企业机会主义行为的发生。大客户充当监管者的角色降低了供应商企业经营的不确定性，也增强了分析师对企业盈余预测的准确度。

客户会对审计师行为产生影响，进而影响供应商企业审计收费（Krishnan et al.，2019；方红星和张勇，2016；窦超等，2020）、审计意见（Dhaliwal et al.，2020）。Krishnan et al.（2019）从审计工作量的角度来解释了客户集中度对审计费用的影响。供应商企业与特定的大客户建立的购销关系的经济业务活动相对精简，并且通过供应链之间的协作和信息共享降低了经营复杂性，降低了审计业务的工作量。相对精简的财务报表、较高的存货周转率降低了审计师发生估计错误以及重大错报的可能。因此，较高的企业客户集中度降低了审计收费；客户集中度高的企业与其客户共享相同的审计师时，审计师能更清楚地了解到企业与主要客户的业务往来，更准确地评估企业的财务状况与业务风险，更容易发现企业的会计错报和违规行为；且客户与企业合作关系时间的延长会提高共享审计师的审计效率。然而，有学者从盈余管理的角度解释供应链关系对审计收费的影响（方红星和张勇，2016），支持"风险效应"的结论。研究发现，企业为维持与客户的关系进行专有资产投资，有动机向客户传递企业财务状况健康的积极信号，那么企业有可能通过盈余管理来粉饰企业业绩以迎合客户的预期，这会增加审计前的重大错报风险。企业进行应计利润的操纵导致审计师需要投入更多时间与精力来搜集审计证据以控制审计失败风险，所以客户集中度越高会导致越低的审计质量以及越高的审计收费。同样，Dhaliwal et al.（2020）的研究也同样支持供应链风险传递的结论。该研究表明，当企业对客户的依赖度较高时，客户利用议价优势要求企业进行大量专有资产投资，会在商业信用上做出更多的让步，大客户"压榨"企业的利润增加了企业财务困境的可能性。因此，审计师将过度依赖大客户的企业视为影响被审计客户持续经营的一种风险，若企业自身的财务状况较差，大客户传递给企业的风险效应会增强，增加审计师出具非标准意见的可能性。窦超等（2020）基于供应链风险传递的角度，细分了客户的类型，研究了有政府背景的大客户对企业审计费用的影响。一方面，有政府背景的客户有国家信用作为支撑，自身财务风险较低，客户相对稳定的购买需求与财务状况降低了企业经营业绩的不确定性。另一方面，企业与政府背景客户形成的关系兼具政策扶持的色彩，政府要求企业生产出符合社会需求并且高质量的产品，政府客户在其中充当监督者的角色抑制了企业机会主义行为的发生，企业财务行为的合规性可能更高，从而降低企业审计风险，因此，有政府背景客户的企业其审计收费较低。

客户集中度可能影响供应商公司对审计师的选聘。客户集中度对企业的审计师选择在不同产权性质下的作用是不同的，当国有企业客户集中度上升，公司选用大型会计师事务所的概率先下降后上升（呈"U"形关系）；随着客户集中度上升，公司会向下游客户提供更多的私有信息，审计公开信息需求会下降，所以聘请大型会计师事务所的动机会下降，但当客户集中度高过一定程度时，客户议价能力超过上游企业，会胁迫其提供更多的私有信息。为缓解这种"要挟"，国有企业则会借助聘请高质量的会计师事务所审计释放更多的公开信息，以寻求新的客户。而非国有企业与客户博弈时往往处于弱势地位，只能被迫接受客户的要求，提供更多私有信息，因此客户集中度越高，非国有企业聘请大型会计师事务所的概率越低（张敏等，2012）。客户集中度还可能会影响企业审计意见购买行为（薛爽等，2018）。企业为了维护与客户的关系，希望通过标准的审计意见向客户传递企业财务状况的积极信号，一旦公司被出具非标准的审计意见，企业的声誉会受到损失，若客户重新选择供应商会导致企业专有资产面临较大的转换成本，所以客户集中度越高的企业，审计意见购买动机越强。但当企业与客户共享相同的审计师时，审计师能更清楚地了解上下游企业的交易关系，降低了企业与客户之间的信息不对称，企业通过审计意见购买来获得的收益会降低，削弱了客户集中度对企业审计意见购买的正向影响。

通过上述一系列文献可以看出，客户不仅仅对企业本身产生了影响，客户信息还具有溢出效应，信息会传递给企业的外部利益相关者。换言之，因为客户与上游企业之间在经济业务上有密切关联，客户会对企业的生产经营产生直接影响，企业的利益相关者（股东、债权人、相关中介机构等）会利用客户信息对企业进行价值判断。研究的逻辑出发点主要基于以下几个方面：①大客户利用议价优势给企业经营产生直接的影响，进而向外部利益相关者传递企业经营层面的信号。目前研究主要集中于对客户集中度的研究，传递出的信号可能是积极的，其原因为集中的大客户发挥了供应链整合效应，集中的客户提高了企业运营效率，积极的信号使得投资者可能要求低的贷款利率（王迪等，2016），审计师工作的难度得以降低进而要求更低的审计费用（Krishnan et al.，2019）；传递出的信号可能是消极的，可解释为集中度"风险效应"，即客户议价能力高，产生"敲竹杠"风险，信息传递至外部投资者和中介机构，在资本市场出现负面表现（Dhaliwal et al.，2020；Gençay et al.，2015；Liu et al.，2020）。②企业客户信息披露对外部利益相关主体产生影响。客户信息披露提高了投资者与中介机构信息解读的效率，增量的信息披露降低了企业与外部利益相关者之间的信息不对称，进而影响企业在资本市场上的表现（Guan et al.，2015）。③大客户充当监督与认证的角色，尤其一些有特殊背景的客户能抑制企业机会主义行为发生，向资本市场传递出上游企业低风险的信号（窦超等，2020）。

三、公司债的相关文献研究

以往文献关于公司债的研究主要包括公司债券发行定价（即债券融资成本）、债券信用评级以及债券契约条款三个方面，研究主要围绕探究公司债券的这三个方面受哪些因素影响展开。

（一）公司债券发行定价影响因素研究

公司债券发行定价指的是发债主体发行公司债券时所需要付出的融资成本，即市场投资者对公司债券存在的违约风险所要求的风险溢价（徐思，2017；张军，2021）。与无风险债券相比，公司债券始终存在违约风险，发债主体由于多方面原因导致到期无法按时偿付债权人本金或利息，债券投资者则会面临损失。对投资者而言，公司债券的收益率通常高于无风险债券的收益率，公司债信用利差等于公司债到期收益率与相同剩余期限国债收益率之差，用来弥补债券投资者面临债务人违约的风险。以往学者用债券信用利差来反映公司债的发行定价（陈超和李镕伊，2014；徐思，2017；张军，2021；周宏等，2016）。

公司的自身特征会影响公司债券发行定价。以往文献研究发现公司的产权性质（Graham et al.，2008；方红星等，2013）、公司规模（Graham et al.，2008）、财务状况（Flannery et al.，2012；Gong et al.，2016；Kim，2016；Minnis，2011；刘妍等，2018）、违约风险（Chen and Jiang，2019）、管理者层面（林晚发等，2018）都会对公司债券信用利差产生影响。产权性质作为企业明显的外部特征会被投资者感知，产权性质会影响公司债券的信用利差在于国有企业存在更多的政府支持和隐性担保，投资者认为国有企业发行的债券的违约风险更低，因此，相比于非国有上市公司，国有上市公司发行债券的信用利差更低（方红星等，2013）。Ge et al.（2020）也发现了政府隐性担保会降低债券发行的信用风险，与非国有企业相比，国有企业的债券信用利差更低；与地方政府担保的地方国有企业相比，中央控制下的国有企业的政府隐性担保更强，因此中央政府控制的国有企业的债券信用利差更低。此外，Graham et al.（2008）认为，公司规模越大，抵御资本市场风险的能力越强，规模大的公司更容易获取外部资本，与外部投资者的信息不对称程度更低，因此公司规模越大，债券投资者要求的风险溢价越低。而公司的财务状况同样会影响公司债券信用利差，公司负债率越高，说明偿还债务能力低，企业违约风险高，因此对应的信用利差就更高（Kim，2016）。投资者会在债券投资前对企业预期的杠杆率进行预测，如果投资者预测企业在债券存续期间内的杠杆率较高，说明企业未来的违约风险也更高，投资者会要求更高的信用利差（Flannery et al.，2012）。企业盈利水平越高，向投资者释放企业财务状况积极的信号，投资者要求的风险补偿就越低（Minnis，2011）。Gong et al.（2016）认为企业的成长性会影响债券融资成本，企业成长性越高，说明企业经营状况存在的不确定性越大，违约风险更高。企业的上市年限也被认为会影响债券信用利差，企业上市年限越长，投资者对企业的经营状况越熟悉，企业与投资者之间信息不对称程度越低，可降低投资者的风险溢价要求（Gong et al.，2019）。Chen and Jiang（2019）基于我国公司债券市场，利用公司债与国债收益率价差分解模型，发现与美国公司债券市场不同的是，公司违约风险大小在债券定价中扮演着重要角色，而流动性风险对债券信用利差的影响较低。除此之外，公司自身的管理者也会影响公司债券信用利差。林晚发等（2018）研究发现，若企业有高管担任过人大代表或者政协委员，这种职业经历一方面向资本市场传递了高质量的声誉信号；另一方面，这类高管更容易与监管部门建立关系，进而促进公司债券发行成功。高管的这种任职经历虽然给企业起到了隐性担保的作用，但是在这种庇护下，企业发债前的机会主义行为也可能更多，企业很可能进行较多的盈余管理来粉饰企业的真实经营业绩，这会增加发债企业与投资者之间的信息不对称，因此，高管有人大代表或政协委员的任职经历的企业可能面临更高的信用利差。

公司的信息披露状况以及经营方面的治理会影响到公司债券的发行定价。以往文献发现会计信息披露行为（Bharath et al.，2008；Chen and Tseng，2020；Ge and Kim，2014；Zhang et al.，2018；陶雄华和曹松威，2017）、公司治理水平（周宏等，2018）、公司社会责任履行（Ge and Liu，2015；Tan et al.，2020；周宏等，2016）、并购行为（Eisenthal-Berkovitz et al.，2020）以及企业的客户集中度（王雄元和高开娟，2017）等会对公司债券信用利差产生影响。Bharath et al. （2008）认为，公有债的投资者获取私有信息的渠道有限，更依赖于标的公司公开披露的会计信息，因而会计信息质量差的企业在公有债市场面临的逆向选择成本更高，债券投资者对会计质量低的企业会要求更高的信用利差作为风险补偿。此外，发债企业披露的财务信息的可读性可以成为债券投资者对企业信用风险的评估因素。Chen and Tseng（2020）的研究表明，财务报表附注的可读性也会影响投资者对企业信用风险的评估，进而影响债券的信用利差。因为财务报表附注提供了更多与公司价值相关的增量信息，如果财务报表附注的可读性低，说明会计信息并不完整，会导致投资者难以准确评估公司现金流水平，投资者会要求更高的债券信用利差作为风险补偿。Ge and Kim （2014）研究发现，管理者通过真实盈余管理增加的收益不具有可持续性，并且增加了企业未来现金流的风险，从长期来看会对企业的盈利能力和竞争优势产生不利影响，增加企业与债券投资者之间的信息不对称。企业真实盈余管理会被债券投资者识别为风险效应，真实盈余管理会增加投资者对风险溢价的要求（杨大楷和王鹏，2014）。Zhang et al. （2018）研究了企业发生财务欺诈行为对公司债券信用利差的影响。如果企业发生了财务欺诈行为，债券投资者会认为公司的信用风险较高，企业公开披露信息的真实度会受到投资者的质疑，企业的声誉会受到损失，进而提高企业获取外部债务的融资成本。周宏等（2018）研究了公司治理水平对企业债券融资成本的影响，发现较高的公司治理水平能改善公司经营业绩和降低信息不对称，进而降低债券信用利差，并且信息不对称的缓解效应在民营企业中表现得更为明显。此外，企业社会责任是企业良好经营的一种体现，其履行情况也会影响公司债券信用利差，即社会责任的履行情况越好，越能降低企业与投资者之间的信息不对称，并且降低企业的非系统风险，从而降低企业的融资约束，实现降低投资者的风险溢价要求，且上述关系在民营企业中更为明显（周宏等，2016）。同样，Ge and Liu（2015）的研究发现，企业发生不道德的行为会面临高的诉讼风险，导致企业现金流出增加，增加企业财务风险。因此，债券投资者会认为社会责任履行表现好的企业的信用风险更低。通常社会责任披露详细表明企业的信息环境较好，向公众传递企业社会责任表现优秀的信号，管理层会制止机会主义行为的发生。通常披露社会责任履行情况的企业向公众做出的承诺更多，这类企业与外部投资者之间的代理冲突更低。因此，社会责任信息披露详细的企业更偏好公有债融资，其发债成本相比其他未披露社会责任的企业更低（Tan et al.，2020）。公司的并购行为也会对债券的发行定价产生影响。公司的杠杆收购行为（LBO），即通过举债来完成对目标公司收购，预示着公司未来现金流的不充裕，这种行为会被债券投资者视为风险，会要求更高的信用利差作为风险补偿（Eisenthal-Berkovitz et al.，2020）。除此之外，王雄元和高开娟（2017）研究了发债企业的客户特征对公司债券融资成本的影响，发现客户集中度高的企业会被大客户要求更多的专有资产投资，要求提供给客户更多的商业信用，会增加企业未来现金流的不确定性，因此客户集中度被投资者解读为风险效应，客户集中度会增加企业未来收入风险以及现金流风险，进而增加债券的信用利差。

债券自身特征也会影响到债券发行定价，包括债券发行规模与到期期限（Ge and Kim，2014；Gong et al.，2016）、债券契约条款（陈超和李镕伊，2014；Gong et al.，2015）等。陈超和李镕伊（2014）发现公司的债券发行规模较大时，能募集大量资金，一方面说明企业财务状况较好，违约风险低；另一方面也表明其流动性风险较低，投资者会要求更低的信用利差，降低发行定价（Ge and Kim，2014）。债券到期期限越长，债券到期时的不确定性越高，投资者则会要求更高的信用利差来补偿可能存在的风险（Gong et al.，2016）。而公司债券的契约条款会对企业的行为加以约束，降低了发行人与投资者之间的代理冲突问题。债券契约条款越多，越能降低与债权人之间的信息不对称，公司债券信用利差越低（史永东等，2018）。Gong et al.（2017）根据中国的公司债券市场对限制类契约条款进行分类，发现融资限制类的契约条款和资产出售契约条款能有效约束公司的财务行为，可有效降低债券的信用利差。

公司债券的发行过程是由多方中介机构参与的，信用评级机构（Jiang，2008；寇宗来等，2015）、会计师事务所（陈超和李镕伊，2013；Gong et al.，2019）、承销商（林晚发等，2019）等被认为会影响公司债券的发行定价。Jiang（2008）认为，高信用评级可反映企业较好的财务状况和经营水平，向市场传递积极的信号，能使企业债务融资成本更低。然而，也有学者提出了相反观点，认为与西方发达国家的信用评级行业相比，我国的信用评级行业市场和制度并不完善，信用评级机构存在过度竞争，存在以虚高评级招揽客户的现象，信用评级并未获得市场认可的公信力，并未显著降低公司债券发行定价（寇宗来等，2015）。尽管如此，不少高质量的信用评级还是可以更有效地反映债券的信用风险的。Hu et al.（2020）发现，相比国内本土的信用评级机构，外资评级机构有更完备的评级技术和高质量的评级标准，并且大型的外资评级机构凭借其全球声誉能降低债券发行主体与外国机构投资者的信息不对称程度，降低公司债券的信用利差。此外，会计师事务所是发债公司的信息鉴证方，会对公司债券信用利差产生影响。陈超和李镕伊（2013）发现会计师事务所规模较大，能发挥更好的认证监督作用，公司债券投资者会根据企业公开披露的财务信息对企业进行信用风险评估，高质量审计后的财务报告的可信度更高，投资者面临的违约风险更低，因而审计质量高的发债企业的债券信用利差越低。Gong et al.（2019）从审计师个人声誉角度研究审计质量对公司债券融资成本的影响，发现审计师经验越丰富，便于及时发现错报，越能够向债券投资者提供更真实可靠的信息，进而降低公司债券融资成本。反之，如果审计师存在负面经历（被监管机构违规处罚），会使得投资者降低对财务报告的信任度，投资者需要更高的信用利差作为风险补偿。除审计机构以外，承销商也会影响债券的信用利差，因为承销商也参与了债券发行的整个过程，并且在其中扮演着核心主导角色。在声誉机制的影响下，高声誉的承销商具有更好的信息挖掘能力，能区分债券发行人的质量，识别债券发行企业事前盈余管理的能力更强，降低了发债企业事后违约的风险，并且高声誉的承销商能为发债企业提供"担保效应"，最终表现为高声誉的承销商能降低债券信用利差（林晚发等，2019）。除了上述直接中介机构之外，分析师的盈余预测也会影响投资者对债券信用风险的评估。林晚发等（2013）发现分析师预测分歧越大说明企业未来现金流不确定性越大。现金流的贴现的不确定性会增加企业的违约风险，因此债券信用利差也会增加；分析师跟踪人数多反映企业信息披露环境较好，降低了与外部投资者的信息不对称，也降低了债券信用利差；声誉高的分析师不愿意为了利益损毁自身声誉，通常会发布独立研究报告，能够降低投资者与发行人之间的信息不对称差；投资者则会根据分析师的盈余预测来调整投资行为，分析师预测值大于真实值时，债券的价格会上升，信用利差会降低。总而言之，公司债券的发行离不开中介机构，中介机构对公司债券发行定价的影响也受到了学术界充分的关注。

此外，资本市场投资者也会影响债券的信用利差。Kecskés et al.（2013）研究发现股票市场的信息具有溢出效应，是债券市场潜在的信息来源。股票市场的卖空者能更及时地发现企业的相关风险因素，并向债券市场传递企业的风险信号，股票市场的卖空者越多，债券投资者则会对企业要求越高的信用利差作为风险补偿。

一些宏观层面的因素也会影响公司债券的发行定价。Hu et al.（2019）研究发现，不同区域的信息环境会对公司债券发行的信用利差产生影响。中国各地区在经济发展水平以及制度上存在差异，如果发行企业所在地的金融中介发育程度较高，具有相对规范的法律环境，会降低发行人与投资者之间的信息不对称，有利于降低债券的信用利差。此外，地区的信任度水平也会影响公司债券的融资成本。一个地区的信任度越高，当地企业的财务报告可信度也会越高，越能够降低投资者所要求的风险补偿。如果企业所在地区的失信企业数量多，说明当地失信程度高，投资者的主观倾向会降低对当地发行人的信任度，投资者会要求更高的风险溢价作为补偿（杨国超和盘宇章，2019）。宏观经济周期与经济政策也会影响债券的发行定价。在经济繁荣时期，企业总体的盈余波动水平较小，债券的信用利差相对较低。在经济衰退时期，企业的盈余水平会降低，违约风险会提高，投资者会要求更高的信用利差，表现为更高的发行定价（Cenesizoglu et al.，2012）。另外，国家的宏观经济政策也会影响公司债券的信用利差（赵振洋等，2017）。郭晔等（2016）发现，在经济繁荣时期，债券信用利差普遍较低，未预期到的货币紧缩政策的调节对公司债券信用利差的影响较大；在经济衰退期，企业的信用风险本身较高，货币政策调节对公司债券的信用利差的边际影响较低，因此货币政策对公司债券融资成本的影响呈非线性关系。

（二）公司债券信用评级影响因素研究

评级机构通过对公司债券违约风险进行信用评级，使投资者更清楚地了解公司债券的信用风险。以往大量文献研究了公司层面因素对公司债信用评级的影响，包括公司规模（Koller et al.，2005）、公司财务状况（Adamas et al.，2003；Poon et al.，2013）、公司治理与内部控制（Ashbaugh-Skaife et al.，2006；敖小波等，2017）、会计行为选择（马榕和石晓军，2016；幸丽霞等，2017）等。企业规模越大，抵御市场风险能力越强，对应的信用评级越高（Koller et al.，2005）。财务状况会直接影响债券信用评级，即企业的盈利水平与信用评级呈正相关关系（Adamas et al.，2003），负债率高的发债企业可能面临经营不确定性，违约风险高，因而对应较低的信用评级（Poon et al.，2013）。公司治理水平也会影响公司债券信用评级，治理机制的发挥能有效抑制管理者机会主义行为，降低管理者与投资者之间、股东与债权人之间的代理冲突，进而提升债券信用评级（Ashbaugh–Skaife et al.，2006）。敖小波等（2017）认为，在内部控制质量较高的情况下，其经营目标能使企业的经营业绩提高，报告目标提高了企业信息披露质量，降低了企业与外部投资者之间的信息不对称，进而提高了企业信用评级。马榕和石晓军（2016）研究发现，企业应计盈余管理对债券信用评级有正向影响，说明我国债券信用评级的甄别能力还有待提高，无法排除盈余管理对会计信息的干扰效应。此外，企业避税行为也会影响债券信用评级，发现避税行为会降低企业的信息环境透明度，增加与外部投资者的信息不对称；避税行为可能会成为管理者隐藏公司"坏消息"的手段，加剧企业与投资者的代理冲突（幸丽霞等，2017）。

公司债券的信用评级除了受发债主体方面的因素影响之外，还会受到中介机构的影响。债券信用评级会受到会计师事务所（陈超和李镕伊，2013；林晚发等，2018）、评级机构（刑天才等，2016；林晚发等，2017）、承销商（Chen et al.，2018）等中介机构的影响。审计机构具有监督和认证的作用，高质量的审计可增强财务报告的可信度，降低发行人与债券投资者的信息不对称性，评级机构会依据经过审计的财务信息对债券进行评级。高质量的审计可提供更高的鉴证水平，评级机构会给予更高的信用评级（陈超和李镕伊，2013）。林晚发和周倩倩（2018）的研究发现，异常审计收费较高，一定程度上反映了企业可能存在较高的经营风险、代理风险以及内控风险，这些风险都与企业未来违约风险高度相关，因此异常审计费用越高，债券信用评级可能越低。另外，债券的信用评级也会受到评级机构的影响。评级机构声誉和竞争程度会对债券信用评级质量产生影响，高声誉的评级机构出具的债券信用评级质量相对较高，而评级机构数量越多，机构间激烈的竞争会导致评级虚高，降低评级质量（刑天才等，2016）。林晚发等（2017）研究了不同的评级收费模式对债券信用评级的影响，当发债主体被"投资者付费"机构评级后，"发行人付费"机构会对评级更加谨慎并调低发债企业的评级，但评级质量会上升。在信用评级之前，企业会先选择承销商为债券发行做前期准备。评级机构除了会考虑公司的财务状况外，一些非财务因素也会纳入考虑之中。而承销商在项目开始前也会对企业的信用风险进行评估，高声誉的承销商也会对企业的资质进行甄别。因此，高声誉的承销商可向市场释放企业财务质量的积极信号，信用评级机构也会对拥有高声誉承销商的企业调高发行债券的信用评级（Chen et al.，2018)。

(三) 公司债券契约条款影响因素研究

债券契约条款是企业在债券发行之初设定的，约束着发行人的资金使用，以减少违约风险。契约条款设计的目的是保护债权人利益，缓解股东与债权人之间的利益冲突。以往文献主要研究了企业特质、财务报告质量以及宏观市场环境对债券契约条款制定的影响。

企业层面影响债务契约条款的因素包括企业规模（Rahaman and Zaman，2013）、负债水平（Nash et al.，2003）、公司成长性（Reisel and Natalia，2014）、公司治理水平（Francis et al.，2012）、股价崩盘风险（潘俊等，2019）及企业社会责任履行（Shi and Sun，2015）等。契约条款的设置是否严格主要取决于投资者与企业的代理成本。具体而言，规模大的公司的规章制度更为规范，与投资者的信息不对称程度相对较低，限制性的契约条款相对较少（Rahaman and Zaman，2013）。资产负债率较高，导致企业有较高的违约风险，因此需要更多的债券契约条款来缓解企业与债券投资者的代理冲突（Nash et al.，2003）。Reisel and Natalia（2014）研究发现，高成长性的企业不会选择较多的债券契约条款，因为契约条款带来的成本远大于降低融资成本所带来的收益。企业盈余可预测性也会影响债务契约条款，盈余可预测性越高，契约条款越少（Hasan et al.，2012）。公司治理方面，Francis et al.（2012）发现，公司董事会独立性越高，债务契约条款相对越宽松，说明董事会发挥了监督作用，降低了企业事前的信息不对称以及事后的代理成本。此外，潘俊等（2019）发现，当企业的股票崩盘风险较高时，企业信用风险增加，企业会通过设立更完备的债券契约条款来维护债券投资者的权益，进而吸引更多的债券投资者，这在一定程度上降低了隐瞒坏消息对企业产生的负面影响。企业的社会责任履行状况也会影响债券契约条款的设置。企业社会责任履行得越好，则债券发行设置的契约条款越少。原因在于，从声誉的角度而言，社会责任表现好的企业通常能获得较高的声誉，信用风险相对较低。这类企业是投资者青睐的。从信息的角度上，企业向公众披露自身社会责任履行的信息，向市场传递公司的积极信号，可降低企业与债券投资者的信息不对称程度。从风险的层面上，社会责任履行好的企业的经营行为合规性更高，诉讼风险相对较低，获取贷款相对更容易，破产风险相对更低，因而社会责任表现好的企业的债券契约条款相对宽松（Shi and Sun，2015）。

债券契约条款也会受到会计信息披露质量的影响，但是学术界对会计信息披露质量对债券契约条款的影响并未得出一致的结论。有学者认为会计信息披露质量差,会有更多的契约条款来缓解代理冲突。Chava et al.（2010）研究发现,会计信息质量越低的企业需要设置更多的债券契约条款来缓解债券投资者与管理层之间的代理冲突。然而,有学者研究得出,会计信息披露质量好的企业更愿意用较多的契约条款来向市场释放企业的积极信号（Kim,2011）。Gong et al.（2016）发现,一个企业的社会责任披露质量越高,说明公司治理水平较高,企业更愿意通过设置较多债券限制性契约条款来向市场传递企业的积极信号。

同时,债券契约条款也会对企业产生多方面的影响,主要包括：一是债券契约条款对企业债券融资成本的影响（陈超和李镕伊,2014；Gong et al.,2015）。陈超和李镕伊（2014）根据债券契约条款的设置,建立了债权人投资保护指数,契约条款数目越多,则债权人投资保护指数越高。研究发现债券契约条款的设置能够合理保障债券投资者的权益,对债权人的保护程度越高,减少债权人与发行公司的代理问题,因此会降低债券融资成本。史永东和田渊博（2016）从契约条款的法律属性出发,研究了债券契约条款对债券融资成本的影响路径和强度,发现契约条款降低了债券未来的确定性,降低了企业信用利差和非信用利差,最终降低了债券的总信用利差。二是债券契约条款对公司内部行为的影响。李秋茹（2007）提出债券契约条款可以使债权人监督发债企业自由现金流的运作,对于限制自由现金流的滥用,防止过度投资、投资不足以及资产替代动机导致的自由现金流的浪费都有较好的抑制作用。Chava and Roberts（2008）研究发现,发债公司一旦发生技术违约,债权人有权介入公司的管理,并迫使发债公司降低资本投入,约束发债公司的不道德行为。债券契约条款的设置也可能影响公司的会计稳健性。甄红线等（2019）研究发现,债券企业条款的设立会提高企业会计稳健性。原因在于,公有债的投资者由于无法对企业的经营实时监督,债券发行后无法强有力地约束发行人的行为,一旦公司存在债券到期违约的可能性,债券投资者会"用脚投票",因此债券投资者对企业的风险更谨慎,相对私有债债权人,这些投资者更关注企业所及时确认的损失。另外,债券发行属于长期融资,在发行期间,企业会高度重视自身声誉,如果企业设立的契约条款出现违约,会增加企业被诉讼的风险,企业会选取更加稳健的会计计量方法以规避自身风险,因而债券契约条款增加了企业的会计稳健性。三是债券契约条款与外部审计的关系。Bharath et al.（2008）研究发现审计和契约条款设计作为外部和内部的债权人保护机制,两者一定程度上都能降低债权人与发债公司的信息不对称,审计与债券契约条款有替代和互补效应。

可以看出，目前关于我国公司债券的研究主要集中于探究公司债券发行定价（通过信用利差或融资成本体现）、信用评级以及契约条款设计的影响因素。虽然我国公司债券市场与发达国家债券市场相比发展时间较短，但公司债券投资者仍可通过企业公开披露的财务信息来区分发行企业的经营状况，评估企业的信用风险，进而要求合理的风险溢价。目前研究公司债券发行定价的影响因素多从企业自身属性和企业行为方面进行考虑，比如盈利能力、偿债能力、公司治理水平、外部环境、中介机构等，很少有文献从企业重要利益相关者的角度进行分析。但是现有文献表明，客户作为企业不可忽视的利益相关者，会直接影响企业的经营收入，进而影响企业的信用风险，且客户集中度会影响公司债券的信用利差（王雄元和高开娟，2017）。由于客户群体的异质性很可能会带来经营结果的差异，公司债券投资者是否能够感知不同特征客户所传递出的信用风险信号值得进一步地研究和深入挖掘。

四、文献评述

以往文献研究发现客户会对企业生产经营、具体的财务行为、企业战略产生影响。客户除了对企业本身产生影响外，客户信息还具有溢出效应，会影响资本市场的利益相关者对企业的价值评估。现有文献关于企业客户的研究主要聚焦于客户集中度对企业带来的积极或消极影响。主要原因在于集中度是衡量供应链关系最为直观的方式，企业在财务报告中会披露主要客户的销售额占比，是从客户与企业经济业务往来的频繁程度、彼此相互依赖程度的角度来考虑供应链关系。但是本研究认为，客户集中度主要反映的是企业的经营收入中依赖客户的程度以及双方企业在交易中议价能力的高低，并没有对客户进行质的区分。客户是异质的，不同类型的客户给企业带来的经营影响也应该是有所差异的。例如，一个公司其客户群体是一群个体户或者自然人，而竞争对手的客户是华为、腾讯、央企等大型优质客户，孰优孰劣显而易见。从现有文献来看，目前只有有限的学者区分了政府客户与非政府客户所产生影响的差异（Bae and Wang，2015；Cohen and Li，2020），且实践中长期与政府建立交易关系的企业并不多。窦超等（2020）的研究中政府客户仅占样本量的11.75%，这也体现了政府客户的稀缺性。此外，剩下的非政府客户也并非完全同质的。因此，虽然目前研究发现下游客户对上游企业的影响是广泛的，但是对于客户类型的细分还不够深入。本研究仍然可根据上市公司披露的客户信息提炼出反映客户特征的非财务信息来呈现客户的异质性特征，诸如：客户的资质，即客户资质会影响契约合同的履行效率以及购买需求，并且在交易过程中对客户的监督认证作用也会有所差异；客户地理分布，即客户分布地理区域不同会影响企业与客户之间的交易成本和信息不对称程度；客户的稳定性，即客户的稳定性反映的客户的购买需求以及供应链关系的持续性，向资本市场传递的信号也会有差异。综合上述分析，现有文献为本书探究债券投资者是如何解读不同类型客户特征所传递出的信息，进而影响债券投资者对企业的信用风险评估提供了研究基础。

与债券投资者相比，银行获取企业内部信息的渠道更多，监督企业的成本更低（Bhattacharya and Chiesa，1995），放贷后能够监督企业的资金去向，能避免企业将资金用在高风险项目上，银行与企业之间的信息不对称程度相对较低。然而，债券投资者在获取企业内部信息方面往往处于弱势地位，债券投资者可能更重视企业披露的公开信息，尤其是反映企业经营业绩方面的信息。客户作为企业十分重要的利益相关者，会对企业生产经营产生重大影响（Banerjee et al.，2008），即客户作为供应链的下游，会直接影响企业的营业收入以及现金流水平，因而客户信息是债券投资者对企业信用风险评估的重要依据。鉴于客户作为上游企业的重要利益相关者，对其生产经营产生多重影响，外部投资者不可能忽视客户在公司生产经营中的作用。然而，目前关于客户在公司债券市场发挥作用的研究并不多。有少量学者探究了客户集中度对公司债券信用利差的影响（王雄元和高开娟，2017）。客户集中度侧重于上游企业对客户的依赖度以及下游客户的议价能力，描述的是一种双向业务依赖关系。而在客户的异质性方面，对客户在资本市场，尤其在公共债券市场的作用研究得并不充分。因此，本研究着重研究客户的具体特征所包含的额外信息，探究债券投资者是如何识别发债企业的客户不同特征所传递的企业经营相关的各种信号，进而影响公司债券的发行定价的。

第三章 客户资质对公司债券发行定价的影响

第一节 问题提出

债券投资者作为公司的"外部人",与发债企业之间存在信息不对称,为了减少债券投资的风险,债券投资者获取企业公开披露的财务信息来分析企业生产经营的业绩(Bharath et al., 2008)。客户是企业重要的外部利益主体,对产品的采购需求与购买能力直接影响了企业营业收入的实现(Irvine et al., 2016;Patatoukas, 2013;李欢等,2018)。以往文献表明客户不仅会对企业生产经营产生直接影响,也会影响企业的外部利益相关者对企业价值的评估。客户的集中度会影响企业生产经营决策,进而影响股东和债权人以及审计师事务所对企业风险的评估(Campello and Gao, 2017;Krishnan et al., 2019;陈峻等,2015)。分析师会依据客户的盈余信息来修正目标企业盈余预测的偏差(Guan et al., 2015)。由于发债企业与债券投资者之间存在的信息不对称,债券投资者并不能完全了解企业内部生产经营的信息,发债企业对外的财务报告中公开披露的盈利信息可能会经过盈余调节以实现向投资者释放企业经营业绩积极的信号。而客户层面的信息则从侧面佐证了企业盈利状况的真实性,如果企业的主营业务收入较高,而其主要客户不具有与之相匹配的购买需求,则说明企业的经营收入被操纵的可能性较大。因此,企业主要客户的信息是债券投资者了解发债企业经营业绩状况以及信用风险高低的重要途径之一。

利益相关者理论表明,企业在经济活动中并非独立的经济主体,需要依赖外部利益相关者来获取相应的资源以满足企业的生产经营,尤其是企业的客户会对企业的生产经营产生直接的影响。供应链的竞争已成为现代市场竞争的关键。然而,客户并非同质的,客户企业的购买需求与购买能力也有所差异。Cohen and Li(2020)、窦超等(2020)研究发现,政府背景的客户需求相对稳定,并且有国家信用作为担保,客户发生违约的可能性较低,因此这类客户降低了上游企业专有资产投资的风险，会带来更多的收益。李欢等（2018）的研究发现，客户为上市公司时，其良好的声誉通过信号传递到供应商企业，使得企业的贷款能力增强。这些研究说明，相比普通客户企业，政府背景或是上市公司的客户质量相对更高，一方面这类企业的需求相对稳定，并且自身财务状况能支撑其购买需求，能降低企业销售收入的不确定性。另一方面，高资质的客户能更好地发挥监督效应，降低企业与外部投资者的信息不对称与代理冲突，对企业生产经营产生积极作用。然而，目前文献大多是研究客户资质对企业本身产生的影响，鲜有文献研究：企业的外部投资者如何解读客户资质给企业生产经营带来的影响，进而影响企业的资本市场表现？公司债券的投资者是否能识别客户资质给企业生产经营带来的影响，影响债券投资者对发债企业的风险溢价要求，进而影响公司债券的发行定价？

为此，本章节主要探究债券投资者是否能关注到发债企业客户的资质对企业的影响，进而影响公司债券的发行定价。本章的结构安排如下：第一部分对客户资质对公司债券发行定价的影响进行理论分析并提出研究假设；第二部分对研究的样本来源、所涉及的变量进行说明，并构建实证模型；第三部分是对实证研究结果的讨论，并进行了一系列稳健性测试，包括解决可能存在的内生性问题等；第四部分是本章的小结。

第二节　理论分析与假设

信息传递理论认为，企业间信息是相互传递的，外部利益相关者不仅会根据公司的生产经营以及财务状况对公司价值进行评估，也会根据与公司经济密切相关的企业所传递出的信息进行决策（Cheng and Eshleman，2014）。客户作为企业重要的利益相关者，会对企业的生产经营产生直接的影响。基于供应链企业之间在经济业务上的紧密联系，以往学者发现企业的投资者以及中介机构会根据客户传递的信息对企业进行价值评估。比如分析师通过对目标企业的下游客户的盈余信息进行分析来提高对目标企业的盈余预测的精准度（Guan et al.，2015），企业的股权投资者也会对企业下游客户的盈余公告信息作出反应（Pandit et al.，2011）。这说明供应链企业之间信息存在溢出效应，投资者会依据客户传递的信息来评估企业生产经营状况以及企业未来业绩的可持续性。客户对企业的生产经营是十分重要的，企业需要将生产的产品销售给客户，才能获得营业收入，最终实现企业价值（Chen et al.，2016）。由此可见，企业的生产经营是依赖于客户的，客户自身的经营状况会影响其对上游企业的产品的采购需求，进而影响上游供应商企业的营业收入的实现。一旦主要客户出现财务危机，难以履行支付货款的义务，未来对供应商企业的产品需求也会降低，会导致供应商企业经营业绩下滑。供应商企业为维持经营业绩而重新寻找新客户的同时，对原有客户进行的专有资产投资也面临较高的转换成本（Lian，2017）。正因为供应链企业之间的紧密联系，下游客户的相关风险和收益在一定程度上也会传递给企业。然而客户是异质的，给企业带来的风险以及对企业经营收益的保障程度也会有所不同。如果客户始终能维持较高而稳定的购买需求，并且产品交付后能及时付款，这类客户就属于企业的"优质"客户，能给企业带来更稳定而持续的经营收益。优质客户通常面临较低的生产经营风险和市场风险，其购买需求相对稳定，稳定的经营业绩可能在一定程度上降低违约的可能性。拥有优质客户可降低供应商企业为维护客户关系进行的专有资产投资的风险以及转换成本，优质客户可给供应商企业经营业绩带来更多保障。

如果企业的主要客户中有上市公司，这类客户给企业带来的经营业绩保障程度更高。原因在于：

首先，我国证监会对上市公司信息披露监管较为严格，依法对上市公司的信息披露状况进行实时监督，并且上市公司的财务报告是经过独立的第三方审计机构进行审计的，相比于非上市公司，上市公司信息披露的真实性和透明度更高（王艳艳和陈汉文，2006）。客户在资本市场上的信息披露质量会直接影响供应商企业的经营绩效（Radhakrishnan et al.，2014）。除了信息披露的真实性外，上市公司客户财务报告披露的详尽程度也会高于非上市企业，供应商企业可以获取主要客户的增量信息，能清楚了解客户生产经营以及财务相关的状况，获取客户企业生产经营相关的信息以及未来的战略发展方向，使得供应商企业能更清晰地了解客户企业对产品的需求，根据客户对产品的需求及时调整企业的生产计划、产品库存规模，以及未来对主要客户进行专有投资的额度（Dou et al.，2013）。另外，企业可通过上市公司客户公开披露的财务信息来判断客户企业的财务状况，判断客户是否有足够的现金流量及时支付货款和维持未来的生产经营。

其次，上市公司的行为会受到广大外部利益相关者的关注与监督，这类客户为了维护自身的社会公众形象，其行为合规性也可能更高，通过机会主义行为来获取自身利益进而使其他利益相关者（如供应商企业）造成损失的可能性较低（Campbell，2007）。在我国，企业上市需要通过证监会发审委等监管机构的严格审批，除了经营业绩要达到一定标准，公司行为的法律合规性也要达到较高要求，而在上市之后仍会面临严格的监管。严格的监管会促使上市公司在提升经济效益的同时，注重自身行为的合规性。与非上市公司相比，上市公司受到的社会关注度较高，享有的社会声誉更高，一旦上市公司发生违规行为或存在官司诉讼等负面声誉事件，其负面的影响力要高于非上市公司。而上市公司的声誉是企业通过日积月累的努力形成的，是企业重要的无形资本，公众公司也会注重自身行为的合法性，会处理好与外部利益相关者之间的关系，以避免长期积累的声誉资本流失（Mailath and Samuelson，2006）。如果企业的主要客户为上市公司，其合规性通常较高，客户发生机会主义行为导致供应商企业经营业绩受损可能性较低。

再次，上市公司融资途径相对较多，如可以通过股权的方式进行融资，且上市公司具有发展相对成熟、资产规模相对较大等特点，违约风险通常会低于非上市公司，银行作为私有债的债权主体，也更愿意以较低的利率将资金借给上市公司（Stiglitz and Weiss，1981）。如果企业的主要客户是上市公司，客户自身面临的融资约束相对较低，客户因财务危机导致无法支付商品款项风险较低，进而降低了供应商企业的经营风险。

此外，从关系治理的角度来说，客户与供应商企业除了购销关系外，也充当着企业生产经营的"监督者"角色（刘文军和谢帮生，2017）。因为主要供应商的生产经营状况会直接影响客户企业的经营业绩，供应商企业销售给客户的产品与客户企业的产品竞争力息息相关，客户为了维护自身的利益，也会对供应商企业的日常生产经营进行监督。上市公司客户会对供应商企业的生产经营提出更严格的要求，包括供应商企业的财务状况以及产品的质量都会纳入客户监督的范围，进而降低供应商企业与外部利益相关者之间的代理冲突。

若企业的主要家户存在政府背景，这类客户也属于优质客户。根据窦超等（2020）的界定，具有政府背景的客户指政府机构或事业单位。有政府背景的客户在一定程度上可以降低供应商企业的经营风险，原因在于：首先，政府部门的采购行为通常代表着国家的政策导向，既要满足自身的产品需求，也要兼具政策扶持的功能。政府部门的采购需求通常是长期而稳定的，不会随时变更产品的需求，转换供应商的可能性相对较低（Goldman et al.，2013；Cohen and Li，2020），可降低供应商企业为维护主要客户进行的专有资产投资的不确定性；有政府背景的客户的购买需求相对稳定，降低了供应商企业交易活动中的转换成本。其次，在我国，有政府背景的客户有国家信用做支撑，有地方政府作为强有力的后盾。与普通客户相比，这类客户的财务风险相对较低，采购商品发生违约的可能性较低，降低了供应商企业销售发生坏账的风险（窦超等，2020）。政府具有公信力，这类客户发生机会主义行为的可能性要低于普通客户。最后，政府客户往往通过公开招标的方式选择供应商，对供应商企业的产品有严格标准。这类客户还会对供应商企业生产经营进行强有力的监督，进而降低了供应商企业与外部利益相关者之间的代理成本。因此，有政府背景的客户能给供应商经营收益带来更多保障，降低供应商企业交易过程中的不确定性。

根据供应链信息转移理论，债券投资者会根据发债企业客户的信息来评估企业的违约风险，进而给出合理的风险溢价（Pandit et al.，2011；魏明海等，2018）。当发债企业拥有优质客户（比如客户为上市公司或有政府背景）时，一方面说明企业自身拥有较好的生产经营的能力，能维持与优质客户之间的合作关系；另一方面，优质客户也能为企业未来的经营收益提供有效的保障，企业发债到期的违约风险就相对较低。因此优质客户能向公司债券投资者传递积极信号，公司债券投资者会对拥有优质客户的发债企业要求更低的风险溢价，使得公司债券的发行定价越低。根据上述分析提出如下假设：

H3-1：在其他条件既定情况下，发债企业的主要客户中有上市公司或政府背景的客户，其公司债券发行定价越低。

第三节 研究设计

一、样本选择和数据来源

本研究的初始样本包括上海交易所和深圳交易所在 2007—2019 年发行的所有公司债券，合计 9709 只。鉴于只有上市公司才能获得相应的财务数据信息，且主要基于沪深 A 股，因此删除了非上市企业发行的公司债券、非沪深 A 股上市企业（即 B 股、H 股）所发行的公司债券，保留样本为 1867 只公司债券。此外，还删除了样本中不能获得债券发行前一年的客户信息[①]即客户名称、客户销售占比信息缺失样本，保留 532 个观测值。沪深 A 股上市企业发行的公司债券包含面向特定投资者的非公开发行的公司债券，这类公司债券信息缺失较多，如是否担保、信用评级等不全。因此，删除非公开发行、金融企业以及控制变量缺失样本后，最终只保留 450 个观测值。

本章的数据来源如下：公司债券发行信息来自同花顺 iFind 金融数据库，并且通过巨潮资讯网的披露信息进行了补充复核；发行人披露的客户信息来自

[①] 参考 Gong G，Xiao L，Xu S，et al. Do bond investors care about engagement auditors' negative experiences? Evidence from China. Journal of business ethics，2019，158（3）：779-806 的研究，公司债券投资者在进行投资决策时并不能观测到当年财务信息，而是通过过去披露的信息进行风险评估，因此，需要发行人在公司债券发行之前一年的相关信息。

同花顺 iFind 金融数据库及中国研究数据库（CNRDS）的双重补充复核，以保证数据的完整性；客户背景详细特征（如资质）源自企查查的工商企业信息查询系统（https://www.qcc.com/）；公司债券特征信息来自同花顺 iFind 金融数据库，其发行的上市公司财务信息来自 CSMAR 数据库。

二、变量定义

（一）被解释变量

本章的主要被解释变量为公司债券发行定价（SPREAD），根据 Gong et al.（2019）、王雄元和高开娟（2017）、张军（2021）、周宏等（2018）的研究，公司债券发行定价可使用公司债券发行的信用利差（SPREAD）表示，其计算方式为公司债券到期时的收益率减去同等剩余期限国债的收益率。如果公司债券发行的期限结构无法找到相应的国债发行期限结构，采用林晚发等（2013）提出的线性插值法将数值补齐。通常来讲，公司债券的发行定价体现了投资者对风险溢价的要求，即高于无风险债券所要求的收益率，用信用利差体现。对发行企业而言，这也是公司债券的融资成本。

（二）解释变量

本章用两个主要解释变量来反映客户资质，包括：①客户为上市公司企业，其经营业绩相对稳定，治理体系相对完善，属于优质客户。若企业的前五大客户中存在上市公司或上市公司的控股子公司，上市公司类客户（LISTED_CUS）取值为 1，否则为 0。②政府背景的客户有国家信用作为保障，客户资质相对较高。根据 Cohen et al.（2020）和窦超等（2020）的研究，如果企业的前五大客户中存在有政府背景的客户，政府类客户（GOVER_CUS）取值为 1，否则为 0。

（三）控制变量

根据公司债券发行定价影响因素的相关文献（Ge and Kim, 2014；Gong et al., 2019；史永东和田渊博，2016；周宏等，2018），本章研究控制了债券特征、治理特征、企业特征以及其他特征变量后对债券发行定价的影响。

1. 债券特征

债券发行期限（LOGMATURITY）。债券发行期限是以月为单位再取对数计算而得的。控制债券发行期限主要是因为发行期限长的债券，在债券存续期间会面临着更高的不确定性,投资者可能会要求更高的风险溢价作为补偿(Gong et al.,2016)。

债券发行规模($LOGAMOUNT$)。债券发行规模是单只债券发行金额以亿元为单位取对数,控制债券发行规模主要是因为债券的发行规模越大,则对应着更高的流动性,债券投资者会要求更低的风险溢价作为补偿,预期与因变量债券发行信用利差呈负相关关系。

债券担保状况($SECURED$)。债券担保状况是一个哑变量,如果发债企业被担保取 1,否则为 0。根据 Gong et al.(2019)的研究,高违约风险的公司选择发行公司债券时,会被要求其提供担保。然而,也有学者表明公司债券存在担保时,能降低其违约风险(陈超和李镕伊,2014)。因此,公司债券担保对公司债券发行定价的影响方向并不能确定,需要进行实证检验。

2. 治理特征

股权集中度($TOPONE$)。股权集中度用第一大股东持股比例进行度量。根据 Shleifer and Vishny(1986)的观点,如果公司的大股东的持股比例较高,可以降低由于股权分散造成的"搭便车"的问题,高股权集中度能促使大股东对公司的日常生产经营进行有效监督,降低了外部投资者与企业之间的代理冲突,进而降低了债券投资者所要求的风险溢价作为补偿(类承曜和徐泽林,2020)。

二职合一($DUAL$)。董事长与总经理二职合一是哑变量,如果董事长与总经理为同一人取 1,否则为 0。根据委托代理理论,为了防止代理人的机会主义行为,如果董事长与总经理职务上分离,有利于发挥董事会对经理人的监督;如果董事长与总经理二职合一,则会削弱董事会的监督治理功能,使公司透明度降低,债券投资者可能要求更高的风险补偿。

董事会规模($BOARD$)。该变量用企业的董事会人数度量。根据李常青和赖建清(2004)、周宏等(2018)的研究,董事会规模也可能会影响董事会对公司监督功能的发挥,进而影响债券的信用利差。

分析师人数($ANALYST$)。分析师人数用当年跟踪该公司分析师的总人数度量,可在一定程度上反映公司的信息环境。根据林晚发等(2013)、黄波等(2018)的研究,分析师的关注度与公司的信息披露程度与真实性有关。对于一个发债企业,跟踪该公司的分析师人数越多,越能改善发债企业的信息环境,降低企业与债券投资者之间的信息不对称,降低投资者对发债企业的风险溢价要求。

审计质量($BIG10$)。该变量为哑变量,反映外部审计的质量,如果发债企业年报是被前十大会计师事务所审计取 1，否则为 0。根据 Gong et al.（2019）、陈超和李镕伊（2013）的研究，高质量的外部审计能有效降低企业与外部投资者的信息不对称，降低公司债券发行的信用利差。

3. 企业特征

企业规模（SIZE）。该变量用企业年末资产总额取对数计算得出，根据 Ge and Kim（2014）的研究，与小规模企业相比，大型企业本身有较强的能力抵御市场风险以及不确定性，并且大规模的企业通常能以较低的成本获得外部融资，自身违约风险相对较低。

资产负债率（LEV）。该变量反映公司的财务杠杆风险，用公司年末负债账面价值除以资产的账面价值计算而得。资产负债率高，说明公司的偿债压力较大，在公司债券发行到期时，越有可能出现资不抵债的情况，因此，高资产负债率的企业可能会有较高的违约风险，债券投资者会要求更高的风险溢价作为补偿。

总资产收益率（ROA）。该变量用公司的年末净利润总额除以年末资产总额得到，用来反映企业的盈利能力。值越高，说明公司的盈利能力越强，债券到期时发生违约的可能性相对较低。预期总资产收益率与债券发行的信用利差呈负相关关系。

经营活动现金流量（OCF）。该变量用公司经营活动现金流量除以主营业务收入得到，用来反映企业的盈利质量，其中除以主营业务收入是进行标准化处理。通常公司的经营活动现金流量越多，盈利质量越高，公司的违约风险越低，债券发行的信用利差会越低。

企业性质（SOE）。该变量为哑变量，反映企业的产权性质，如果发债企业由中央政府或地方政府控股则取值为 1，否则为 0。在我国，国有企业有国家信用作为支撑，即使出现财务危机时，政府也会进行救助，国有企业的违约风险相对较低，通常能以较低的成本获得融资（方红星等，2013；彭叠峰和程晓园，2018）。

4. 其他特征

根据 Hu et al.（2019）的研究，区域经济的发展也会影响企业公司债券的发行定价，本研究控制了市场化指数（MARKETINDEX），公司所在省份的市场化指数反映了区域经济对公司债券发行定价的影响。此外，参考 Gong et al.（2019）控制了发债企业信用评级（RATEDUM）对企业债券发行定价的影响，公司债券信用评级分为 AA−、AA、AA+、AAA 四个等级，设置三个哑变量来避免多重共线性问题，即若公司债券的信用评级为 AA−，则第一个 RATEDUM 为 1，否则为 0，以此类推。此外，还控制了企业所属行业（INDUSTRYDUM）

对债券发行定价的影响以及控制了年度（YEARDUM）的影响。

主要变量及其相关说明见表3-1。

表3-1 主要变量及其相关说明

变量类型		变量名称	变量符号	变量描述
因变量		公司债券发行定价	SPREAD	债券发行时的票面利率与同时期发行的同期限国债收益率之差，即信用利差
自变量	客户资质	上市公司类客户	LISTED_CUS	哑变量，如果公司前五大客户中至少有一个客户是上市公司或上市公司的控股子公司，值为1，否则为0
		政府类客户	GOVER_CUS	哑变量，公司前五大客户中至少有一个客户是政府部门或事业单位，值为1，否则为0
控制变量	债券特征	债券发行期限	LOGMATURITY	债券发行期限以月为单位取对数
		债券发行规模	LOGAMOUNT	单只债券发行金额以亿元为单位取对数
		债券担保状况	SECURED	债券发行有担保取1，没有担保取0
	治理特征	股权集中度	TOPONE	公司第一大股东的持股比例
		二职合一	DUAL	哑变量，董事长与总经理为同一人取1，反之为0
		董事会规模	BOARD	公司董事会人数
		分析师人数	ANALYST	跟踪该公司的分析师总人数
		审计质量	BIG10	哑变量，发行人被前十大会计师事务所审计取1，反之为0
	企业特征	企业规模	SIZE	企业当年年末资产的对数
		资产负债率	LEV	负债总额/总资产
		总资产收益率	ROA	净利润/总资产
		经营活动现金流量	OCF	经营活动现金流量/主营业务收入
		企业性质	SOE	哑变量，为央企国资企业取值为1，否则为0
	其他	市场化指数	MARKETINDEX	公司所在省份的市场化指数
		信用评级	RATEDUM	债券信用评级哑变量
		行业	INDUSTRYDUM	行业哑变量，根据证监会2012年行业分类指引
		年度	YEARDUM	年度哑变量

三、模型构建

为了验证本章节的主假设，即发债企业的客户资质高是否能显著降低公司债券的发行定价。本章以公司债券发行定价（SPREAD）为因变量，客户资质（LISTED_CUS，GOVER_CUS）为自变量，在模型中控制公司债券特征、治理特征、企业特征，并控制了市场因素、行业、年度等对公司债券发行定价产生影响的因素，建立模型（3.1）：

$$\begin{aligned}SPREAD_{i,t} =& \alpha_0 + \alpha_1 LISTED\_CUS/GOVER\_CUS_{i,t-1} + \\ & \alpha_2 LOGMATURITY_{i,t} + \alpha_3 LOGAMOUNT_{i,t} + \\ & \alpha_4 SECURED_{i,t} + \alpha_5 TOPONE_{i,t-1} + \alpha_6 DUAL_{i,t-1} + \\ & \alpha_7 BOARD_{i,t-1} + \alpha_8 ANALYST_{i,t-1} + \alpha_9 BIG10_{i,t-1} + \\ & \alpha_{10} SIZE_{i,t-1} + \alpha_{11} LEV_{i,t-1} + \alpha_{12} ROA_{i,t-1} + \alpha_{13} OCF_{i,t-1} + \\ & \alpha_{14} SOE_{i,t-1} + \alpha_{15} MARKETINDEX_{i,t} + \sum RATE + \\ & \sum Industry + \sum Year + \mu_{i,t}\end{aligned}$$

(3.1)

模型（3.1）中，i 和 t 分别表示发债公司和债券发行的年度，债券层面的数据用 t 期数据，公司债券发行当期的特征会影响债券发行的信用利差。参照 Ge and Kim（2014）以及 Gong et al.（2019）的做法，公司层面以及治理层面的控制变量用 $t-1$ 期的原因在于，债券投资者获取的是企业过去的会计信息，根据企业发债前一期的会计信息来对企业信用风险进行评估，并且 $t-1$ 期的数据在一定程度上缓解了内生性问题。模型采用普通最小二乘法（OLS）回归，由于观测样本的公司类别数高于年度数较多，为了降低可能的估计偏误，并未采用 Peterson（2009）的双重聚类调整，而是采用 Huber-White（White，1980）稳健调整后的 t 值以降低异方差的影响。最后，为避免数据极端值对研究结果的可靠性产生影响，本研究对所有连续变量进行了1%和99%分位的 Winsorize 处理。所有数据分析及实证检验使用软件 Stata15 完成。模型中涉及变量的描述详见表 3-1。若 LISTED_CUS/GOVER_CUS 的系数显著为负，说明发债企业的客户资质越高，其债券发行定价越低。

第四节 实证结果分析

一、描述性统计分析

表 3-2 为本章主要变量的描述性统计。可以看出，样本企业中的公司债券发行定价（SPREAD）的范围在 0.293 到 6.541 之间，标准差为 1.148，平均值为 2.561，结果与 Gong et al.（2019）和 Gao and Lin（2018）的研究基本一致。LISETED_CUS 和 GOVER_CUS 的均值分别为 0.233 和 0.100，说明在披露了客户信息的发债企业中有 23.3% 的企业的前五大客户中存在上市公司，有 10% 的企业的前五大客户中存在着政府行政或事业单位；公司债券发行的平均规模（AMOUNT）为 12.47 亿元，公司债券发行期限（MATURITY）的平均值为 60.400 个月，说明我国目前的公司债券发行的规模较大且期限较长，基本在 5 年左右。其中 SECURED 均值为 0.347，说明大约有 34.7% 的公司债券被担保。BIG10 均值为 0.562，说明大约有 56.2% 发债企业聘请了"前十大"会计师事务所对其财务报告进行外部审计。在企业特征中，样本企业规模（SIZE）平均为 23.590。资产负债率均值为 0.559，说明发债公司的总资产有 55.9% 来源于负债。总资产收益率（ROA）均值为 0.041，经营活动现金流量（OCF）均值为 0.092，说明样本企业的盈利能力和盈利质量相对较好，这与我国证监会出台的《公司债券发行与交易管理办法》中对公司债券发行的企业的财务要求具有一致性。另外，SOE 均值为 0.189，说明样本企业中大约有 18.9% 为国有企业。

表 3-2 变量描述性统计

Variable	N	Mean	S.D.	Min	Q1	Median	Q3	Max
SPREAD	450	2.561	1.148	0.293	1.754	2.328	3.319	6.541
LISTED_CUS	450	0.233	0.423	0.000	0.000	0.000	0.000	1.000
GOVER_CUS	450	0.100	0.300	0.000	0.000	0.000	0.000	1.000
MATURITY	450	60.400	20.840	12.000	60.000	60.000	60.000	180.000
LOGMATURITY	450	4.045	0.336	3.178	4.094	4.094	4.094	4.787
AMOUNT	450	12.470	14.450	0.032	5.000	8.500	15.000	160.000
LOGAMOUNT	450	2.150	0.829	0.000	1.609	2.140	2.708	4.369

续表

Variable	N	Mean	S.D.	Min	Q1	Median	Q3	Max
SECURED	450	0.347	0.476	0.000	0.000	0.000	1.000	1.000
TOPONE	450	0.425	0.166	0.100	0.300	0.415	0.543	0.863
DUAL	450	0.113	0.317	0.000	0.000	0.000	0.000	1.000
BOARD	450	9.389	1.764	6.000	9.000	9.000	10.000	15.000
ANALYST	450	2.059	1.065	0.000	1.386	2.197	2.833	3.689
BIG10	450	0.562	0.497	0.000	0.000	1.000	1.000	1.000
SIZE	450	23.590	1.540	20.770	22.420	23.440	24.540	28.500
LEV	450	0.559	0.161	0.132	0.453	0.572	0.681	0.862
ROA	450	0.041	0.031	0.001	0.020	0.033	0.055	0.149
OCF	450	0.092	0.228	−1.084	0.017	0.081	0.182	0.732
SOE	450	0.189	0.392	0.000	0.000	0.000	0.000	1.000
MARKETINDEX	450	7.551	1.876	2.870	6.040	7.830	9.330	9.950

注：表3-2各变量单位在表3-1中已说明。

二、相关性分析

表3-3呈现的是变量的Pearson相关性系数。可以看出，公司债券的信用利差（SPREAD）与客户资质（LISTED_CUS和GOVER_CUS）在1%显著水平上呈负相关关系。这说明如果发债企业拥有上市公司或政府部门的优质客户能显著降低公司债券的发行定价，初步印证了主假设。此外，公司债券的发行定价（SPREAD）会受到债券层面、公司治理层面、公司自身层面因素的影响；公司债券的发行定价（SPREAD）与债券发行规模（LOGAMOUNT）呈显著负相关关系，发行规模越大的债券，其流动性越高，投资者要求的风险补偿越低，与预期相符。公司债券的发行定价（SPREAD）与债券发行的期限（LOGMATURITY）呈显著负相关关系，原因可能在于我国债券市场对发行长期债券的发债主体本身的财务状况有更严格的要求，发债主体本身具有较低的信用风险，所以能够发行长期债券。而发债主体本身违约风险较高，则选择发行中短期公司债券（Chen et al., 2016）。治理层面的因素也会对公司债券的发行定价产生影响。公司债券的发行定价（SPREAD）与股权集中度（TOPONE）、董事会规模（BOARD）、分析师人数（ANALYST）、审计质量（BIG10）呈负相关关系，说明良好的治理环境能

显著降低债券发行的信用利差;与二职合一(DUAL)呈正相关关系,董事长与总经理为同一人不利于董事会发挥监督治理的作用,导致债券发行定价的信用利差较高。此外,公司债券的发行定价(SPREAD)与公司的规模(SIZE)、经营活动现金流量(OCF)、企业性质(SOE)呈负相关关系,说明公司规模大、盈利质量越高能显著降低债券发行的违约风险,使得债券发行定价较低。国有企业由于有国家信用做支撑,违约风险相对较低,发行债券的信用利差相对较低。为了降低模型可能存在的多重共线性,计算了变量的VIF值,VIF最大值为7.40,都小于10,说明在包含上述控制变量的情况下,模型设定没有严重的多重共线性问题。

表 3-3　Pearson 相关性系数

序号	Variables	1	2	3	4	5	6	7	8	9
1	SPREAD	1								
2	LISTED_CUS	−0.153***	1							
3	GOVER_CUS	−0.161***	−0.079*	1						
4	LOGMATURITY	−0.135***	0.04	0.003	1					
5	LOGAMOUNT	−0.379***	0.040	−0.008	0.170***	1				
6	SECURED	0.050	0.007	−0.056	0.172***	−0.025	1			
7	TOPONE	−0.362***	0.104**	0.046	0.09	0.367***	0.126***	1		
8	DUAL	0.167***	0.002	0.044	−0.051	−0.116**	0.034	−0.157***	1	
9	BOARD	−0.168***	0.051	−0.065	0.144***	0.192***	−0.097**	0.051	−0.099**	1
10	ANALYST	−0.099**	−0.013	−0.111**	0.109**	0.261***	0.03	−0.07	0.021	0.107**
11	BIG10	−0.178***	0.169***	0.055	−0.185***	0.089*	−0.082*	−0.008	0.075	0.032
12	SIZE	−0.443***	−0.015	−0.041	−0.031	0.648***	−0.177***	0.444***	−0.168***	0.211***
13	LEV	−0.067	−0.077	−0.04	−0.032	0.227***	0.005	0.155***	−0.111**	0.119***
14	ROA	−0.02	0.032	0.046	0.036	−0.102**	0.008	−0.065	0.068	−0.047
15	OCF	−0.209***	−0.067	0.11**	0.038	0.021	−0.078*	0.094**	−0.063	0.027
16	SOE	−0.369***	0.11**	−0.104**	0.039	0.284***	−0.077	0.289***	−0.101**	0.106**
17	MARKETINDEX	−0.140***	0.05	0.147***	−0.206***	−0.077	−0.135***	0.087*	0.175***	−0.079*

续表

序号	Variables	10	11	12	13	14	15	16	17
10	ANALYST	1							
11	BIG10	0.199***	1						
12	SIZE	0.238***	0.229***	1					
13	LEV	0.006	0.08*	0.509***	1				
14	ROA	0.171***	−0.093**	−0.313***	−0.472***	1			
15	OCF	0.049	0.04	0.108**	−0.101**	0.177***	1		
16	SOE	0.132***	0.151***	0.446***	0.138***	−0.098**	0.051	1	
17	MARKETINDEX	−0.224***	0.208***	0.113**	0.028	−0.047	−0.035	0.085*	1

注：*、**、***分别表示在10%、5%、1%水平上显著。

三、主假设回归结果分析

为了验证发债企业的客户资质对公司债券发行定价的影响，本章利用模型（3.1）对此进行回归检验。因变量为债券信用利差（SPREAD）；自变量为客户资质，即发债企业的前五大客户中是否存在上市公司类客户（LISTED_CUS）以及是否存在政府类客户（GOVER_CUS），若存在则说明发债企业的客户资质相对较高。报告的 t 值采用 Huber−White（1980）的稳健调整，以降低异方差的影响。通过 ΔR^2 可以看出，在加入客户资质的解释变量后，模型的解释力度显著提高，表明客户资质是影响公司债券发行定价的重要因素。

在表 3−4 的第（1）列中，仅包含了债券层面、治理层面以及公司层面的控制变量，未加入发债企业客户资质相关的变量。可以看出，公司债券的信用利差（SPREAD）与债券发行期限（LOGMATURITY）呈显著负相关关系，与公司债券担保情况（SECURED）正相关，说明债券发行的期限长，发债主体本身具有较低的信用风险；如果发债企业存在担保，说明其本身具有较高的违约风险，所以公司债券发行定价较高。与审计质量（BIG10）、企业总资产收益率（ROA）、企业性质（SOE）呈显著负相关关系，与二职合一（DUAL）呈显著正相关关系，说明良好的治理环境，企业自身有较好盈利水平，能显著降低违约风险，使得债券发行定价较低。与市场化指数（MARKETINDEX）呈显著负相关关系，说明市场发育程度越高，债券发行的信用利差越低。可以看出控制变量的回归结果与以往文献基本一致（Chen et al.，2016；Gong et al.，2019；周宏等，2018）。

在表 3−4 的第（2）至（3）列，利用模型 3.1 对主假设进行检验。在第（2）列，利用前五大客户是否存在上市公司类客户（LISTED_CUS）对发债企业的客户资质进行衡量，可以看出上市公司类客户（LISTED_CUS）的系数为−0.268，与债券信用利差（SPREAD）在 1% 的水平上呈显著负相关关系（$t=-2.77$）。进一步计算了上市公司类客户（LISTED_CUS）对公司债券发行信用利差（SPREAD）的经济显著性，即 LISTED_CUS 每一单位标准差的增加使得 SPREAD 下降 0.0424（−0.0424=−0.268×0.423/2.561），由此说明上述结果具有统计和经济上的显著意义。在第（3）列，利用前五大客户是否存在政府类客户（GOVER_CUS）对发债企业的客户资质进行衡量，可以看出政府类客户（GOVER_CUS）的系数为−0.535，与债券信用利差（SPREAD）在 1% 的水平上呈显著负相关关系（$t=-3.76$）。同样，

GOVER_CUS 每一单位的标准差增加使得 SPREAD 下降 0.0626（−0.0626＝−0.535×0.3/2.561），说明该结果存在统计和经济上的双重意义。以上结果表明，若发债企业的客户资质高，能显著降低公司债券发行定价，支持了本章的主假设。优质的客户自身的经营风险相对较低，其需求相对稳定，能给企业经营收益带来稳定的保障，使得企业的违约风险相对较低。优质的客户对企业的生产经营监督也会较为严格，可降低企业与外部投资者之间的信息不对称。债券投资者会识别到优质客户向资本市场传递企业生产经营的积极信号，会对拥有优质客户的发债企业要求更低的风险溢价。因此，如果发债企业的前五大客户中存在优质客户（上市公司或政府类客户）能显著降低投资者对风险溢价的要求，降低公司债券发行定价。

表3−4　客户资质与公司债券发行定价

变量	因变量：SPREAD					
	（1）		（2）		（3）	
	系数	t 值	系数	t 值	系数	t 值
LISTED_CUS			−0.268***	−2.77		
GOVER_CUS					−0.535***	−3.76
LOGMATURITY	−0.655***	−4.54	−0.639***	−4.47	−0.635***	−4.42
LOGAMOUNT	−0.040	−0.52	−0.030	−0.40	−0.029	−0.38
SECURED	0.251*	1.96	0.243*	1.89	0.214*	1.67
TOPONE	−0.642	−1.43	−0.539	−1.20	−0.563	−1.28
DUAL	0.533**	2.35	0.501**	2.20	0.554**	2.56
BOARD	−0.036	−0.96	−0.033	−0.90	−0.039	−1.07
ANALYST	0.020	0.28	0.009	0.13	0.014	0.21
BIG10	−0.322***	−2.92	−0.265**	−2.35	−0.312***	−2.93
SIZE	0.048	0.56	0.038	0.45	0.030	0.36
LEV	0.249	0.60	0.243	0.58	0.218	0.55
ROA	−3.573**	−2.37	−3.422**	−2.33	−3.725**	−2.47
OCF	−0.351	−1.11	−0.407	−1.30	−0.236	−0.75
SOE	−0.466***	−3.49	−0.432***	−3.31	−0.520***	−3.95
MARKETINDEX	−0.075**	−2.22	−0.073**	−2.16	−0.069**	−2.06

续表

变量	因变量：SPREAD					
	(1)		(2)		(3)	
	系数	t 值	系数	t 值	系数	t 值
CONSTANT	7.373***	4.38	7.478***	4.50	7.606***	4.69
RATEDUM	控制		控制		控制	
INDUSTRYDUM	控制		控制		控制	
YEARDUM	控制		控制		控制	
Adjusted R^2	0.517		0.524		0.533	
观测值	450		450		450	
ΔR^2			7.02***		14.68***	

注：所有报告的 t 值都经过 Huber-White（1980）稳健调整，***、**、* 分别代表在 1%、5%、10% 水平上显著。

四、稳健性检验

（一）更换客户资质的度量方式

为了检验主假设的回归结果是否稳健，本章采取了其他度量客户资质的方式：①LISTED_CUS_NUM 表示在公司前五大客户中存在上市公司客户的数量，该变量的取值为 0 到 5 之间的整数。该数值越大，表示企业的前五大客户中的上市公司客户数量越多。表 3-5 的第（1）列呈现了使用上市公司客户数量作为自变量的回归结果，LISTED_CUS_NUM 的系数为 -0.124，在 5% 的水平上显著降低了公司债券的信用利差，说明发债企业拥有的客户资质越高，能显著降低投资者对公司债券的风险溢价要求，再次证明了主假设结果。②GOVER_CUS_NUM 表示的是前五大客户中拥有政府部门或事业单位的客户数量，该变量的取值为 0 到 5 之间的整数。该数值越大，表示企业的前五大客户中的政府部门或事业单位的客户数量越多。从表 3-5 的第（2）列可以看出，GOVER_CUS_NUM 与 SPREAD 在 10% 的水平上呈显著负相关关系，再次印证了主假设结果的可靠性。③GOVER_CUS_ONLY 表示企业的前五大客户中是否存在政府部门，若有则取值为 1，否则为 0。这一度量对于政府背景的定义更为狭义。该变量不包括事业单位的原因在于事业单位不属于行政部门，事业单位通常是由国家利用国有资产设立的具有公益性质的机构。相比于政府部门，部分事业单位并非财政全额支撑，而是需要自收自支的。为了使得结果更稳健，所以将事业单位这部分样本取值为0。表3-5的第（3）列呈现了该回归结果，可以看出，$GOVER\_CUS\_ONLY$ 在1%的水平上显著降低了公司债券发行的信用利差，再次证明了主假设。④$GOVER\_CUS\_STATE$ 的定义为企业的前五大客户中存在政府部门、事业单位以及国有企业。该变量属于广义上的政府背景客户，即包括国有企业。在我国，国有企业接受国资委的领导，在满足经济效益的同时，也需要承担相应的社会责任，其采购也具有一定的政策导向性，在一定程度上属于政府采购的延伸（窦超等，2020）。表3-5的第（4）列呈现了该回归结果，$GOVER\_CUS\_STATE$ 在5%的水平上显著降低了公司债券发行信用利差，与表3-4的结果一致。综合上述结果，在使用多种方法度量客户资质后，均得出了与主假设一致的结果，证明了结果的稳健性。

表3-5 客户资质度量更换后的回归结果

因变量：SPREAD

变量	(1) 系数	(1) t值	(2) 系数	(2) t值	(3) 系数	(3) t值	(4) 系数	(4) t值
LISTED_CUS_NUM	−0.124**	−2.03						
GOVER_CUS_NUM			−0.170*	−1.91				
GOVER_CUS_ONLY					−0.562***	−2.65		
GOVER_CUS_STATE							−0.240**	−2.12
LOGMATURITY	−0.651***	−4.53	−0.639***	−4.40	−0.638***	−4.43	−0.635***	−4.43
LOGAMOUNT	−0.039	−0.50	−0.031	−0.40	−0.037	−0.48	−0.021	−0.27
SECURED	0.250*	1.95	0.241*	1.87	0.226*	1.75	0.257**	2.07
TOPONE	−0.576	−1.28	−0.578	−1.29	−0.519	−1.16	−0.645	−1.48
DUAL	0.510**	2.22	0.540**	2.43	0.518**	2.38	0.506**	2.29
BOARD	−0.035	−0.94	−0.040	−1.06	−0.041	−1.11	−0.038	−1.04
ANALYST	0.018	0.25	0.018	0.26	0.015	0.22	0.015	0.22
BIG10	−0.299***	−2.69	−0.331***	−3.03	−0.313***	−2.93	−0.320***	−2.97
SIZE	0.040	0.48	0.042	0.49	0.045	0.54	0.053	0.65
LEV	0.232	0.55	0.225	0.56	0.230	0.57	0.198	0.48
ROA	−3.597**	−2.42	−3.499**	−2.31	−3.090**	−2.04	−3.826**	−2.52

续表

因变量：SPREAD

变量	(1) 系数	(1) t值	(2) 系数	(2) t值	(3) 系数	(3) t值	(4) 系数	(4) t值
OCF	−0.379	−1.20	−0.303	−0.96	−0.309	−0.99	−0.318	−1.02
SOE	−0.447***	−3.36	−0.495***	−3.67	−0.518***	−3.88	−0.418***	−3.26
MARKETINDEX	−0.074**	−2.20	−0.073**	−2.16	−0.071**	−2.13	−0.072**	−2.18
CONSTANT	7.488***	4.47	7.411***	4.47	7.295***	4.46	7.232***	4.51
RATEDUM	控制		控制		控制		控制	
INDUSTRYDUM	控制		控制		控制		控制	
YEARDUM	控制		控制		控制		控制	
Adjusted R^2	0.520		0.521		0.530		0.525	
观测值	450		450		450		450	

注：所有报告的 t 值都经过 Huber–White (1980) 稳健调整，***、**、* 分别代表在 1%、5%、10%水平上显著。

（二）更换公司债券发行定价的度量方式

在主回归分析中，公司债券发行定价（SPREAD）计算方式为公司债券到期时的收益率减去同等剩余期限国债的收益率。根据 Gong et al. （2016）的研究，本章采用 LOGSPREAD 对公司债券发行定价进行替代，其计算方式为公司债券到期时的收益率减去同等剩余期限国债的收益率之后取对数，主要原因在于公司债券信用利差在各个发行企业之间存在着较大差异（最大值与最小值之间差异是均值的 2.44 倍，详见表 3-2），可能会影响最终的估计结果。使用模型（3.1）进行回归检验，表 3-6 呈现了使用取对数后的信用利差（LOGSPREAD）作为因变量的结果，可以看出，LISTED_CUS 和 GOVER_CUS 分别与 LOGSPREAD 在 5% 和 1% 的水平上呈显著负相关关系，再次验证了主假设结果。

表 3-6 更换债券发行定价度量后的回归结果

变量	因变量：LOGSPREAD					
	(1)		(2)		(3)	
	系数	t 值	系数	t 值	系数	t 值
LISTED_CUS			−0.065**	−2.43		
GOVER_CUS					−0.156***	−3.64
LOGMATURITY	−0.184***	−4.51	−0.181***	−4.42	−0.179***	−4.41
LOGAMOUNT	−0.009	−0.42	−0.007	−0.31	−0.006	−0.28
SECURED	0.071**	2.13	0.069**	2.07	0.060*	1.82
TOPONE	−0.142	−1.15	−0.117	−0.95	−0.119	−1.00
DUAL	0.148**	2.54	0.140**	2.40	0.154***	2.80
BOARD	−0.012	−1.10	−0.011	−1.05	−0.012	−1.22
ANALYST	0.012	0.60	0.009	0.48	0.010	0.54
BIG10	−0.086***	−2.87	−0.072**	−2.37	−0.083***	−2.89
SIZE	−0.009	−0.38	−0.012	−0.50	−0.015	−0.61
LEV	0.154	1.35	0.153	1.35	0.145	1.36
ROA	−1.016**	−2.38	−0.979**	−2.35	−1.061**	−2.49
OCF	−0.077	−1.03	−0.091	−1.22	−0.044	−0.58
SOE	−0.138***	−3.68	−0.130***	−3.51	−0.154***	−4.19

续表

变量	因变量：LOGSPREAD					
	(1)		(2)		(3)	
	系数	t 值	系数	t 值	系数	t 值
MARKETINDEX	−0.022**	−2.50	−0.022**	−2.43	−0.021**	−2.34
CONSTANT	3.008***	6.31	3.034***	6.49	3.076***	6.77
RATEDUM	控制		控制		控制	
INDUSTRYDUM	控制		控制		控制	
YEARDUM	控制		控制		控制	
Adjusted R^2	0.564		0.569		0.581	
观测值	450		450		450	

注：所有报告的 t 值都经过 Huber－White（1980）稳健调整，***、**、* 分别代表在 1％、5％、10％水平上显著。

（三）对同一企业在一年内发行多只债券的信用利差进行加权平均处理

对于同一企业在一年内发行多只债券的情况，本章利用了 Ge and Kim（2014）的方法，将同一企业一年内发行的多只债券视为一个集合，以发行金额为基准，加权平均计算债券发行的信用利差和债券发行的期限，其他控制变量的度量保持不变。由于加权平均后会导致样本总量出现一定程度的缩减，对后续研究有一定影响，所以在之前的主回归中没有采用这种方法。表 3-7 列示了同一年度发行多只公司债券的企业以发债规模为基准进行加权平均后使用模型（3.1）的回归结果。可以看出，客户资质的两个变量 LISTED_CUS 和 GOVER_CUS 分别在 5％和 1％的水平上与公司债券发行定价（SPREAD）呈显著负相关关系，回归结果与主假设一致。

表 3-7 同一企业一年内发行多只债券的处理

变量	因变量：SPREAD					
	(1)		(2)		(3)	
	系数	t 值	系数	t 值	系数	t 值
LISTED_CUS			−0.223**	−2.16		

续表

变量	因变量：SPREAD					
	(1)		(2)		(3)	
	系数	t值	系数	t值	系数	t值
GOVER_CUS					−0.478***	−3.31
LOGMATURITY	−0.684***	−3.82	−0.667***	−3.76	−0.655***	−3.67
LOGAMOUNT	−0.010	−0.11	−0.014	−0.16	−0.004	−0.05
SECURED	0.319**	2.54	0.312**	2.50	0.280**	2.21
TOPONE	−0.763*	−1.81	−0.680	−1.59	−0.657	−1.58
DUAL	0.480**	2.14	0.458**	2.04	0.500**	2.31
BOARD	−0.012	−0.33	−0.009	−0.26	−0.014	−0.43
ANALYST	0.011	0.16	0.006	0.09	0.009	0.14
BIG10	−0.369***	−3.38	−0.321***	−2.92	−0.367***	−3.43
SIZE	0.040	0.39	0.036	0.36	0.022	0.22
LEV	0.259	0.60	0.267	0.61	0.230	0.57
ROA	−3.699**	−2.36	−3.464**	−2.28	−3.912**	−2.50
OCF	−0.299	−0.87	−0.344	−1.00	−0.183	−0.53
SOE	−0.344***	−2.68	−0.314**	−2.49	−0.386***	−3.04
MARKETINDEX	−0.069**	−2.03	−0.068**	−1.99	−0.064*	−1.92
CONSTANT	7.440***	3.31	7.376***	3.33	7.666***	3.55
RATEDUM	控制		控制		控制	
INDUSTRYDUM	控制		控制		控制	
YEARDUM	控制		控制		控制	
Adjusted R^2	0.480		0.485		0.494	
观测值	354		354		354	

注：所有报告的 t 值都经过 Huber−White（1980）稳健调整，***、**、*分别代表在1％、5％、10％水平上显著。

（四）考虑部分变量 Pearson 相关性系数过高

在 Pearson 相关系数表中，债券发行规模（LOGAMOUNT）与企业规模（SIZE）的相关系数为0.648，且在1％的水平上显著。为降低控制变量之间的相关性，在稳健性检验中将该变量删除。表3－8中的第（1）和（2）列列示了删除公司规模（$SIZE$）后对表3－4的结果再次检验。可以看出，$LISTED\_CUS$和$GOVER\_CUS$仍在1%的水平上与$SPREAD$呈显著负相关，表明之前的研究结果依旧稳健。

（五）更换公司债券信用评级的度量方式

在主回归结果中，利用的是哑变量控制债券信用评级（$RATEDUM$），为了进一步验证回归结果是否稳健，本部分将重新定义债券信用评级（$RATE\_PJ$）：AA－赋值为1，AA赋值为2，AA+赋值为3，AAA赋值为4。使用模型（3.1）再次回归，表3－8的第（3）和第（4）列显示了该结果。可以看出，在替换了债券信用评级的度量方式后，信用评级（$RATE\_PJ$）在1%水平上与$SPREAD$显著负相关，说明信用评级越高，公司债券信用利差越低；而$LISTED\_CUS$和$GOVER\_CUS$仍在1%的水平上与$SPREAD$显著负相关，再次印证了主假设结果是稳健的。

表3-8 系数过高及更换信用评级度量的稳健性测试

因变量：SPREAD

变量	(1) 系数	(1) t值	(2) 系数	(2) t值	(3) 系数	(3) t值	(4) 系数	(4) t值
LISTED_CUS	-0.272***	-2.81			-0.262***	-2.68		
GOVER_CUS			-0.539***	-3.79			-0.516***	-3.58
LOGMATURITY	-0.631***	-4.35	-0.629***	-4.34	-0.656***	-4.57	-0.654***	-4.53
LOGAMOUNT	-0.010	-0.15	-0.013	-0.20	-0.037	-0.48	-0.036	-0.47
SECURED	0.228*	1.82	0.202	1.62	0.250*	1.88	0.222*	1.68
TOPONE	-0.497	-1.18	-0.530	-1.29	-0.556	-1.24	-0.578	-1.32
DUAL	0.501**	2.19	0.554**	2.55	0.504**	2.29	0.557***	2.64
BOARD	-0.032	-0.88	-0.038	-1.07	-0.041	-1.11	-0.048	-1.30
ANALYST	0.019	0.29	0.022	0.34	0.005	0.07	0.010	0.15
BIG10	-0.258**	-2.34	-0.307***	-2.92	-0.267**	-2.30	-0.315***	-2.87
SIZE	0.318	0.80	0.278	0.74	0.051	0.60	0.045	0.52
LEV					0.261	0.62	0.227	0.58
ROA	-3.592**	-2.40	-3.864**	-2.55	-3.312**	-2.22	-3.596**	-2.36
OCF	-0.398	-1.26	-0.227	-0.72	-0.463	-1.41	-0.300	-0.91
SOE	-0.415***	-3.38	-0.508***	-4.06	-0.407***	-3.10	-0.497***	-3.74

续表

因变量：SPREAD

变量	(1) 系数	(1) t值	(2) 系数	(2) t值	(3) 系数	(3) t值	(4) 系数	(4) t值
MARKETINDEX	−0.072**	−2.14	−0.068**	−2.06	−0.068**	−2.10	−0.066**	−2.03
RATE_PJ					−0.717***	−7.28	−0.685***	−6.92
CONSTANT	8.172***	10.00	8.160***	9.83	8.764***	5.46	8.822***	5.59
RATEDUM	控制		控制					
INDUSTRYDUM	控制		控制		控制		控制	
YEARDUM	控制		控制		控制		控制	
Adjusted R^2	0.525		0.534		0.521		0.529	
观测值	450		450		450		450	

注：所有报告的 t 值都经过 Huber—White（1980）稳健调整，***、**、* 分别代表在 1%、5%、10%水平上显著。

(六) 控制客户集中度的影响

以往学者研究发现企业主要客户的集中度会影响企业的债务融资成本,客户集中度越高,说明企业大客户的议价能力越强,大客户会利用其议价优势要求企业在产品价格上做出更多的让步,增加了企业经营业绩的风险(Campello and Gao,2017),因此当借款企业的客户集中度较高时,会使得企业的违约风险提高,银行会要求更高的贷款利率以及更严格的契约条款。综上所述,本章在研究客户资质对企业的公司债券发行定价的影响时,进一步控制发债企业的客户集中度对公司债券发行定价的影响。在模型3.1的基础上加入了客户集中度(CONCENTRATION),其定义为前五大客户的销售收入占比。表3-9列示的是在控制了客户集中度的影响后客户资质对公司债券发行定价的影响。从回归结果可以发现,客户集中度(CONCENTRATION)的系数为正,t值接近于边际显著,说明客户集中度在一定程度上会影响公司债券的发行定价,上市公司类客户(LISTED_CUS)以及政府部门客户(GOVER_CUS)对公司债券发行定价(SPREAD)的显著负影响仍然存在,说明在控制了客户集中度的影响后,较高的发债企业的主要客户资质会降低投资者的风险溢价要求的结果仍然成立。

表3-9 控制客户集中度的影响后的回归结果

变量	因变量:SPREAD			
	(1)		(2)	
	系数	t值	系数	t值
LISTED_CUS	-0.252***	-2.63		
GOVER_CUS			-0.507***	-3.66
LOGMATURITY	-0.621***	-4.21	-0.621***	-4.22
LOGAMOUNT	-0.035	-0.45	-0.034	-0.44
SECURED	0.232*	1.74	0.203	1.52
TOPONE	-0.493	-1.09	-0.513	-1.16
DUAL	0.499**	2.16	0.550**	2.50
BOARD	-0.029	-0.83	-0.035	-1.04
ANALYST	0.012	0.17	0.017	0.24
BIG10	-0.215*	-1.94	-0.263**	-2.51

续表

变量	因变量：SPREAD			
	(1)		(2)	
	系数	t 值	系数	t 值
SIZE	0.037	0.44	0.028	0.34
LEV	0.175	0.43	0.160	0.41
ROA	−3.497**	−2.43	−3.795**	−2.55
OCF	−0.381	−1.25	−0.212	−0.69
SOE	−0.449***	−3.48	−0.531***	−4.08
MARKETINDEX	−0.069**	−2.08	−0.066**	−2.02
CONCENTRATION	0.459	1.59	0.414	1.47
CONSTANT	7.263***	4.29	7.449***	4.49
INDUSTRYDUM	控制		控制	
YEARDUM	控制		控制	
Adjusted R^2	0.528		0.537	
观测值	450		450	

注：所有报告的 t 值都经过 Huber–White（1980）稳健调整，***、**、* 分别代表在 1%、5%、10%水平上显著。

五、控制潜在内生性问题

（一）倾向性得分匹配法（PSM）

为了缓解可观测变量的偏差，识别发债企业的客户资质（LISTED_CUS/GOVER_CUS）对公司债券发行定价（SPREAD）的因果关系，本章利用倾向性得分匹配法（PSM）来解决该问题，匹配方法如下：首先，将客户资质 LISTED_CUS 作为处理指示变量（Treatment variable），构造倾向性得分的匹配样本，如果企业的前五大客户中有上市公司，则为1（处理组）；如果企业的前五大客户中没有上市公司，则为0（控制组）。利用 Logit 回归模型并使用模型（3.1）中的相同控制变量生成倾向性得分值，即企业的前五大客户中有上市公司的概率（Dhaliwal et al., 2016；Krolikowski and Yuan, 2017）。其次，根据预测出的概率，利用1∶1不放回的最邻近匹配原则，且匹配半径为 0.05 来对处理组和控制组进行匹配，最终匹配出 67 个处理组样本以及 67 个控制组样本。从表 3-10 的 Panel A 的第 (1) 列中可以看出，在匹配前，有其他因素会影响企业是否拥有上市公司类客户；但是在匹配后，Panel A 的第 (2) 列没有显著的相关变量，模型拟合优度 $Pseudo\ R^2$ 显著降低。另外，通过 Panel B 可以看出，处理组（$LISTED\_CUS=1$）和对照组（$LISTED\_CUS=0$）两组的倾向性得分值之间无显著的差异性。此外，进一步进行了匹配后的单变量差异性检验，通过 Panel C 可看出，处理组（$LISTED\_CUS=1$）和对照组（$LISTED\_CUS=0$）控制变量无显著差异，但处理组和对照组的 SPREAD 仍存在差异（$t=1.80$），说明发债企业拥有高资质的客户，其债券的信用利差要显著低于那些没有高资质客户的发债企业。Panel D 列示的是匹配后的主效应检验，在第 (1) 列控制了治理层面和企业层面的因素，第 (2) 列控制了模型 (3.1) 中的所有控制变量，可以看出在匹配后，$LISTED\_CUS$ 仍与 SPREAD 呈显著负相关关系，与主假设结果是一致的，证明了之前研究结果的可靠性。

同样对 $GOVER\_CUS$ 进行了类似的处理，将 $GOVER\_CUS$ 作为处理指示变量（Treatment variable），构造倾向性得分的匹配样本。如果企业的前五大客户中有政府部门或事业单位，则为 1（处理组），否则为 0（控制组）。利用与模型 3.1 相同控制变量的 Logit 模型生成倾向性得分值，即企业的前五大客户中有政府部门或事业单位的概率。与 $LISTED\_CUS$ 不同的是，因为 $GOVER\_CUS$ 变量取值为 1 的样本过少，可匹配的样本有限，所以采用 1：2 有放回的最邻近匹配原则（匹配半径为 0.05）来对处理组和控制组进行匹配，最终匹配出 36 个处理组样本以及 47 个控制组样本。在表 3-10 的 Panel A 中第 (3) 和 (4) 列分别呈现的是匹配前和匹配后的回归结果。在匹配后，各控制变量均不显著，证明匹配效果较好。Panel B 中处理组（$GOVER\_CUS=1$）和对照组（$GOVER\_CUS=0$）倾向性得分值的相关特征均无显著差异。Panel C 显示的是匹配后的单变量差异性检验，两组除了 SPREAD 存在显著差异外（$t=2.62$），其他控制变量均无显著差异。Panel D 显示的是匹配后的主效应检验，在第 (3) 列中控制了治理层面和企业层面的因素，第 (4) 列的回归控制了模型 (3.1) 中的相同控制变量，可以看出在匹配后，$GOVER\_CUS$ 仍与 SPREAD 呈显著负相关关系。以上结果说明，企业拥有高资质的客户会导致公司债券发行的信用利差降低，利用倾向性得分匹配法发现可观测变量的偏差对结果没有造成显著影响。

第三章 客户资质对公司债券发行定价的影响

表 3-10 倾向性得分匹配法（PSM）

Panel A: 匹配前回归与匹配后回归

变量	因变量=LISTED_CUS					因变量=GOV_CUS				
	(1) 匹配前		(2) 匹配后			(3) 匹配前		(4) 匹配后	
	系数	z值	系数	z值		系数	z值	系数	z值
TOPONE	2.273**	2.05	−0.061	−0.04		2.316	1.50	−0.032	−0.02
DUAL	−0.648	−1.33	0.989	1.32		0.613	0.98	0.519	0.87
BOARD	0.082	0.92	0.106	0.72		−0.114	−0.80	−0.082	−0.68
ANALYST	−0.169	−0.89	−0.004	−0.02		−0.178	−0.67	0.003	0.01
BIG10	1.446***	4.09	0.115	0.22		−0.135	−0.28	0.047	0.13
SIZE	−0.161	−0.82	−0.025	−0.09		0.202	0.73	0.174	0.70
LEV	0.588	0.42	−0.124	−0.05		−1.52	−0.77	−1.899	−1.21
ROA	7.24	1.24	−11.44	−1.32		−1.868	−0.19	−5.112	−0.66
OCF	−1.44*	−1.72	1.811	1.229		2.622**	2.45	0.306	0.31
SOE	0.862**	2.04	−0.894	−1.49		−1.649*	−1.87	0.024	0.03
MARKETINDEX	0.029	0.29	−0.052	−0.36		0.129	0.89	−0.107	−0.86
CONSTANT	−15.343	−0.01	1.54	0.26		−35.147	−0.01	−1.523	−0.28
INDUSTRYDUM	控制		控制			控制		控制	
YEARDUM	控制		控制			控制		控制	
Pseudo R^2	0.176		0.09			0.182		0.08	
观测值	354		134			354		82	

Panel B: 倾向性得分值的差异性检验

	Mean	S.D.	Min	P25	Median	P75	Max
P_score for LISTED_CUS=0(Obs.=67)		0.345	0.191	0.040	0.198	0.315	0.496
P_score for LISTED_CUS=1(Obs.=67)		0.337	0.181	0.039	0.198	0.321	0.484
Difference		0.008	0.01	0.001	0.000	−0.006	0.012
P_score for GOVER_CUS=0 (Obs.=47)		0.275	0.164	0.035	0.161	0.238	0.411
P_score for GOVER_CUS=1 (Obs.=36)		0.304	0.154	0.035	0.198	0.296	0.416
Difference		−0.029	0.010	0.000	−0.037	−0.058	−0.005

Panel C: 匹配后单变量差异性检验

	使用 LISTED_CUS 的变量差异性检验				使用 GOVER_CUS 的变量差异性检验			
变量	=0 Obs.=67	=1 Obs.=67	Difference	t-statistic	=0 Obs.=47	=1 Obs.=36	Difference	t-statistic
SPREAD	2.731	2.38	0.348	1.80*	2.570	2.050	0.519	2.62***
TOPONE	0.413	0.428	−0.015	−0.51	0.431	0.441	−0.01	−0.28
DUAL	0.119	0.149	−0.030	−0.5	0.106	0.167	−0.06	−0.79
BOARD	9.343	9.478	−0.134	−0.47	9.255	9.193	0.144	0.39
ANALYST	1.936	1.966	−0.029	−0.15	1.786	1.816	−0.030	−0.12
BIG10	0.582	0.687	−0.104	−1.25	0.638	0.611	0.027	0.25
SIZE	23.202	23.212	−0.009	−0.04	23.161	23.309	−0.148	−0.54

续表

变量	使用 LISTED_CUS 的变量差异性检验				使用 GOVER_CUS 的变量差异性检验			
	=0	=1	Difference	t-statistic	=0	=1	Difference	t-statistic
	Obs.=67	Obs.=67			Obs.=47	Obs.=36		
LEV	0.534	0.532	0.002	0.08	0.544	0.531	0.013	0.36
ROA	0.047	0.044	0.003	0.48	0.044	0.044	0.000	0.09
OCF	0.039	0.061	−0.023	−0.54	0.142	0.168	−0.025	−0.49
SOE	0.209	0.179	0.029	0.43	0.064	0.056	0.008	0.16
MARKETINDEX	7.556	7.550	0.006	0.02	8.336	8.206	0.130	0.33

Panel D: 匹配后的主效应检验

因变量：SPREAD

变量	(1)		(2)		(3)		(4)	
	系数	t值	系数	t值	系数	t值	系数	t值
LISTED_CUS	−0.342**	−2.09	−0.296**	−2.01				
GOVER_CUS					−0.538***	−2.68	−0.515***	−2.76
LOGMATURITY			−0.617***	−2.77			0.169	0.33
LOGAMOUNT			−0.195	−1.47			−0.032	−0.16
SECURED			0.467**	2.29			0.100	0.47
TOPONE	−0.073	−0.11	−0.320	−0.51	−0.065	−0.09	−0.527	−0.67

续表

因变量：SPREAD

变量	(1) 系数	(1) t值	(2) 系数	(2) t值	(3) 系数	(3) t值	(4) 系数	(4) t值
DUAL	0.698***	2.97	0.574**	2.10	0.532	1.57	0.269	0.89
BOARD	−0.020	−0.35	0.054	1.01	−0.041	−0.85	−0.039	−0.75
ANALYST	−0.096	−1.09	−0.081	−1.10	−0.005	−0.04	−0.104	−0.86
BIG10	−0.159	−0.73	−0.259	−1.47	−0.139	−0.60	−0.295	−1.29
SIZE	−0.216**	−1.98	0.188	1.45	−0.281**	−2.03	−0.049	−0.29
LEV	−0.208	−0.27	−0.754	−0.93	−0.140	−0.18	−0.354	−0.54
ROA	−9.781***	−3.00	−8.290***	−2.74	−0.619	−0.18	0.655	0.21
OCF	−0.627	−0.78	−0.129	−0.24	0.346	0.57	0.515	0.88
SOE	−0.411*	−1.82	−0.395**	−2.24	−0.340	−0.83	−0.377	−0.77
MARKETINDEX	−0.187***	−3.98	−0.175***	−4.02	−0.167*	−1.89	−0.167*	−1.96
CONSTANT	11.355***	5.11	4.607	1.50	11.309***	4.40	6.388	1.61
RATEDUM	控制		控制		控制		控制	
INDUSTRYDUM	控制		控制		控制		控制	
YEARDUM	控制		控制		控制		控制	
Adjusted R^2	0.412		0.595		0.328		0.406	
观测值	134		134		83		83	

注：所有报告的 t 值都经过 Huber-White (1980) 稳健调整，***、**、* 分别代表在 1%、5%、10%水平上显著。

(二) Heckman 两阶段解决样本的选择性偏差

企业客户信息的披露是具有选择性的。比如，企业可能会主动披露那些优质的实力雄厚的客户信息，向市场传递与企业经营业绩相关的积极信号。如果企业拥有的客户资质本身较低，企业可能选择不披露这些客户的信息。另外，有些企业出于商业机密的考虑，以序列编号来替代客户的真实名称进行披露。而主回归的研究对象是仅披露了客户详细名称的企业，所以发债企业是否披露客户具体信息本身存在样本的选择性偏差。基于该问题，本章利用 Heckman (1977) 两阶段模型法来处理样本的选择性偏差问题。第一阶段，将利用 Logit 模型分析哪些因素会影响发债公司的客户名称信息披露，计算出逆米尔斯比例 (IMR)，将 IMR 带入模型 (3.1)，即实现第二阶段回归，观察控制样本选择性偏差后，企业拥有的客户资质是否仍然会影响公司债券发行定价。第一阶段的 Logit 模型如下：

$$\begin{aligned}CUS\_DISCLOSURE_{i,t} = &\beta_0 + \beta_1 MARKET\_NORM_{i,t} + \beta_2 TOPONE_{i,t} + \\ &\beta_3 DUAL_{i,t} + \beta_4 BOARD_{i,t} + \beta_5 ANALYST_{i,t} + \\ &\beta_6 BIG10_{i,t} + \beta_7 SIZE_{i,t} + \beta_8 LEV_{i,t} + \beta_9 ROA_{i,t} + \\ &\beta_{10} OCF_{i,t} + \beta_{11} SOE_{i,t} + \beta_{12} MARKETINDEX_{i,t} + \\ &\sum Industry + \sum Year + \varepsilon_{i,t}\end{aligned} \quad (3.2)$$

因变量为客户信息披露情况 (CUS_DISCLOSURE)，该变量为哑变量。如果发债企业披露了客户具体名称等详细信息则为 1，否则为 0。控制了影响发债企业信息披露的一系列因素，即不同市场 (MARKET_NORM)。若公司是在深交所发行上市的，取值为 1；如果公司是在上交所发行上市的，则为 0。因为深交所和上交所制定的企业的信息披露规则有所不同，进而影响企业客户信息披露的详尽程度，所以将企业所处的上市市场因素进行控制。并且控制了治理因素 [股权集中度 (TOPONE)、二职合一 (DUAL)、董事会规模 (BOARD)、分析师人数 (ANALYST)、审计质量 (BIG10)]、公司因素 [企业规模 (SIZE)、资产负债率 (LEV)、资产收益率 (ROA)、经营活动现金流量 (OCF)、企业性质 (SOE)]、市场因素 (MARKETINDEX)。治理水平高、财务状况良好的企业可能愿意向市场公开披露更详细的客户信息，信息披露质量也相对较高。市场化程度高的地区对当地企业的监管更加规范，会促使企业提高信息披露的有效性 (Eng and Mak, 2003；Francis et al., 2010)。该模型设定详见模型 (3.2)，同时控制了行业和年度的虚拟变量。

通过模型 (3.2) 估计出 IMR，再将 IMR 带入模型 (3.3)，为 Heckman

的第二阶段，并且控制了与模型（3.1）相同的控制变量。

$$\begin{aligned}SPREAD_{i,t} = &\delta_0 + \delta_1 LISTED\_CUS/GOVER\_CUS_{i,t-1} + \\ &\delta_2 LOGMATURITY_{i,t} + \delta_3 LOGAMOUNT_{i,t} + \\ &\delta_4 SECURED_{i,t} + \delta_5 TOPONE_{i,t-1} + \delta_6 DUAL_{i,t-1} + \\ &\delta_7 BOARD_{i,t-1} + \delta_8 ANALYST_{i,t-1} + \delta_9 BIG10_{i,t-1} + \\ &\delta_{10} SIZE_{i,t-1} + \delta_{11} LEV_{i,t-1} + \delta_{12} ROA_{i,t-1} + \delta_{13} OCF_{i,t-1} + \\ &\delta_{14} SOE_{i,t-1} + \delta_{15} MARKETINDEX_{i,t} + \delta_{16} IMR + \\ &\sum RATE + \sum Industry + \sum Year + \varepsilon_{i,t}\end{aligned} \quad (3.3)$$

表 3-11 的第（1）列呈现了 Heckman 一阶段的回归结果。可以看出，分析师人数（$ANALYST$）、市场化指数（$MARKETINDEX$）与企业的客户信息披露呈显著负相关，与预期并不符合。这可能是因为分析师已对企业信息进行较多的解读，降低了企业与外部投资者的信息不对称，企业披露客户信息的意愿有所降低；市场化竞争程度高说明当地市场相对活跃，市场上可能存在竞争对手，企业可能出于对自身经营保护的考虑，降低了公开披露客户信息的意愿。表 3-11 的第（2）列和（3）列呈现的是 Heckman 二阶段的回归结果。可以看出，在控制了客户信息披露的选择性偏差后，发债企业的客户资质仍然会影响公司债券的信用利差，$LISTED\_CUS$ 和 $GOVER\_CUS$ 分别在 5% 和 1% 的水平上与债券发行定价（$SPREAD$）呈显著负相关关系。并且 IMR 的系数在二阶段回归中并不显著，说明样本的选择性偏差问题在本研究中并不严重[①]。

表 3-11　Heckman 两阶段处理样本选择性偏差

变量	第一阶段：因变量 (CUS_DISCLOSURE)		第二阶段：因变量（SPREAD）		
	(1)		(2)		(3)	
	系数	z 值	系数	t 值	系数	t 值
LISTED_CUS		−0.241**	−2.40			
GOVER_CUS					−0.520***	−3.64

---

① 第一阶段回归中的样本观测值 1560 少于表 3-1 中沪深上市公司发行公司债券数量 1867 只的原因在于样本只包含了面向合格投资者公开发行的一般公司债券，并未包含非公开发行和中小企业私募公司债券。非公开发行公司债券由于评级、公司债券特征等相关数据的缺失较多，因此并未在本书中考虑。

续表

变量	第一阶段：因变量 (CUS_DISCLOSURE) (1) 系数	z值	第二阶段：因变量（SPREAD） (2) 系数	t值	(3) 系数	t值
$LOGMATURITY$			−0.636***	−4.30	−0.626***	−4.21
$LOGAMOUNT$			0.018	0.24	0.021	0.29
$SECURED$			0.238*	1.81	0.212	1.63
$MARKET\_NORM$	0.861***	5.21				
$TOPONE$	1.516***	3.16	−0.598	−1.38	−0.622	−1.47
$DUAL$	−0.547**	−2.33	0.521**	2.22	0.577**	2.59
$BOARD$	−0.017	−0.46	−0.032	−0.88	−0.037	−1.04
$ANALYST$	−0.161*	−1.93	0.015	0.20	0.022	0.31
$BIG10$	−0.133	−0.89	−0.278**	−2.45	−0.319***	−2.97
$SIZE$	−0.091	−1.11	−0.022	−0.28	−0.027	−0.35
LEV	0.103	0.16	0.339	0.83	0.309	0.80
ROA	−2.048	−0.70	−3.419**	−2.26	−3.721**	−2.41
OCF	−0.326	−1.13	−0.449	−1.38	−0.275	−0.84
SOE	−0.256	−1.15	−0.430***	−3.06	−0.507***	−3.63
$MARKETINDEX$	−0.079*	−1.72	−0.077**	−2.15	−0.072**	−2.02
IMR			0.106	1.01	0.090	0.84
$CONSTANT$	−14.355***	−7.58	8.435***	4.89	8.496***	5.11
$RATEDUM$			控制		控制	
$INDUSTRYDUM$	控制		控制		控制	
$YEARDUM$	控制		控制		控制	
Adjusted R^2	0.222		0.528		0.538	
观测值	1560		450		450	

注：所有报告的z/t值都经过Huber−White（1980）稳健调整，***、**、*分别代表在1%、5%、10%水平上显著。

（三）差分模型探究客户资质的变化与公司债券发行定价的变化问题

利用差分模型来探究发债企业客户资质的变化对公司债券发行定价变化的影响。差分模型（Change Model）能缓解遗漏变量可能产生的内生性问题对估计结果的不利影响（Mansi et al.，2004）。在主效应检验中，样本是公司在债券发行当年所对应的滞后一期的客户资质，而有的公司在一年中发行了多只债券，由该公司同年发行的多只债券都对应了当年的客户资质。而差分模型需要的样本是一家公司在不同的年度发行的两只债券。在本章的样本之中，有56家公司在不同年度发行了公司债券，样本期间超过两个不同年度及以上发行公司债券，进行邻近的两两相减，最终得到75个观测值。参照模型（3.1），在研究客户资质变化对债券发行定价变化的影响时，也需要控制一系列影响公司债券定价变化的因素。$\Delta LISTED\_CUS/GOVER\_CUS$ 反映的是客户资质的变化，$\Delta LOGMATURITY$ 代表债券发行期限的变化，$\Delta LOGAMOUNT$ 代表债券发行规模的变化，$\Delta SECURED$ 反映的是债券担保情况的变化，$\Delta TOPONE$ 代表公司股权集中度的变化，$\Delta DUAL$ 表示公司是否二职合一的变化，$\Delta BOARD$ 表示董事会规模的变化，$\Delta ANALYST$ 表示分析师人数的变化，$\Delta BIG10$ 表示审计质量的变化，$\Delta SIZE$ 表示企业规模的变化，ΔLEV 表示资产负债率的变化，ΔROA 表示总资产收益率的变化，ΔOCF 表示经营活动现金流量的变化，$\Delta MARKETINDEX$ 表示市场化指数的变化①。在模型（3.1）中，信用评级因素是用一系列哑变量进行控制的，但一系列哑变量在差分模型中难以实施，因此将评级因素控制为 $RATE\_PJ$，AA-赋值为1，AA赋值为2，AA+赋值为3，AAA赋值为4，$\Delta RATE\_PJ$ 反映的是信用评级的变化。建立如下模型来研究发债企业客户资质的变化对公司债券发行定价变化的影响：

$$\begin{aligned}\Delta SPREAD_{i,t} = &\ \gamma_0 + \gamma_1 \Delta LISTED\_CUS/GOVER\_CUS_{i,t-1} + \\ &\ \gamma_2 \Delta LOGMATURITY_{i,t} + \gamma_3 \Delta LOGAMOUNT_{i,t} + \\ &\ \gamma_4 \Delta SECURED_{i,t} + \gamma_5 \Delta TOPONE_{i,t-1} + \gamma_6 \Delta DUAL_{i,t-1} + \\ &\ \gamma_7 \Delta BOARD_{i,t-1} + \gamma_8 \Delta ANALYST_{i,t-1} + \gamma_9 \Delta BIG10_{i,t-1} + \\ &\ \gamma_{10} \Delta SIZE_{i,t-1} + \gamma_{11} \Delta LEV_{i,t-1} + \gamma_{12} \Delta ROA_{i,t-1} + \\ &\ \gamma_{13} \Delta OCF_{i,t-1} + \gamma_{14} SOE_{i,t-1} + \gamma_{15} \Delta MARKETINDEX_{i,t} + \end{aligned}$$

---

① 企业的产权性质不会随着时间的变化而变化，所以产权性质（SOE）不做差分处理。

$$\gamma_{16}\Delta RATE\_PJ + \sum Industry + \sum Year + \omega_{i,t}$$
(3.4)

如表 3-12 所示，客户资质的变化（$\Delta LISTED\_CUS$ 和 $\Delta GOVER\_CUS$）与公司债券发行定价的变化（$\Delta SPREAD$）在 5% 和 10% 的水平上呈显著负相关关系，说明客户资质水平越高，公司债券发行定价越低，再次验证了主假设。

表 3-12 差分模型探究客户资质的变化与债券发行定价的变化的回归结果

变量	因变量：$\Delta SPREAD$			
	(1)		(2)	
	系数	t 值	系数	t 值
$\Delta LISTED\_CUS$	−0.680**	−2.23		
$\Delta GOVER\_CUS$			−0.694*	−1.86
$\Delta LOGMATURITY$	−0.843**	−2.15	−0.880*	−1.91
$\Delta LOGAMOUNT$	−0.007	−0.05	0.015	0.11
$\Delta SECURED$	−0.017	−0.04	0.067	0.15
$\Delta TOPONE$	1.407	0.55	−0.438*	−1.87
$\Delta DUAL$	−0.194	−0.31	0.466	0.18
$\Delta BOARD$	0.088	0.77	−0.003	−0.00
$\Delta ANALYST$	0.060	0.31	0.072	0.60
$\Delta BIG10$	−0.567	−1.47	−0.621	−1.68
$\Delta SIZE$	0.121	0.33	0.243	0.74
ΔLEV	−0.126	−0.09	−0.133	−0.09
ΔROA	0.635	0.20	0.122	0.04
ΔOCF	−1.193	−1.31	−0.644	−0.78
SOE	0.027	0.08	0.135	0.40
$\Delta MARKETINDEX$	0.220	1.05	0.097	0.51
$\Delta RATE\_PJ$	−0.513**	−2.06	−0.438*	−1.87
$CONSTANT$	−0.245	−0.47	−0.602	−1.16
$INDUSTRYDUM$	控制		控制	
$YEARDUM$	控制		控制	

续表

变量	因变量：ΔSPREAD			
	(1)		(2)	
	系数	t 值	系数	t 值
Adjusted R²	0.081		0.043	
观测值	75		75	

注：所有报告的 t 值都经过 Huber－White（1980）稳健调整，***、**、* 分别代表在 1％、5％、10％水平上显著。

（四）控制行业和区域的时间效应

考虑到企业所在的地区的经济发展水平、制度环境以及同行业的竞争情况等因素会随着时间的变化而变化，进而会影响到公司债券发行定价，因此本部分将控制行业和区域的时间效应。参照 Greene（2004）以及吴超鹏等（2019）的处理方法，在模型（3.1）的基础上加入发债企业所在行业×年度的固定效应（INDUSTRY×YEAR FE）；本章参照 Fang et al.（2018）的方法将中国的行政区域（REGION）分为 7 个：华南、华北、华东、华中、西南、西北、东北。在模型（3.1）基础上加入企业所在区域×年度的固定效应（REGION×YEAR FE），再次利用模型（3.1）重新回归。通过表 3－13 可以看出，客户资质 LISTED_CUS 和 GOVER_CUS 均在 10％的水平上与公司债券发行定价（SPREAD）呈显著负相关关系，说明在控制了行业和省份的时间效应后，发债企业的客户资质高，仍会显著降低公司债券发行的信用利差。

表 3－13　控制行业和区域的时间效应

变量	因变量：SPREAD			
	(1)		(2)	
	系数	t 值	系数	t 值
LISTED_CUS	－0.304*	－1.91		
GOVER_CUS			－0.383*	－1.76
LOGMATURITY	－0.256	－1.46	－0.250	－1.40
LOGAMOUNT	－0.107	－0.95	－0.100	－0.90
SECURED	－0.239	－1.26	－0.212	－1.14

续表

变量	因变量：SPREAD			
	(1)		(2)	
	系数	t 值	系数	t 值
TOPONE	−0.592	−0.96	−0.724	−1.27
DUAL	0.494	1.39	0.526	1.48
BOARD	−0.050	−0.85	−0.062	−1.09
ANALYST	0.016	0.17	0.026	0.26
BIG10	−0.043	−0.27	−0.110	−0.68
SIZE	−0.172	−1.35	−0.139	−1.09
LEV	0.293	0.46	0.187	0.29
ROA	−1.887	−0.61	−2.089	−0.70
OCF	−0.708	−0.86	−0.510	−0.64
SOE	−0.583***	−3.10	−0.646***	−3.34
MARKETINDEX	−0.022	−0.34	−0.023	−0.38
CONSTANT	7.959***	2.70	6.748**	2.30
INDUSTRY×YEAR FE	控制		控制	
REGION×YEAR FE	控制		控制	
Adjusted R^2	0.587		0.586	
观测值	450		450	

注：所有报告的 t 值都经过 Huber-White（1980）稳健调整，***、**、* 分别代表在 1%、5%、10% 水平上显著。

六、在不同条件下，企业客户资质对公司债券发行定价的影响

（一）企业产权性质的调节作用分析

本节探究企业本身的产权性质是否会对客户资质与公司债券发行定价之间的关系产生影响。非中央国有企业如果拥有高资质的客户，对其经营收益的保障程度更高。而中央国有企业因为企业本身的抗市场风险能力较强，高资质客户对企业经营业绩的促进作用降低，进而弱化了客户资质对债券发行定价的作用影响。根据上述逻辑，表3-14列示了将样本按照产权性质进行分组后的回

归结果。从第（2）列和（4）列可以看出，$LISTED\_CUS$ 和 $GOVER\_CUS$ 分别在5%和1%的水平上与公司债券发行定价（$SPREAD$）呈显著负相关关系；第（1）列和（3）的客户资质（$LISTED\_CUS/GOVER\_CUS$）对公司债券发行定价（$SPREAD$）的影响均不显著，表明客户资质对公司债券发行定价的影响在发行人产权性质不同的情况下具有异质性。同时，依据Gong et al.（2019）的研究，采用卡方检验分组后的客户资质对公司债券发行定价的影响是否存在差异（Chi-square test）进行检验，检验结果发现组间系数具有显著的差异性，说明对非中央控股的发行者而言，客户资质对公司债券发行定价的影响更明显，而中央控股企业因为自身资源禀赋的优势降低了债券投资者对客户资质的关注。

表 3-14 不同企业产权性质下的分组回归结果

因变量：SPREAD

变量	(1) SOE=1 系数	(1) SOE=1 t值	(2) SOE=0 系数	(2) SOE=0 t值	(3) SOE=1 系数	(3) SOE=1 t值	(4) SOE=0 系数	(4) SOE=0 t值
LISTED_CUS	0.148	0.92	−0.291**	−2.58				
GOVER_CUS					0.89	−0.531***	−3.36	
LOGMATURITY	0.099	0.84	−0.673***	−3.50	0.002	0.01	−0.713***	−3.61
LOGAMOUNT	0.001	0.01	−0.035	−0.39	0.234	1.06	−0.029	−0.32
SECURED	0.261	1.23	0.241*	1.72	0.047	0.09	0.219	1.57
TOPONE	0.505	1.21	−0.469	−0.91	0.057	0.21	−0.477	−0.95
DUAL	0.013	0.05	0.551**	2.37	0.083*	1.79	0.608***	2.78
BOARD	0.081*	1.90	−0.024	−0.58	−0.100	−1.21	−0.030	−0.73
ANALYST	−0.072	−0.65	0.019	0.25	0.002	0.01	0.015	0.20
BIG10	−0.064	−0.36	−0.299**	−2.34	−0.020	−0.13	−0.362***	−3.01
SIZE	0.314**	2.30	0.104	0.86	0.433**	2.15	0.113	0.99
LEV	−3.307***	−3.42	0.064	0.13	−3.819***	−4.60	−0.025	−0.05
ROA	−10.322	−1.59	−3.349**	−2.06	−12.957*	−1.77	−3.743**	−2.26
OCF	1.366*	1.77	−0.450	−1.32	1.543*	1.93	−0.223	−0.65
MARKETINDEX	−0.032	−0.77	−0.059	−1.49	−0.069	−0.90	−0.053	−1.36

续表

因变量：SPREAD

变量	(1) SOE=1 系数	(1) SOE=1 t值	(2) SOE=0 系数	(2) SOE=0 t值	(3) SOE=1 系数	(3) SOE=1 t值	(4) SOE=0 系数	(4) SOE=0 t值
CONSTANT	−2.946	−0.91	6.332**	2.58	−5.138	−1.28	6.416***	2.73
RATEDUM	控制		控制		控制		控制	
INDUSTRYDUM	控制		控制		控制		控制	
YEARDUM	控制		控制		控制		控制	
Adjusted R^2	0.933		0.422		0.932		0.433	
观测值	85		365		85		365	

Test LISTED_CUS (1) =LISTED_CUS (2) chi2 (1) =9.09; Prob>chi2=0.0026
Test GOVER_CUS (3) =GOVER_CUS (4) chi2 (1) =7.31; Prob>chi2=0.0069

注：所有报告的 t 值都经过 Huber—White (1980) 稳健调整，***、**、* 分别代表在1%、5%、10%水平上显著。

（二）外资企业客户的调节作用分析

研究表明，外国资本的进入能对公司产生治理效应（黄伟和陈钊，2015）。如果企业的前五大客户中拥有外资企业客户（即客户企业为外国资本在中国境内独自投资设立的企业），这类客户对供应商企业生产的产品要求可能更高，对企业日常经营管理活动会进行更严格的监督，可在一定程度上降低企业与外部投资者之间的信息不对称（Cai and Zhu，2020）。如果企业的主要客户中有外资企业，可能会弱化上市公司类以及政府类客户对企业经营业绩的保障作用，进而弱化这两类客户对债券发行定价的影响。表3-15是将样本按照企业的前五大客户中是否有外资企业进行分组后的回归结果。如果企业前五大客户中存在外资企业，则属于$FC=1$组，否则为$FC=0$组。在第（2）列中可以看出，$LISTED\_CUS$在5%的水平上$SPREAD$呈显著负相关关系；第（4）列中，$GOVER\_CUS$与$SPREAD$在1%的水平上显著负相关；而在第（1）列和（3）列中，客户资质（$LISTED\_CUS/GOVER\_CUS$）对公司债券发行定价（$SPREAD$）的影响均不显著。上述结果表明，外资企业客户一定程度上削弱了上市公司类和政府类客户对公司债券发行定价的负向作用，客户资质对公司债券发行定价的影响取决于一定条件。同时，采用卡方检验组间的主要测试变量——客户资质的差异性，发现组间系数差异性检验显著，证明了上述结果的可靠性。

表 3-15 是否具有外资企业客户情况下的分组回归结果

因变量：SPREAD

变量	(1) FC=1 系数	(1) FC=1 t值	(2) FC=0 系数	(2) FC=0 t值	(3) FC=1 系数	(3) FC=1 t值	(4) FC=0 系数	(4) FC=0 t值
LISTED_CUS	0.016	0.06	−0.332**	−2.46				
GOVER_CUS					−0.67	−0.376	−3.51	
LOGMATURITY	−0.273	−0.60	−0.693***	−4.01	−0.255	−0.591***	−0.652***	−3.86
LOGAMOUNT	0.258	1.24	−0.057	−0.69	0.261	−0.52	−0.061	−0.72
SECURED	0.449	1.32	0.256*	1.79	0.426	1.07	0.235	1.65
TOPONE	0.111	0.11	−0.498	−0.92	0.030	1.22	−0.421	−0.81
DUAL	0.477	1.18	0.448**	2.00	0.558	0.03	0.500**	2.26
BOARD	−0.136*	−1.76	−0.015	−0.30	−0.133*	1.21	−0.013	−0.28
ANALYST	0.255	1.43	−0.009	−0.12	0.236	−1.75	−0.020	−0.25
BIG10	−0.707*	−1.88	−0.275*	−1.82	−0.713*	1.30	−0.299**	−2.13
SIZE	−0.222	−1.07	0.073	0.77	−0.213	−1.88	0.060	0.66
LEV	0.701	0.58	0.322	0.65	0.722	−1.03	0.203	0.44
ROA	−6.679	−1.41	−2.770	−1.47	−6.639	0.66	−2.890	−1.49
OCF	0.754	0.78	−0.657*	−1.73	0.768	−1.44	−0.394	−1.04

续表

因变量：SPREAD

变量	(1) FC=1 系数	(1) FC=1 t值	(2) FC=0 系数	(2) FC=0 t值	(3) FC=1 系数	(3) FC=1 t值	(4) FC=0 系数	(4) FC=0 t值
SOE	−0.018	−0.02	−0.475***	−2.98	−0.051	−0.06	−0.631***	−3.83
MARKETINDEX	−0.096	−1.21	−0.067	−1.56	−0.098	−1.23	−0.058	−1.35
CONSTANT	9.173**	2.00	7.336***	4.11	8.921*	1.91	7.341***	4.26
RATEDUM	控制		控制		控制		控制	
INDUSTRYDUM	控制		控制		控制		控制	
YEARDUM	控制		控制		控制		控制	
Adjusted R^2	0.472		0.543		0.475		0.557	
观测值	102		348		102		348	

Test LISTED_CUS (1) =LISTED_CUS (2) chi2 (1) =12.40; Prob>chi2=0.0004
Test GOVER_CUS (3) =GOVER_CUS (4) chi2 (1) =12.12；Prob>chi2=0.0005

注：所有报告的 t 值都经过 Huber—White (1980) 稳健调整，***、**、* 分别代表在1%、5%、10%水平上显著。

七、机制检验

前文在主效应中验证了发债企业拥有高资质的客户，可在一定程度上降低公司债券的发行定价。本部分将继续探究高资质的客户是否会对企业经营业绩产生直接影响，进而向公司债券投资者传递企业生产经营的相关信号。上市公司类和政府类客户可为企业的经营业绩带来一定保障，进而向公司债券投资者传递企业经营相关的积极信号，公司债券投资者识别这一信息后，会要求相对低的信用利差作为补偿，使得公司债券发行定价较低。本研究将对上述机制进行验证，因变量为企业 $t+1$ 期的销售收入增长率（SALE_GR），自变量为客户资质（LISTED_CUS/GOVER_CUS），控制了模型（3.1）中企业层面、治理层面以及其他相关变量对企业未来销售收入的影响，采用普通最小二乘法（OLS）进行回归。表3-16列示了机制分析的回归结果，第（1）列的自变量为企业主要客户中是否拥有上市公司类客户（LISTED_CUS），第（2）列的自变量为企业主要客户中是否有政府类客户（GOVER_CUS），可以看出LISTED_CUS和GOVER_CUS分别在5%和10%的水平上与SALE_GR呈显著正相关关系，说明发债企业主要客户的资质高，对企业生产经营带来的影响是积极的。

表3-16 机制分析回归结果

变量	因变量：SALE_GR			
	(1)		(2)	
	系数	t值	系数	t值
LISTED_CUS	0.069**	2.09		
GOVER_CUS			0.095*	1.81
TOPONE	0.011	0.11	0.024	0.22
DUAL	0.025	0.44	0.012	0.21
BOARD	−0.002	−0.24	−0.000	−0.06
ANALYST	0.052***	2.81	0.050***	2.71
BIG10	−0.027	−0.79	−0.013	−0.40
SIZE	−0.042**	−2.50	−0.044***	−2.59
LEV	0.146	1.12	0.153	1.19
ROA	−0.830	−1.53	−0.793	−1.46

续表

变量	因变量：SALE_GR			
	(1)		(2)	
	系数	t 值	系数	t 值
OCF	−0.080	−0.53	−0.114	−0.76
SOE	−0.090***	−2.80	−0.072**	−2.18
MARKETINDEX	−0.010	−0.95	−0.011	−1.00
CONSTANT	1.143***	2.82	1.180***	2.88
INDUSTRYDUM	控制		控制	
YEARDUM	控制		控制	
Adjusted R^2	0.114		0.114	
观测值	450		450	

注：所有报告的 t 值都经过 Huber−White（1980）稳健调整，***、**、* 分别代表在 1%、5%、10%水平上显著。

八、进一步研究

（一）客户资质对公司债券抑价率的影响

主假设主要探讨的是客户资质对公司债券发行定价的影响，公司债券发行定价主要反映的是公司债券在一级市场的定价。本部分主要讨论的是公司债券在二级市场上市首日交易价格，公司债券上市首日交易价格等于收盘净价加上公司债券面值和票面利率计算出的应计利息。所以公司债券上市首日交易价格除了包括公司债券面值和票面利息以外，还包括收盘净价，即投资者对公司债券的风险感知。如果公司债券上市首日交易价格高，说明公司债券的抑价水平高，若发行企业能够释放公司经营层面的利好信息，则公司债券的发行抑价越低。

根据徐思（2017）以及吕怀立等（2016）的方法，公司债券抑价率计算方式如下：

（1）首先计算单只公司债券上市首日回报率。因为公司债券在二级市场交易并没有股票交易频率高，很多公司债券在上市首日并未发生交易，本章利用公司债券上市首次发生交易价格作为上市首日交易价格数据。本书参照 Cai et al.（2007）以及吕怀立等（2016）的做法，规定上市首日与首次的交易间隔不超过七个日历天数。单一债券的市场回报率（D_{i1}）计算方式为：

$$D_{i1} = \frac{P_{i1} - P_{i0}}{P_{i0}} \tag{3.5}$$

P_{i1}为公司债券上市首日收盘价格（其中上市首日收盘价格＝收盘净价＋以面值和票面利率计算出的应计利息）；P_{i0}为公司债券的票面价值，在我国公司债券的票面价值为100元。公司债券上市首日收盘价格的数据来源于 CSMAR 数据库。

（2）计算相同日期的市场回报率（单只公司债券上市首次交易日）。P_{m1}为相同日期上证公司债券指数收盘价，P_{m0}为相同日期上证公司债券指数开盘价。市场回报率计算方式如下（D_{m1}）

$$D_{m1} = \frac{P_{m1} - P_{m0}}{P_{m0}} \tag{3.6}$$

（3）经市场调整的单只公司债上市首日的异常回报率，即为公司债券的抑价率（UNDER_P），为单一债券的上市首日市场回报率减去相同日期的市场回报率：

$$UNDER\_P = (D_{i1} - D_{m1}) \times 100\% \tag{3.7}$$

吕怀立等（2016）研究发现企业的盈余持续性越高，会使得公司债券投资者更准确地评估企业的信用风险，公司债券的抑价水平越低。本章探究发债企业的主要客户资质是否能传递企业生产经营相关信息，进而会影响公司债券的抑价水平。为此，以公司债券抑价水平（UNDER_P）为因变量，客户资质（LISTED_CUS/GOVER_CUS）为自变量，并控制了公司债券层面、公司层面以及治理层面影响公司债券抑价水平的因素。表3-17列示了客户资质对公司债券抑价率的影响的回归结果。LISTED_CUS 与公司债券抑价水平（UNDER_P）在5%的水平上呈显著负相关关系，GOVER_CUS 与公司债券抑价水平（UNDER_P）在1%的水平上呈显著负相关关系，说明发债企业的客户资质越高，公司债券的抑价率越低[1]。

---

[1] 此处观测值仅为326，样本减少的原因在于在计算公司债券抑价时数据库有部分观测值缺失；另外，本书仅包括上市首日至上市的首次交易间隔七个日历天数之内的价格数据。

表3-17 客户资质对公司债券抑价率的影响

变量	因变量：UNDER_P			
	(1)		(2)	
	系数	t值	系数	t值
LISTED_CUS	-0.296**	-2.12		
GOVER_CUS			-0.545***	-2.93
LOGMATURITY	-0.005	-0.03	-0.008	-0.05
LOGAMOUNT	0.118	1.25	0.114	1.24
SECURED	-0.116	-0.69	-0.178	-1.06
TOPONE	0.488	0.98	0.505	1.05
DUAL	0.140	0.50	0.162	0.58
BOARD	-0.037	-0.90	-0.043	-1.05
ANALYST	-0.034	-0.43	-0.022	-0.29
BIG10	0.106	0.76	0.033	0.24
SIZE	-0.018	-0.22	-0.025	-0.31
LEV	0.452	0.79	0.527	0.91
ROA	-5.523**	-2.18	-5.977**	-2.45
OCF	-0.677*	-1.92	-0.528	-1.48
SOE	-0.225	-1.08	-0.296	-1.39
MARKETINDEX	-0.077**	-2.07	-0.072*	-1.94
CONSTANT	4.768*	1.79	5.054*	1.90
RATEDUM	控制		控制	
INDUSTRYDUM	控制		控制	
YEARDUM	控制		控制	
Adjusted R^2	0.199		0.201	
观测值	326		326	

注：所有报告的t值都经过Huber-White（1980）稳健调整，***、**、*分别代表在1%、5%、10%水平上显著。

(二) 客户资质对公司债券信用评级的影响

公司债券在发行前需要经第三方机构进行信用评级，公司债券的信用评级也会对公司债券的发行定价产生影响（寇宗来等，2015）。通常而言，企业公开披露的信息是评级机构对公司债券的信用风险评级的主要信息来源，通过了解企业生产经营状况来评估发债企业的违约风险，进而给出公司债券相应的信用评级。本部分将进一步探讨信用评级机构是否能识别发债企业的客户资质对公司生产经营方面的影响，进而影响对公司债券的信用风险评估。在本章的研究样本中，公司债券的信用评级分为 AA−、AA、AA+、AAA 四个等级，本书参照方红星等（2013）的做法，将 AA−赋值为 1，AA 赋值为 2，AA+赋值为 3，AAA 赋值为 4。公司债券信用评级越高，说明债券的违约风险越低。以债券信用评级（RATE_PJ）为因变量，主要客户资质（LISTED_CUS/GOVER_CUS）为自变量，并控制了影响公司债券信用评级的相关影响，利用 Ologit 模型来检验发债企业主要客户资质对公司债券信用评级的影响，表 3−18 呈现了该回归结果。结果表明，客户资质（LISTED_CUS/GOVER_CUS）均在 10% 的水平上与公司债券信用评级（RATE_PJ）呈显著正相关关系，说明信用评级机构也能够识别出发债企业主要客户资质的不同，对企业的信用风险产生影响。企业拥有的主要客户资质高，能为企业的经营业绩带来更多保障，评级机构对这一信息识别后，对这类企业发行公司债券会给予较高的信用评级。

表 3−18 客户资质对公司债券信用评级的影响

变量	(1) 系数	(1) t 值	(2) 系数	(2) t 值
LISTED_CUS	0.395*	1.75		
GOVER_CUS			0.607*	1.86
LOGMATURITY	−0.339	−0.93	−0.327	−0.89
LOGAMOUNT	0.339	1.62	0.328	1.55
SECURED	1.503***	5.36	1.516***	5.40
TOPONE	1.047	1.16	1.098	1.25
DUAL	0.363	1.08	0.271	0.83

续表

变量	因变量：RATE_PJ			
	(1)		(2)	
	系数	t值	系数	t值
BOARD	−0.008	−0.10	0.007	0.08
ANALYST	−0.002	−0.01	−0.019	−0.13
BIG10	0.182	0.83	0.266	1.20
SIZE	0.661***	2.71	0.656***	2.67
LEV	−1.255	−1.28	−1.118	−1.13
ROA	7.274	1.59	7.993*	1.76
OCF	0.200	0.33	−0.061	−0.10
SOE	0.756**	2.25	0.855***	2.63
MARKETINDEX	0.092	1.41	0.090	1.39
INDUSTRYDUM	控制		控制	
YEARDUM	控制		控制	
Adjusted R^2	0.265		0.265	
观测值	450		450	

注：所有报告的 t 值都经过 Huber－White（1980）稳健调整，***、**、*分别代表在 1%、5%、10%水平上显著。

第五节 本章小结

客户作为企业重要的利益相关者，其购买需求与能力会对企业的生产经营产生直接影响，进而导致外部投资者会根据企业主要客户的状况来对企业价值进行评估。然而客户并非同质的，企业的主要客户向市场传递的企业生产经营相关的信息是不同的，进而影响投资者对企业信用风险的评估。本章基于2007—2019 年沪深交易所公开发行的公司债券且披露了前五大客户名称信息的样本，研究了不同资质的客户对公司债券发行定价的影响。研究发现，如果发债企业的前五大客户中存在高资质客户（比如上市公司类或政府类客户），能为企业经营业绩带来更好的保障，高资质的客户可传递企业经营业绩的积极信号，降低债券投资者与企业间的信息不对称程度，从而降低债券发行的信用利差。在稳健性检验中，寻找了自变量与因变量的替代变量进行检验。针对可能出现的内生性问题运用倾向性得分匹配方法（PSM）来解决可观测变量的偏差问题，运用 Heckman 两阶段法来解决客户信息的披露可能存在的样本选择性问题，运用差分模型缓解客户资质变化对公司债券发行定价变化的影响，并且控制了行业和省份的时间效应。此外，发债企业主要客户资质对债券发行定价的负向作用在非中央控股的企业中更为明显。另外，当企业拥有外资客户时，一定程度上弱化了上市公司类或政府类客户对公司债券发行定价的影响。机制检验中发现，不同资质的客户会给企业经营业绩带来不同的影响，高资质的客户通常有稳定的购买需求，会使得企业未来的销售收入增长率提高。在进一步研究中发现，客户资质除了会影响公司债券的发行定价以外，也会影响公司债券二级市场上的抑价率，以及评级机构对公司债券的信用评级。

本章的研究在理论和实践两方面都存在一定意义。在理论方面，除了以往文献研究的客户集中度以外，本章发现客户资质也属于客户特征的重要维度，不同的客户资质会向资本市场传递企业经营层面的相关信号，进而影响外部投资者对公司债券信用风险做出合理的评估。在实践方面，债券投资者会识别客户资质的好坏，进而影响企业发行债券所付出的成本。因此，对于监管者，应该制定相应的法规完善发债企业的客户信息披露，维护债权投资者的权益；对于发债企业，应该积极地披露企业客户信息，降低企业与外部投资者的信息不对称，维护好与高资质客户的商业关系，进而降低投资者对公司债券的风险溢价要求。

第四章 客户地理分布特征对公司债券发行定价的影响

第一节 问题提出

随着互联网技术的日新月异，信息获取与沟通变得更加便捷，更容易促进商业合同的达成。一些学者认为，在科技高速发展的当下，地理位置对商业活动的影响不再重要（O'brien，1992；Pons－Novell and Viladecans－Marsal，2006）。然而，互联网技术的发展并没有直接降低产品的物理运输成本，并且随着经济主体间的地理距离增加，信息传递的效率会降低（Kang et al.，2013；黄鑫楠等，2020）。经济主体间的地理区位分布促进信息传递、提高生产效率的作用仍然是不可忽视的，如美国硅谷、中国的长三角经济区在带动区域经济发展方面发挥着至关重要的作用。中介机构会通过实地调研来掌握企业的相关信息（Cheng et al.，2016；刘文军，2014；于鹏和申慧慧，2018）。以往研究说明了各经济主体的地理区位分布在生产经营活动、财务决策中的作用（Agarwal and Hauswald，2010；Shi et al.，2015；许和连等，2020）。根据集聚理论（Cluster theory），经济主体间的地理区位分布可能会影响信息交换的效率和交易成本（宋渊洋和黄礼伟，2014）。之前的研究主要集中于各经济主体间的地理距离（杜立等，2020），较少关注到投资者是如何评估经济主体间的地理关系，进而影响投资者决策的。在公司债券市场中，债券投资者会通过发债企业公开披露的信息对企业的经营业绩以及财务状况进行评估。客户作为企业的重要利益相关者，会对企业经营收入产生直接的影响。投资者会关注发债企业客户的状况，通过客户信息来判断企业经营业绩的持续性。本部分基于供应链信息传递的视角，关注的是发债企业客户的地理区位分布信息是否会影响投资者对发债企业的违约风险评估，进而影响债券发行的信用利差。

在竞争的市场环境下，企业能否与主要客户保持持久稳定的关系已经成为企业在市场上取得竞争优势的重要因素（Campello and Gao，2017）。一旦与主要客户的关系中断，会给企业的经营带来巨大损失，可能会使得企业资金链断裂，进而增加企业的债务违约风险。根据信息传递理论，供应链成员企业之间在经济上有紧密的联系，因此投资者会利用主要客户特征信息来评估企业信用风险（Foster，1981）。以往文献将客户集中度视为客户层面的主要特征，客户集中度反映了企业对主要客户的依赖性，会对企业的运营效率（Patatoukas，2012）、融资成本（Campello and Gao，2017；Dhaliwal et al.，2016）、企业创新（Krolikowski and Yuan，2017）产生影响。Campello and Gao（2017）研究发现，银行会将客户高集中度视为企业经营的风险信号，给予企业更高的银行贷款利率以及更多限制性条款数量。这说明客户的集中度会对企业的违约风险产生影响。然而，客户集中度仅从经济依赖性和议价能力的角度反映了供应链成员之间的关系，并没有直接或间接反映出企业在履行合约过程中的交易成本。如果企业与客户之间的距离较远，会增加企业花费的物流运输成本，进而增加合约履行的交易成本。企业可能需要花费较多的资源来维护远距离的客户关系，增加客户监督企业生产经营的难度（宛晴等，2019）。双方的交易成本都会受到地理距离的影响，进而影响双方交易关系的稳定性。所以，客户的地理分布信息可为债券投资者提供发债企业生产经营相关的增量信息。本部分主要探究债券投资者是否能感知到客户地理分布特征对企业生产经营的影响，使得投资者对发债企业要求相应的风险溢价补偿，进而影响公司债券的发行定价。

基于我国的特殊背景，企业的主要客户地理分布特征对企业运营以及投资者决策是具有研究意义的。首先，我国陆地面积广大，陆路交通的成本相对较高，跨区域经营通常面临着较高的物流运输成本。Wind 数据库显示，2009 年我国的物流运输成本占全年 GDP 总额的 18.1%，而美国的该数据仅为 9.4%。可以看出，我国的物流运输成本较高，说明企业的地理区位分布在经济活动中的作用是不可忽视的。其次，不同企业的客户地理分布特征具有较大的异质性，因此有必要研究客户的地理分布特征对企业的生产经营产生何种影响，以及债券投资者是如何评估发债企业这一信息的。

第二节 理论分析与假设

当企业的价值相关性较高时，企业间信息会相互传递，因为供应链成员之间有密切的联系，可能会导致外部利益相关者利用客户的信息对企业的价值进行评估（Cheng and Eshleman，2014；李丹和王丹，2016）。比如，分析师会利用客户的信息来评估企业价值（Guan et al.，2015；王雄元和彭旋，2016），企业客户的盈余公告也会影响供应商企业的股东的投资决策（Pandit et al.，2011）。这些研究都说明了供应链成员企业之间的信息具有溢出效应（Spillover effect），投资者可以利用供应链成员中其他企业的信息来评估目标企业的经营业绩。当代企业竞争的核心是供应链之间的竞争，企业客户的状况可决定企业是否能维持较好的经营业绩和稳定的现金流。客户的地理分布情况可影响企业获取资源以及传递信息的效率（García and Øyvind，2012），进而对企业生产经营的效率产生影响，而企业的生产经营业绩高低直接决定企业是否有足够的资金偿还债务。因此，客户的地理分布特征可向资本市场传递企业违约风险的相关信号。一些研究认为交易主体之间的地理邻近可以促进彼此的信息获取和资源交换（Coval and Moskowitz，2001）。然而，另一部分学者认为如果交易群体分布较为集中，会使企业面临单一市场的风险，限制企业获取外部其他资源的能力（Presutti et al.，2017）。因此，本部分将探讨客户的地理分布特征是如何影响企业生产经营，进而影响债券投资者对发债企业的信用风险评估的。

首先，集聚理论（Cluster theory）表明，如果经济上关联性较高的组织群体分布集中在特定的区域内，对各组织都会产生积极效应，能促进组织间的信息交换、新产品的研发，以及提升产品市场的竞争力（Ganesan et al.，2005；Krugman，1991；Tallman et al.，2004；王永进和盛丹，2013）。虽然目前发达的交通系统与信息网络逐渐打破了地理距离对商业活动的阻碍，但是地理集聚在经济社会中仍然起着至关重要的作用，正如美国的硅谷、中国的长江三角洲与珠江三角洲经济区在地区经济的发展中扮演着重要的角色。如果企业与客户的地理集聚程度高，可以增加企业与客户之间的关系紧密度，企业能更容易了解到客户的产品需求（Cannon，2001）；供应链成员也能更容易获取彼此的"软信息"，降低双方的信息不对称程度，促进彼此的合作（Porter，1998）。如果企业的主要客户地理分布较集中，企业可以充分利用当地资源拓展当地的产品市场，降低未来经营收益的不确定性，提升企业的价值（Gao et al.，2008）。因此，如果交易双方处在较为集中的区域内，有利于降低信息不对称，促进资源交换，降低企业与客户之间交易的不确定性。

其次，根据交易成本理论（Transaction cost theory），企业达成商品交易合约的过程中会产生一系列成本，包括事前的信息搜寻成本、议价成本、合约的执行成本以及监督成本等（Dahlman，1979）。客户的地理分布会直接影响供应商企业花费的交通成本、货物运输成本（Cannon，2001）。在中国，陆路交通是跨区域间重要的运输方式之一，而陆路交通的成本较高，并且跨区域的运营也面临着较高的制度成本（Boisot and Meyer，2008；李新等，2010）。如果企业拥有与其地理邻近的大客户，会降低企业向大客户运输产品所花费的交通成本。此外，企业与主要客户在地理区位上的邻近，会使得面对面的交流更方便，进而降低信息传播的成本（Williamson，1979）。对于企业的主要客户而言，因为与供应商企业地理邻近，客户可以更便捷地向供应商企业提出自身的产品需求，并且能更好地监督供应商企业的日常生产经营状况，降低自身在交易过程中的风险（John et al.，2011）。对于企业自身而言（本研究中的发债企业），企业仅需要维持好特定区域内的主要客户，不需要过度扩张自身的商业分布规模，建立过多的分支机构，一定程度上节约了企业的专有资产投资规模。供应链成员之间地理邻近还能促进双方的信息交换，降低企业与主要客户之间的代理冲突。反之，如果企业的客户地理分布较为分散，企业需要在各个客户所在区域内建立分支机构来维护企业与这些客户的关系，会导致企业的专有资产投资较多，增加企业的运营风险。因此，企业与客户之间地理邻近会对双方节约交易成本起到促进作用。地理邻近带来的双赢结果可促进企业与主要客户之间关系的可持续性，使供应商企业的经营业绩得到一定程度的保障，进而降低供应商企业（发债企业）的违约风险。

综上所述，客户的地理分布特征可能向公司债券投资者传递出发债企业的经营风险相关信息。如果发债企业的主要客户地理分布较为分散，会增加企业与客户之间的信息不对称以及交易成本，增加发债企业生产经营的风险，进而增加发债企业债券到期时违约的风险，向投资者传递企业生产经营的风险信号，公司债券投资者可能要求更高的信用利差作为补偿，使得公司债券的发行定价较高。基于上述分析，本章提出以下假设：

H4-1a：在其他条件不变的情况下，发债企业的主要客户地理分布越分散，公司债券发行定价越高。

虽然企业间地理集聚能带来一系列好处，比如降低信息不对称程度和企业间的交易成本，但仍有一些研究对企业间的地理集聚带来的优势产生了质疑，认为企业间的地理集聚也有可能给企业带来风险（Bathelt et al.，2004）。首先，传统的理论观点认为地理集聚可以使区域内的各组织间关系更紧密（Boschma，2005），导致供应商企业对区域内的客户依赖程度较高，供应商企业为了维护与区域内的客户的关系，也需要进行较多的专有资产投资，因为一旦企业与这些客户的合约关系终止，企业在其他区域的市场有限，难以在短时间内在其他区域市场寻求到合适的客户，会使得企业面临较高的转换成本（Krolikowski and Yuan，2017）。其次，地理集聚会产生"锁定效应"（Lock-in effect），如果供应商成员企业都集中分布在特定的区域，会在一定程度上制约供应商企业获取外部资源和信息（Presutti et al.，2017），限制供应商企业向外部市场的扩张与发展。再次，如果企业的主要客户都分布在特定的区域内，会导致企业面临"敲竹杠"风险（Hold-up problem），企业在一定程度上需要对这些特定区域内的大客户做出妥协。主要客户要求供应商企业在区域内进行大量的专有投资，而企业的资源总量是有限的，会限制企业生产经营的规模扩张（Krolikowski and Yuan，2017），增加供应商企业生产经营的风险。此外，从债券投资者的角度来讲，企业与客户的地理分布邻近，可能会导致供应链成员之间获取彼此的私有信息，客户会降低对企业公开披露信息的需求，降低客户对企业生产经营的监督治理效应，这可能会导致企业公开披露的信息量降低，增加债券投资者与发债企业之间的信息不对称。反之，如果发债企业的主要客户地理分布较分散，客户获取企业私有信息的难度较大，更依靠企业公开披露的财务信息对企业进行监督，可从侧面激励企业提高公开信息披露的质量，进而降低发债企业与债券投资者之间的信息不对称，降低债券投资者要求的信用利差。因此提出以下假设：

H4-1b：在其他条件不变的情况下，发债企业的主要客户地理分布较分散，公司债券发行定价越低。

第三节　研究设计

一、样本选择、数据来源

本章的初始样本包括上海交易所和深圳交易所在2007年至2019年发行的公司债券，并对样本进行了如下过程的筛选：①鉴于研究需要发债主体的财务信息，剔除了非上市公司发行的公司债券以及非沪深 A 股上市企业所发行的公司债券。②剔除了发债企业在公司债券发行前一年未披露客户信息（客户具体名称、客户销售占比）的样本。③鉴于非公开发行的公司债券的债券特征缺失较多，予以剔除。④剔除了金融企业发行的公司债券。⑤控制变量缺失的样本予以剔除。最终获得观测值共计 450 个。此外，由于地理距离的信息需要详细的客户名称，以获得客户所在地的经纬度，但是国外客户的信息并不能获取，因此，最终所能获得的客户地理距离信息只包含 428 个观测值。本章的数据来源：发行人披露的客户信息来自同花顺 iFind 金融数据库及中国研究数据库（CNRDS），通过企业与客户的具体名称来查找企业和客户的具体所在地，地址的经纬度信息通过 Python 接入高德开放平台获取（https://lbs.amap.com/console/show/picker）；公司债券发行信息以及公司债券特征来自同花顺 iFind 金融数据库，并通过巨潮资讯网的披露信息进行补充。发行公司债券企业的财务特征信息来源于 CSMAR 数据库、事务所声誉信息来自中国注册会计师协会官网、宏观层面信息来自中国统计年鉴。

二、变量定义

客户地理分布特征的度量主要基于发债企业和其前五大客户具体的地理区位。通过发债企业在财务报表上披露的客户名称，在企查查（https://www.qcc.com/）查询发行人的总部位置以及主要客户的地理位置后，使用高德地图获取企业与其前五大客户所在位置的经纬度，构建两个衡量客户地理分布特征的变量。

（1）参考 Jensen et al.（2015）以及罗进辉等（2017）的方法，本章针对企业与前五大客户平均距离（DISTANCE）的计算方法如下：

$$D_{i,j,t} = 6371.04 \cdot Acros(M_{i,j,t}) \cdot (\pi/180) \quad (4.1)$$

其中，$M_{i,j,t} = \cos(latitude_{i,t}) \cdot \cos(longitude_{i,t}) \cdot \cos(latitude_{i,j,t}) \cdot \cos(longitude_{i,j,t}) + \cos(latitude_{i,t}) \cdot \sin(longitude_{i,t}) \cdot \cos(latitude_{i,j,t}) \cdot \sin(longitude_{i,j,t}) + \sin(latitude_{i,t}) \cdot \sin(latitude_{i,j,t})$

$$LogDistance_{i,t} = \log\left(1 + \frac{\sum_{j=1}^{m} D_{i,j,t}}{m}\right) \quad (0 < m \leqslant 5) \quad (4.2)$$

$D_{i,j,t}$ 反映的是在 t 期的债券发行人 i 和主要客户 j 之间的地理距离，$LogDistance_{i,t}$ 指的是发行人与主要客户之间的地理距离，由于上市公司最多披露了前五大客户，所以 m 的取值范围为（0，5]。为了降低极端值的影响，对发行人与主要客户之间的平均距离加 1 后取对数，因为直接使用距离度量的标准差可能较大，取对数可在一定程度上降低估计误差。

（2）主要客户的地理分布状况（SAME_NUM）：企业的前五大客户中，与发行企业在同一省份的个数。该值越大说明企业与客户的地理邻近度较高，客户地理分布较集中。

本章用公司债券发行时的信用利差作为公司债券发行定价（LOGSPREAD）的代理变量，其计算方法为公司债券发行时的票面利率与发行时间、期限相同的国债收益率之差的自然对数。因为在度量企业与主要客户之间的平均距离时，张蕊等（2020）为了降低自变量方差过大对结果的影响，进行了对数处理，所以本章借鉴张蕊等（2020）的做法将因变量也进行了对数处理。

此外，对影响公司债券发行定价的对数（LOGSPREAD）的其他因素进行控制。债券层面的因素包括公司债券发行期限（LOGMATURITY）、债券发行规模（LOGAMOUNT）、债券担保情况（SECURED），治理层面的特征包括股权集中度（TOPONE）、二职合一（DUAL）、董事会规模（BOARD）、分析师人数（ANALYST）、审计质量（BIG10），企业层面的因素包括企业规模（SIZE）、资产负债率（LEV）、总资产收益率（ROA）、经营活动现金流量（OCF）、企业性质（SOE）；此外还控制了市场化指数（MARKETINDEX）、债券信用评级（RATEDUM）以及行业和年度的虚拟变量。控制变量的具体定义见表 4-1。

表 4-1 本章主要变量及其相关说明

变量类型		变量名称	变量符号	变量描述
因变量		公司债券发行定价的对数	LOGSPREAD	债券发行时的票面利率与发行时间、期限相同的国债收益率之差的自然对数
自变量	客户地理分布特征	企业与前五大客户的平均距离的对数	LOGDISTANCE	参照 Giroud（2013）、黄广福等（2014）的方法，利用发债企业与其前五大客户的经纬度计算企业与前五大客户的平均地理距离（单位：千米），最后使用企业与前五大客户平均距离的值加 1 后取对数
		前五大客户分布	SAME_NUM	发行企业的前五大客户中与发行企业在相同省份的个数

续表

变量类型	变量名称	变量符号	变量描述
控制变量	债券特征	债券发行期限	*LOGMATURITY*	债券发行期限取对数（单位：月）
		债券发行规模	*LOGAMOUNT*	债券发行金额取对数（单位：亿元）
		债券担保状况	*SECURED*	债券发行有担保取1，没有担保取0
	治理特征	股权集中度	*TOPONE*	企业第一大股东的持股比例
		二职合一	*DUAL*	哑变量，如果董事长与总经理为同一人取1，反之为0
		董事会规模	*BOARD*	公司董事会人数
		分析师人数	*ANALYST*	跟踪公司的分析师总人数
		审计质量	*BIG10*	哑变量，如果企业被"十大"会计师事务所审计取1，否则为0
	企业特征	企业规模	*SIZE*	公司年底资产的自然对数
		资产负债率	*LEV*	负债总额/总资产
		总资产收益率	*ROA*	净利润/总资产
		经营活动现金流量	*OCF*	经营活动现金流量/主营业务收入
		企业性质	*SOE*	哑变量，如果企业为央企国资控股则为1，否则为0
	其他	市场化指数	*MARKETINDEX*	公司所在省份的市场化指数
		信用评级	*RATEDUM*	根据债券信用评级设置哑变量（Gong et al.，2019）
		行业	*INDUSTRYDUM*	行业哑变量，参考证监会上市公司行业分类指引（2012）
		年度	*YEARDUM*	年度哑变量

三、模型构建

参照周宏等（2016）、Gong et al.（2019）的研究方法，构建如下模型来检验本章节的主假设：

$$LOGSPREAD_{i,t} = \lambda_0 + \lambda_1 LOGDISTANCE / SAME\_NUM_{i,t-1} + \\ \lambda_2 LOGMATURITY_{i,t} + \lambda_3 LOGAMOUNT_{i,t} + \\ \lambda_4 SECURED_{i,t} + \lambda_5 TOPONE_{i,t-1} + \lambda_6 DUAL_{i,t} +$$

$$\lambda_7 BOARD_{i,t-1} + \lambda_8 ANALYST_{i,t-1} + \lambda_9 BIG10_{i,t-1} +$$
$$\lambda_{10} SIZE_{i,t-1} + \lambda_{11} LEV_{i,t-1} + \lambda_{12} ROA_{i,t-1} + \lambda_{13} OCF_{i,t-1} +$$
$$\lambda_{14} SOE_{i,t-1} + \lambda_{15} MARKETINDEX_{i,t} + \sum RATE +$$
$$\sum Industry + \sum Year + \upsilon_{i,t} \quad (4.3)$$

i 表示发债企业，t 表示发债年度，利用混合横截面数据（Pooled data）并采用 OLS 回归，除公司债券层面的控制变量使用 t 期数据外，其他变量使用 $t-1$ 期数据（Gong et al., 2019）。为了降低异方差的影响，本章的 t 值经过 Huber-White（1980）稳健调整。同时为降低数据极端值对研究结果的可靠性产生的不利影响，本章对所有连续变量进行了 1% 和 99% 分位的 Winsorize 处理。最后，使用 Stata15 完成所有数据分析及实证检验。

模型中因变量为公司债券发行定价的对数（LOGSPREAD），自变量衡量的是客户地理分布特征：发行企业与前五大客户的平均距离的对数（LOGDISTANCE）以及前五大客户的分布（SAME_NUM）。如果 LOGDISTANCE 系数为正，SAME_NUM 系数为负，说明企业的客户地理分布越分散，公司债券发行定价越高，印证了 H4-1a。如果 LOGDISTANCE 系数为负，SAME_NUM 系数为正，说明发行企业的客户地理分布越分散，公司债券的发行定价越低，印证了 H4-1b。

第四节　实证结果分析

一、描述性统计分析与相关性分析

变量的描述性统计结果见表 4-2。企业与前五大客户的地理距离（DISTANCE）均值为 630.3 公里，最大值（最小值）为 3390（0）公里，标准差为 570.9，说明企业与主要客户之间的地理距离存在差异，中位数为 547.8，小于均值，说明较多企业倾向于与近距离的客户建立商业往来。LOGDISTANCE 的标准差为 1.748，说明对企业与前五大客户的地理距离取对数处理具有合理性。企业的前五大客户分布（SAME_NUM）为 1.576，标准差为 1.618，也说明不同的发债企业的主要客户地理分布特征存在较大的差异。

为简明起见，本章节未呈现变量之间 Pearson 相关性系数表，通过变量

Pearson 相关性系数检验结果得出企业与前五大客户的地理距离的对数（LOGDISTANCE）与公司债券发行定价的对数（LOGSPREAD）具有正相关关系，相关系系数为 0.317，在 1% 的水平上显著；前五大客户分布（SAME_NUM）与公司债券发行定价的对数（LOGSPREAD）具有负相关关系，相关系数为 -0.215，在 1% 的水平上显著，初步验证了主假设 H4-1a。为了验证各变量间是否存在多重共线性问题，本章利用方差膨胀因子来检验变量间共线度，发现方差膨胀因子最大值为 7.96，小于 10，说明变量间不存在严重的多重共线性问题。

表 4-2 变量描述性统计

Variable	N	Mean	S.D.	Min	Q1	Median	Q3	Max
LOGSPREAD	450	1.218	0.326	0.257	1.013	1.202	1.463	2.020
DISTANCE	428	630.3	570.9	0.000	159.6	547.8	926.9	3390
LOGDISTANCE	428	5.667	1.748	0.000	5.079	6.308	6.833	8.129
SAME_NUM	450	1.576	1.618	0.000	0.000	1.000	2.000	5.000
MATURITY	450	60.400	20.840	12.000	60.000	60.000	60.000	180.000
LOGMATURITY	450	4.045	0.336	3.178	4.094	4.094	4.094	4.787
AMOUNT	450	12.470	14.450	0.032	5.000	8.500	15.000	160.000
LOGAMOUNT	450	2.150	0.829	0.000	1.609	2.140	2.708	4.369
SECURED	450	0.347	0.476	0.000	0.000	0.000	1.000	1.000
TOPONE	450	0.425	0.166	0.100	0.300	0.415	0.543	0.863
DUAL	450	0.113	0.317	0.000	0.000	0.000	0.000	1.000
BOARD	450	9.389	1.764	6.000	9.000	9.000	10.000	15.000
ANALYST	450	2.059	1.065	0.000	1.386	2.197	2.833	3.689
BIG10	450	0.562	0.497	0.000	0.000	1.000	1.000	1.000
SIZE	450	23.590	1.540	20.770	22.420	23.440	24.540	28.500
LEV	450	0.559	0.161	0.132	0.453	0.572	0.681	0.862
ROA	450	0.041	0.031	0.001	0.020	0.033	0.055	0.149
OCF	450	0.092	0.228	-1.084	0.017	0.081	0.182	0.732
SOE	450	0.189	0.392	0.000	0.000	0.000	0.000	1.000
MARKETINDEX	450	7.551	1.876	2.870	6.040	7.830	9.330	9.950

注：表 4-2 各变量单位在表 4-1 中已说明。

二、主假设回归结果分析

表4-3报告了客户地理分布特征对公司债券发行定价影响的回归结果。在控制了影响公司债券发行定价的其他相关因素后，使用了两种衡量客户地理分布特征的代理变量探究客户地理分布特征对公司债券发行定价的影响。第（1）列仅包含了因变量公司债券发行定价的对数（LOGSPREAD）以及其他影响债券发行定价的控制变量。可以看出，公司债券发行定价的对数（LOGSPREAD）与公司债券发行期限的对数（LOGMATURITY）、公司债券发行规模的对数（LOGAMOUNT）、审计质量（BIG10）、总资产收益率（ROA）、产权性质（SOE）以及市场化指数（MARKETINDEX）呈显著负相关关系，与债券担保情况（SECURED）呈显著正向关系，说明公司债券发行定价会受到债券自身层面、企业自身与治理层面及宏观环境层面等多方面因素的影响，也证明了控制这些因素的合理性。同时本研究与以往文献的结果基本一致（Chen et al.，2016；Gong et al.，2019）。第（2）列和第（3）列将发债企业与前五大客户的平均距离的对数（LOGDISTANCE）和前五大客户分布（SAME_NUM）作为自变量来研究客户地理分布特征对公司债券发行定价的影响。在第（2）列，发债企业与前五大客户的平均距离的对数（LOGDISTANCE）的系数为0.030，在1%的水平上与LOGSPREAD呈显著正相关关系（$t=2.89$），说明如果企业与主要客户地理距离较远，投资者可能要求更高的风险溢价作为补偿，导致公司债券的发行定价更高。并且LOGDISTANCE对LOGSPREAD的影响具有经济显著性，LOGDISTANCE增加一单位标准差，会使得LOGSPREAD上升0.0431（0.030×1.748/1.218）。在第（3）列，前五大客户分布（SAME_NUM）的系数为-0.036，在1%的水平上与LOGSPREAD呈显著负相关关系（$t=-3.75$），说明如果企业与主要客户地理邻近，能降低债券投资者的风险溢价要求。SAME_NUM对LOGSPREAD的影响同样具有经济显著性，LOGDISTANCE增加一单位标准差，会使得LOGSPREAD下降0.0478（-0.036×1.618/1.218）。ΔR^2反映出逐步回归的模型解释力度在增加，表明客户地理特征是影响公司债券发行定价的重要因素。以上结果表明，若发债企业与客户地理距离较远或分布较分散会导致更高的公司债券发行定价，证明了假设H4-1a。

表4-3 客户地理特征与公司债券发行定价

变量	(1) 系数	(1) t值	(2) 系数	(2) t值	(3) 系数	(3) t值
LOGDISTANCE			0.030***	2.89		
SAME_NUM					−0.036***	−3.75
LOGMATURITY	−0.184***	−4.51	−0.168***	−4.42	−0.178***	−4.52
LOGAMOUNT	−0.009	−0.42	−0.010	−0.44	−0.004	−0.21
SECURED	0.071**	2.13	0.071**	2.28	0.065**	1.99
TOPONE	−0.142	−1.15	−0.087	−0.76	−0.140	−1.18
DUAL	0.148**	2.54	0.156**	2.54	0.141**	2.57
BOARD	−0.012	−1.10	−0.016	−1.63	−0.007	−0.69
ANALYST	0.012	0.60	−0.002	−0.13	0.007	0.37
BIG10	−0.086***	−2.87	−0.098***	−3.52	−0.082***	−2.90
SIZE	−0.009	−0.38	0.006	0.27	−0.014	−0.59
LEV	0.154	1.35	0.099	0.91	0.102	0.96
ROA	−1.016**	−2.38	−0.924**	−2.26	−0.979**	−2.31
OCF	−0.077	−1.03	−0.111	−1.47	−0.071	−1.01
SOE	−0.138***	−3.68	−0.133***	−3.42	−0.153***	−4.04
MARKETINDEX	−0.022**	−2.50	−0.019**	−2.12	−0.021**	−2.32
CONSTANT	3.008***	6.31	2.441***	4.79	3.020***	6.63
RATEDUM	控制		控制		控制	
INDUSTRYDUM	控制		控制		控制	
YEARDUM	控制		控制		控制	
Adjusted R^2	0.564		0.592		0.588	
观测值	450		428		450	
ΔR^2			16.00***		23.97***	

注：所有报告的 t 值都经过 Huber-White（1980）稳健调整，***、**、* 分别代表在 1%、5%、10%水平上显著。

三、稳健性检验

（一）更换前五大客户分布的度量方式

为了检验主回归结果的可靠性，本部分对客户地理分布的特征采取了两种度量方式：①国内客户分布的省份数量（DISPERISON_NF），即不考虑主要客户是国外客户的情况下，企业前五大客户中国内客户所在省份的数量，DISPERISON_NF 取值范围为 [0,5]，取值越大说明企业的前五大客户地理分布越分散。②客户分布的省份数量（DISPERISON），在考虑主要客户是国外客户的情况下，企业前五大客户中国内客户所在省份的数量，如果企业的前五大客户中拥有国外客户，数值在原有国内客户省份分布数量的基础上加 1，DISPERISON 取值范围为 [0,5]。表 4-4 的第（1）列和第（2）列为分别更换客户地理分布度量方式的回归结果。其中 DISPERISON_NF 的系数为 0.025，在 5% 的水平上与公司债券发行定价的对数（LOGSPREAD）呈显著正相关关系；DISPERISON 的系数为 0.021，在 5% 的水平上与公司债券发行定价的对数（LOGSPREAD）呈显著正相关关系。上述结果说明，发债企业的主要客户地理分布越分散，会增加投资者的风险溢价要求，导致公司债券的发行定价较高，验证了主回归结果的可靠性。

（二）更换公司债券发行定价的度量方式

在主回归结果中，因变量为 LOGSPREAD，即债券发行时的票面利率与发行时间、期限相同的国债收益率之差的自然对数，本部分将用债券发行的票面利率减去发行时间、期限相同的国债收益率 SPREAD 作为因变量，重新进行回归。表 4-4 中的第（3）列和（4）列示了因变量为 SPREAD 时的回归结果，企业与前五大客户的平均地理距离的对数（LOGDISTANCE）在 1% 的水平上和公司债券发行定价（SPREAD）显著正相关，前五大客户分布（SAME_NUM）在 1% 的水平上与公司债券发行定价（SPREAD）呈显著负相关关系，说明主回归的结果在替换了因变量的度量方式后仍然稳健。

表 4-4 主要研究变量的稳健性检验

变量	因变量：LOGSPREAD (1) 系数	t 值	因变量：LOGSPREAD (2) 系数	t 值	因变量：SPREAD (3) 系数	t 值	因变量：SPREAD (4) 系数	t 值
DISPERISON_NF	0.025**	2.25						
DISPERISON			0.021**	2.00				
LOGDISTANCE					0.104***	2.77		
SAME_NUM							−0.137***	−3.92
LOGMATURITY	−0.176***	−4.42	−0.175***	−4.38	−0.585***	−4.46	−0.631***	−4.60
LOGAMOUNT	−0.010	−0.47	−0.011	−0.51	−0.050	−0.59	−0.022	−0.29
SECURED	0.066**	2.02	0.067**	2.05	0.261**	2.15	0.227*	1.82
TOPONE	−0.157	−1.32	−0.154	−1.28	−0.529	−1.21	−0.633	−1.49
DUAL	0.147***	2.63	0.146**	2.56	0.578**	2.41	0.507**	2.36
BOARD	−0.012	−1.12	−0.012	−1.13	−0.053	−1.52	−0.019	−0.52
ANALYST	0.010	0.51	0.012	0.60	−0.031	−0.49	0.000	0.01
BIG10	−0.086***	−2.95	−0.088***	−3.00	−0.368***	−3.55	−0.305***	−2.94
SIZE	−0.006	−0.24	−0.005	−0.20	0.113	1.31	0.032	0.40
LEV	0.127	1.20	0.128	1.20	0.059	0.15	0.051	0.13
ROA	−0.877**	−2.09	−0.883**	−2.06	−3.209**	−2.23	−3.433**	−2.30

第四章 客户地理分布特征对公司债券发行定价的影响

续表

变量	因变量：LOGSPREAD				因变量：SPREAD			
	(1)		(2)		(3)		(4)	
	系数	t值	系数	t值	系数	t值	系数	t值
OCF	−0.091	−1.21	−0.091	−1.20	−0.461	−1.46	−0.329	−1.09
SOE	−0.138***	−3.68	−0.137***	−3.69	−0.436***	−3.06	−0.522***	−3.84
MARKETINDEX	−0.021**	−2.36	−0.023**	−2.52	−0.065*	−1.91	−0.071**	−2.06
CONSTANT	2.847***	6.07	2.812***	5.88	5.161***	2.83	7.416***	4.55
RATEDUM	控制		控制		控制		控制	
INDUSTRYDUM	控制		控制		控制		控制	
YEARDUM	控制		控制		控制		控制	
Adjusted R^2	0.571		0.569		0.540		0.545	
观测值	450		450		428		450	

注：所有报告的t值都经过Huber-White（1980）稳健调整，***、**、*分别代表在1%、5%、10%水平上显著。

(三）更换企业与前五大客户的平均地理距离的度量方式

本部分结合 Tian（2011）的研究方法，划分了三个地理距离的临界值来区分不同发债企业与主要客户之间的地理距离（50、100、150公里），进而设立了3个度量企业与主要客户之间的平均距离的虚拟变量。虚拟变量 DISTANCE_DUM_A 定义为：如果企业与主要客户之间的平均地理距离小于或等于50公里为1，反之为0。DISTANCE_DUM_B 定义为：如果企业与主要客户之间的平均地理距离小于或等于100公里为1，反之为0。DISTANCE_DUM_C 定义为：如果企业与主要客户之间的平均地理距离小于或等于150公里为1，反之为0。从表4-5的（1）～（3）列的回归结果可以看出，DISTANCE_DUM_A 在5%的水平上与 LOGSPREAD 显著负相关，DISTANCE_DUM_B 在10%的水平上与 LOGSPREAD 显著负相关，DISTANCE_DUM_C 在5%的水平上与 LOGSPREAD 显著负相关。上述结果表明，若客户地理分布较分散，会增加企业的运营风险，进而使得投资者要求更高的风险溢价作为补偿。反之，如果企业与客户之间地理邻近度高，债券投资者会将其解读成企业商业交易的积极信号，进而降低投资者要求的风险补偿。

表4-5 替换企业与前五大客户的地理距离的稳健性检验

变量	因变量：LOGSPREAD					
	(1)		(2)		(3)	
	系数	t 值	系数	t 值	系数	t 值
DISTANCE_DUM_A	-0.104**	-1.99				
DISTANCE_DUM_B			-0.087*	-1.81		
DISTANCE_DUM_C					-0.091**	-2.17
LOGMATURITY	-0.165***	-4.25	-0.166***	-4.26	-0.169***	-4.35
LOGAMOUNT	-0.010	-0.42	-0.009	-0.40	-0.008	-0.33
SECURED	0.069**	2.18	0.066**	2.04	0.066**	2.07
TOPONE	-0.130	-1.15	-0.108	-0.94	-0.114	-1.01
DUAL	0.153**	2.39	0.152**	2.40	0.152**	2.45
BOARD	-0.016	-1.57	-0.016	-1.58	-0.016	-1.59
ANALYST	-0.004	-0.22	-0.003	-0.18	-0.001	-0.06

续表

变量	因变量：LOGSPREAD					
	(1)		(2)		(3)	
	系数	t值	系数	t值	系数	t值
$BIG10$	−0.093***	−3.23	−0.093***	−3.25	−0.091***	−3.17
$SIZE$	0.004	0.15	−0.000	−0.02	−0.001	−0.03
LEV	0.107	0.96	0.123	1.09	0.116	1.04
ROA	−0.977**	−2.35	−1.009**	−2.45	−0.989**	−2.39
OCF	−0.103	−1.36	−0.094	−1.23	−0.094	−1.24
SOE	−0.132***	−3.28	−0.132***	−3.30	−0.134***	−3.36
$MARKETINDEX$	−0.019**	−2.08	−0.020**	−2.24	−0.021**	−2.34
$CONSTANT$	2.698***	5.59	2.790***	5.92	2.802***	6.02
$RATEDUM$	控制		控制		控制	
$INDUSTRYDUM$	控制		控制		控制	
$YEARDUM$	控制		控制		控制	
Adjusted R^2	0.584		0.583		0.585	
观测值	428		428		428	

注：所有报告的 t 值都经过 Huber－White (1980) 稳健调整，***、**、* 分别代表在 1%、5%、10%水平上显著。

（四）同年度发行多只公司债券的信用利差进行加权处理

结合 Ge and Kim (2014)、Gong et al. (2016) 的研究方法，本部分对于同一年度发行多只公司债券的信用利差以发行金额为基准进行加权平均处理。因为在同一年度发行的多只公司债券所对应的治理层面和公司层面的控制变量是一致的，控制变量相同可能产生变量间的高度相关性，而将一家公司同年发行多只公司债券的信用利差进行加权平均处理能在一定程度上缓解截面相关性问题。但这种方法会使得样本研究量减少，并且忽视了债券层面特征对公司债券发行定价的影响，所以在主回归中没有采用这种方法。从表 4-6 中可以看出，在对因变量债券信用利差进行加权平均处理后，企业与前五大客户平均地理距离的对数（$LOGDISTANCE$）在 1% 的水平上与公司债券发行定价的对数（$LOGSPREAD$）显著正相关，前五大客户分布（$SAME\_NUM$）在 1% 的水平上与公司债券发行定价的对数（$LOGSPREAD$）显著负相关，说明债券投资者会关注到客户地理分布特征对企业的影响,将客户地理分散的分布视为一种风险信号,从而要求较高的发行定价作为风险补偿。

表4-6 同年度发行多只公司债券的处理

变量	因变量:LOGSPREAD					
	(1)		(2)		(3)	
	系数	t 值	系数	t 值	系数	t 值
LOGDISTANCE			0.031***	3.13		
SAME_NUM					−0.029***	−3.11
LOGMATURITY	−0.191***	−3.91	−0.168***	−3.83	−0.184***	−3.88
LOGAMOUNT	−0.002	−0.07	−0.006	−0.21	−0.003	−0.11
SECURED	0.090***	2.74	0.080**	2.56	0.086***	2.70
TOPONE	−0.166	−1.42	−0.105	−0.96	−0.166	−1.46
DUAL	0.132**	2.28	0.136**	2.27	0.125**	2.29
BOARD	−0.005	−0.48	−0.007	−0.72	−0.000	−0.01
ANALYST	0.007	0.39	−0.004	−0.24	0.005	0.31
BIG10	−0.093***	−3.21	−0.095***	−3.39	−0.087***	−3.15
SIZE	−0.007	−0.25	0.003	0.12	−0.009	−0.34
LEV	0.128	1.10	0.080	0.72	0.086	0.79
ROA	−1.029**	−2.38	−0.941**	−2.25	−1.001**	−2.34
OCF	−0.062	−0.75	−0.093	−1.12	−0.059	−0.75
SOE	−0.102***	−2.81	−0.106***	−2.91	−0.111***	−3.06
MARKETINDEX	−0.020**	−2.30	−0.016*	−1.73	−0.019**	−2.03
CONSTANT	2.907***	4.79	2.401***	3.74	2.869***	4.93
RATEDUM	控制		控制		控制	
INDUSTRYDUM	控制		控制		控制	
YEARDUM	控制		控制		控制	
Adjusted R^2	0.526		0.547		0.544	
观测值	354		338		354	

注:所有报告的 t 值都经过 Huber-White(1980)稳健调整,***、**、* 分别代表在1%、5%、10%水平上显著。

(五) 其他稳健性检验

1. 考虑相关性系数过高及信用评级的其他度量

在未列示的 Pearson 相关性系数中，由于 $SIZE$ 与 $LOGAMOUNT$ 之间的相关性系数略高（0.620），为了缓解两个变量间过高的相关性系数对估计结果的不利影响，在稳健性检验中将不控制企业规模（$SIZE$）。表 4-7 的第（1）和（2）列列示了该结果，可以看出，$LOGDISTANCE$ 在 1% 的水平上与 $LOGSPREAD$ 呈显著正相关关系，$SAME\_NUM$ 在 1% 的水平上与 $LOGSPREAD$ 呈显著负相关关系，与主回归结果是一致的。此外，在主回归中利用虚拟变量来控制债券信用评级（$RATE$）对公司债券发行定价的影响，本部分将重新定义债券信用评级（$RATE\_PJ$）：AA−、AA、AA+、AAA 分别赋值为 1、2、3、4。表 4-7 的第（3）和（4）列呈现了在替换了债券信用评级的度量方式后的回归结果，$LOGDISTANCE$ 在 1% 水平上与 $LOGSPREAD$ 呈显著正相关关系，$SAME\_NUM$ 在 1% 的水平上与 $LOGSPREAD$ 呈显著负相关关系，再次说明了主回归结果是稳健的。

表4-7 其他稳健性测试：相关性系数过高的考虑及更换信用评级度量

因变量：LOGSPREAD

变量	(1) 系数	(1) t值	(2) 系数	(2) t值	(3) 系数	(3) t值	(4) 系数	(4) t值
LOGDISTANCE	0.029***	2.91			0.030***	2.90		
SAME_NUM			−0.036***	−3.69			−0.035***	−3.70
LOGMATURITY	−0.166***	−4.38	−0.181***	−4.60	−0.170***	−4.48	−0.181***	−4.61
LOGAMOUNT	−0.007	−0.35	−0.012	−0.63	−0.011	−0.48	−0.006	−0.26
SECURED	0.068**	2.22	0.070**	2.24	0.071**	2.29	0.066**	2.00
TOPONE	−0.081	−0.72	−0.154	−1.42	−0.089	−0.78	−0.142	−1.21
DUAL	0.156**	2.53	0.140**	2.58	0.156**	2.58	0.141***	2.64
BOARD	−0.016	−1.63	−0.007	−0.75	−0.017*	−1.76	−0.008	−0.81
ANALYST	−0.001	−0.04	0.003	0.20	−0.003	−0.16	0.006	0.33
BIG10	−0.097***	−3.53	−0.084***	−2.98	−0.098***	−3.46	−0.081***	−2.82
SIZE	0.113	1.14	0.075	0.76	0.008	0.35	−0.011	−0.50
LEV					0.101	0.93	0.108	1.02
ROA	−0.955**	−2.23	−0.918**	−2.16	−0.906**	−2.21	−0.964**	−2.27
OCF	−0.109	−1.43	−0.075	−1.07	−0.119	−1.56	−0.080	−1.10
SOE	−0.130***	−3.51	−0.159***	−4.25	−0.130***	−3.34	−0.148***	−3.93

续表

因变量：LOGSPREAD

变量	(1) 系数	(1) t值	(2) 系数	(2) t值	(3) 系数	(3) t值	(4) 系数	(4) t值
MARKETINDEX	−0.019**	−2.12	−0.022**	−2.37	−0.019**	−2.16	−0.021**	−2.31
RATE_PJ			−0.180***	−7.28	−0.181***	−7.23		
CONSTANT	2.564***	10.01	2.771***	13.74	2.778***	5.76	3.359***	7.74
RATEDUM	控制		控制					
INDUSTRYDUM	控制		控制		控制		控制	
YEARDUM	控制		控制		控制		控制	
Adjusted R^2	0.593		0.589		0.593		0.589	
观测值	428		450		428		450	

注：所有报告的 t 值都经过 Huber—White（1980）稳健调整，***、**、* 分别代表在1%、5%、10%水平上显著。

2. 考虑客户集中度的影响

客户集中度会对公司债券发行定价产生影响（王迪等，2016；王雄元和高开娟，2017），即客户集中度高的企业在商业交易中对大客户做出的各种让步会向资本市场传递企业生产经营风险信号，使得公司债务融资成本更高。本部分考虑到客户集中度对公司债券发行定价的影响，在回归中控制客户集中度（CONCENTRATION）这一变量的影响，即前五大客户的销售收入占比。表4-8列示的是使用与模型（4.3）相同控制变量且控制客户集中度后的回归结果，客户集中度（CONCENTRATION）与公司债券发行定价的对数（LOGSPREAD）呈显著正相关关系，与王雄元和高开娟（2017）的研究结果一致，$LOGDISTANCE$ 系数仍在1%的水平上正向显著，$SAME\_NUM$ 在1%的水平上负向显著，说明在控制了客户集中度之后，分散的客户地理分布对公司债券发行定价的正向影响仍然存在。

表4-8 其他稳健性测试：考虑客户集中度的影响

变量	因变量：LOGSPREAD			
	(1)		(2)	
	系数	t 值	系数	t 值
LOGDISTANCE	0.028***	2.66		
SAME _ NUM			−0.037***	−3.78
LOGMATURITY	−0.161***	−4.15	−0.172***	−4.24
LOGAMOUNT	−0.012	−0.49	−0.006	−0.26
SECURED	0.069**	2.18	0.062*	1.82
TOPONE	−0.079	−0.68	−0.124	−1.05
DUAL	0.156**	2.48	0.139**	2.49
BOARD	−0.014	−1.56	−0.005	−0.57
ANALYST	−0.002	−0.12	0.007	0.39
BIG10	−0.084***	−3.00	−0.065**	−2.35
SIZE	0.006	0.26	−0.014	−0.62
LEV	0.077	0.71	0.080	0.76
ROA	−0.947**	−2.36	−0.996**	−2.42
OCF	−0.104	−1.37	−0.066	−0.98

续表

变量	因变量：LOGSPREAD			
	(1)		(2)	
	系数	t 值	系数	t 值
SOE	−0.137***	−3.52	−0.158***	−4.24
MARKETINDEX	−0.018**	−2.00	−0.020**	−2.19
CONCENTRATION	0.124*	1.71	0.145**	2.04
CONSTANT	2.415***	4.87	2.946***	6.41
INDUSTRYDUM	控制		控制	
YEARDUM	控制		控制	
Adjusted R^2	0.596		0.595	
观测值	428		450	

注：所有报告的 t 值都经过 Huber−White（1980）稳健调整，***、**、* 分别代表在 1%、5%、10%水平上显著。

四、内生性问题处理

（一）工具变量法

针对主回归模型中可能存在遗漏变量进而导致回归结果出现偏误的问题，本章采用工具变量法，利用两阶段的最小二乘法（2SLS）对模型进行估计。在第一阶段中，以客户地理分布特征（LOGDISTANCE/SAME_NUM）为因变量，工具变量作为主要的解释变量；在第二阶段中，因变量为公司债券发行定价的对数（LOGSPREAD），主要解释变量为在一阶段中对客户地理分布（LOGDISTANCE/SAME_NUM）的估计值。选取的工具变量需要与主回归中的自变量客户地理分布特征（LOGDISTANCE/SAME_NUM）有直接关系，但没有直接证据表明工具变量会影响公司债券的发行定价的对数（LOGSPREAD）。

根据于慧等（2013）的研究，地势会影响人口分布以及区域的经济发展状况，地势海拔与人口密度、经济密度呈负相关关系。本章选取了企业所在城市的地势状况（ALTITUDE）作为工具变量，计算方式为企业所在城市海拔高度大于或等于 500 米的面积占该市行政面积的比率。如果该变量数值高，说明企业所在地区的市场有限，当地企业的发展可能更需要向外部地区的市场扩展，因此会导致当地企业的主要客户地理分布较为分散，企业与主要客户分布在同一区域的可能性更低。所以企业所在城市的地势状况（ALTITUDE）可能与企业和前五大客户之间的平均距离呈正相关关系，与前五大客户地理分布（SAME_NUM）呈负相关关系。然而城市的海拔高度是自然的地理特征，没有直接的证据表明与公司债券发行定价有关系。

表4—9的Panel A列示了使用工具变量第一阶段的回归结果，企业所在城市的地势状况（ALTITUDE）与企业和前五大客户的平均地理距离的对数（LOGDISTANCE）在1%的水平上呈显著正相关关系，与前五大客户分布（SAME_NUM）在1%的水平上呈显著负相关关系。换言之，企业所在城市高海拔的地区越多，企业可能更需要拓展市场来保障其经营业绩的持续性，企业与主要客户的地理距离越远，与主要客户分布在同一区域的可能性越低，说明工具变量ALTITUDE对客户地理分布状况有较强的解释力度。Panel B显示了第二阶段的回归结果。自变量LOGDISTANCE系数为0.080，在10%的统计水平上显著；SAME_NUM系数为−0.111，在5%的统计水平上显著。弱工具变量检验结果显示，最小特征值统计量（Minimum Eigenvalue Statistic）大于15%分位的临界值8.96（陈强，2014），并且第一阶段的F−statistic均大于经验值12，说明不存在弱工具变量的问题。因此，在使用工具变量回归后，发债企业的主要客户地理分布较分散会导致较高的公司债券发行定价的结论依然存在。

表4—9 工具变量法（2SLS）回归结果

Panel A：第一阶段回归

变量	因变量：LOGDISTANCE		因变量：SAME_NUM	
	系数	t值	系数	t值
ALTITUDE（IV）	1.033***	3.28	−0.997***	−3.22
LOGMATURITY	0.110	0.44	0.080	0.32
LOGAMOUNT	0.218	1.49	0.165	1.27
SECURED	−0.297	−1.26	−0.177	−0.85
TOPONE	−0.710	−1.26	0.337	0.59
DUAL	0.026	0.13	−0.162	−0.69
BOARD	−0.026	−0.57	0.127***	2.89
ANALYST	0.120	1.39	−0.162*	−1.77

续表

变量	因变量：LOGDISTANCE		因变量：SAME_NUM	
	系数	t 值	系数	t 值
BIG10	−.049	−0.28	0.199	1.16
SIZE	−0.609***	−4.62	−0.132	−1.14
LEV	2.566***	3.80	−1.445**	−2.30
ROA	−6.192*	1.80	1.986	0.57
OCF	0.610	1.08	0.270	0.59
SOE	0.001	0.00	−0.312	−1.34
MARKETINDEX	0.017	0.23	−0.089	−1.45
CONSTANT	19.199***	6.58	1.794	0.68
RATEDUM	控制		控制	
INDUSTRYDUM	控制		控制	
YEARDUM	控制		控制	
观察值	428		450	
Ajusted R^2	0.340		0.234	
F−statistic	272.24		56.29	
p−Value	<0.001		<0.001	

Panel B：第二阶段回归

变量	因变量：LOGSPREAD			
	(1) 自变量：LOGDISTANCE		(2) 自变量：SAME_NUM	
	系数	t 值	系数	t 值
LOGDISTANCE	0.080*	1.78		
SAME_NUM			−0.111**	−2.05
LOGMATURITY	−0.168***	−5.00	−0.165***	−4.06
LOGAMOUNT	−0.024	−0.94	0.005	0.24
SECURED	0.086***	2.69	0.051*	1.69
TOPONE	−0.066	−0.80	−0.135	−1.38
DUAL	0.152***	3.74	0.126***	3.02

续表

变量	因变量：LOGSPREAD			
	(1) 自变量：LOGDISTANCE		(2) 自变量：SAME_NUM	
	系数	t 值	系数	t 值
BOARD	−0.015**	−2.02	0.002	0.25
ANALYST	−0.007	−0.49	−0.004	−0.26
BIG10	−0.100***	−4.10	−0.072***	−2.77
SIZE	0.038	1.13	−0.022	−1.15
LEV	−0.031	−0.21	−0.007	−0.05
ROA	−0.671	−1.50	−0.902*	−1.96
OCF	−0.147**	−1.98	−0.060	−0.85
SOE	−0.138***	−4.46	−0.184***	−4.04
MARKETINDEX	−0.013	−1.34	−0.019**	−2.02
CONSTANT	1.401	1.39	3.043***	7.74
RATEDUM	控制		控制	
INDUSTRYDUM	控制		控制	
YEARDUM	控制		控制	
观察值	428		450	
Ajusted R^2	0.611		0.556	
Wald χ^2	20126.77		11806.32	
弱工具变量检验				
Partial R^2	0.0301		0.0282	
Minimum Eigenvalue Statistic	11.2459		11.1173	
p−Value	<0.001		<0.001	

注：所有报告的 t 值都经过 Huber−White（1980）稳健调整，***、**、* 分别代表在 1%、5%、10%水平上显著。

（二）Heckman 两阶段解决样本选择偏差

本部分研究仍然存在样本选择性偏差问题，发债企业披露客户信息可能具有选择性，即有的企业披露了客户名称信息，有的企业没有披露客户名称信息，可能会对本节的实证结果造成估计偏误。因此，利用 Heckman（1977）两阶段模型来处理样本的选择性偏差问题。在第一阶段，利用 Logit 模型研究哪些因素会影响企业客户信息的披露状况，将第一阶段估计出的逆米尔斯比例（IMR）带入二阶段，观察在控制了样本选择性偏差后，客户的地理分布特征是否仍然会影响公司债券的发行定价。由于该处理方法与上一章处理方法［模型（3.2）］相同，为了简化处理，本部分不再赘述 Heckman 第一阶段的过程。

表 4-10 列示了 Heckman 第二阶段的回归结果，可以看出在控制了样本选择性偏差后，发债企业的客户地理分布仍然会影响公司债券信用利差。$LOGDISTANCE$ 在 1% 的水平上与 $LOGSPREAD$ 呈显著正相关关系，$SAME\_NUM$ 在 1% 的水平上与 $LOGSPREAD$ 呈显著负相关关系，说明客户地理分布越分散，企业可能需要进行越多的专有资产投资来维系大客户关系，进而向债券资本市场传递了风险信号，导致投资者要求更高的信用利差作为风险补偿。

表 4-10　Heckman 两阶段处理样本选择性偏差

变量	第二阶段：因变量（$LOGSPREAD$）			
	（1）自变量：$LOGDISTANCE$		（2）自变量：$SAME\_NUM$	
	系数	t 值	系数	t 值
$LOGDISTANCE$	0.119***	3.38		
$SAME\_NUM$			−0.152***	−4.34
$LOGMATURITY$	−0.585***	−4.40	−0.619***	−4.41
$LOGAMOUNT$	0.011	0.14	0.030	0.42
$SECURED$	0.265**	2.18	0.220*	1.74
$TOPONE$	−0.575	−1.39	−0.716*	−1.76
$DUAL$	0.594**	2.43	0.530**	2.43
$BOARD$	−0.049	−1.45	−0.016	−0.45
$ANALYST$	−0.027	−0.43	0.002	0.03
$BIG10$	−0.383***	−3.66	−0.315***	−2.99
$SIZE$	0.036	0.45	−0.029	−0.38
LEV	0.142	0.35	0.132	0.35
ROA	−3.139**	−2.11	−3.161**	−2.07

续表

变量	第二阶段：因变量（LOGSPREAD）			
	(1) 自变量：LOGDISTANCE		(2) 自变量：SAME_NUM	
	系数	t 值	系数	t 值
OCF	−0.548*	−1.67	−0.371	−1.21
SOE	−0.434***	−2.96	−0.515***	−3.56
MARKETINDEX	−0.071**	−1.97	−0.074**	−2.07
IMR	0.161	1.51	0.103	1.08
CONSTANT	6.217***	3.32	8.349***	5.00
RATEDUM	控制		控制	
INDUSTRYDUM	控制		控制	
YEARDUM	控制		控制	
Adjusted R^2	0.550		0.556	
观察值	428		450	

注：所有报告的 t 值都经过 Huber－White（1980）稳健调整，***、**、* 分别代表在 1％、5％、10％水平上显著。

（三）差分模型解决客户地理分布特征变化对债券发行定价变化的问题

本小节使用差分模型来分析客户地理分布特征的变化对公司债券发行定价变化的影响。差分模型可缓解来自遗漏变量问题产生的内生性问题。差分模型需要的样本是公司在不同年度发行的多只公司债券。在本章研究的样本区间内，有 56 家公司在不同年度发行了公司债券，将样本期间同一公司在两个及以上不同年度发行公司债券的观测值进行保留，各变量在相邻发行年度进行两两相减，最终得到 75 个观测值（客户地理距离指标的计算需要经纬度，在本小节缺失两个样本，即为 73 个观测值）。而同一年度发行的多只公司债券，采用 Ge and Kim（2014）、Gong et al.（2016）的方法，以发行规模为基准加权平均计算当年公司债券发行的信用利差以及发行期限。最终构造出模型（4.4）来研究客户地理分布特征的变化对债券发行定价的变化的影响。企业性质（SOE）通常不随时间变化而变化，所以未做差分处理。RATE_PJ 表示债券信用评级，债券信用评级 AA−、AA、AA+、AAA 分别用 1、2、3、4 来表示。$\Delta RATE\_PJ$ 表示公司债券信用评级的变化，其他变量均表示相应变量的变化。

$$\Delta LOGSPREAD_{i,t} = \theta_0 + \theta_1 \Delta LOGDISTANCE/SAME\_NUM_{i,t-1} +$$
$$\theta_2 \Delta LOGMATURITY_{i,t} + \theta_3 \Delta LOGAMOUNT_{i,t} +$$
$$\theta_4 \Delta SECURED_{i,t} + \theta_5 \Delta TOPONE_{i,t-1} + \theta_6 \Delta DUAL_{i,t-1} +$$
$$\theta_7 \Delta BOARD_{i,t-1} + \theta_8 \Delta ANALYST_{i,t-1} + \theta_9 \Delta BIG10_{i,t-1} +$$
$$\theta_{10} \Delta SIZE_{i,t-1} + \theta_{11} \Delta LEV_{i,t-1} + \theta_{12} \Delta ROA_{i,t-1} +$$
$$\theta_{13} \Delta OCF_{i,t-1} + \theta_{14} SOE_{i,t-1} + \theta_{15} \Delta MARKETINDEX_{i,t} +$$
$$\theta_{16} \Delta RATE\_PJ + \sum Industry + \sum Year + \xi_{i,t} \quad (4.4)$$

表4-11列示了客户地理分布特征变化对公司债券发行定价变化影响的回归结果，$\Delta LOGDISTANCE$ 在10%的水平上与 $\Delta LOGSPREAD$ 显著正相关，$\Delta SAME\_NUM$ 在10%的水平上与 $\Delta LOGSPREAD$ 显著负相关，再次证明了发债企业的客户地理分布特征会影响公司债券的发行定价。具体而言，客户地理分布越分散，公司债券的发行定价越高。

表4-11 差分模型：客户地理特征的变化对公司债券发行定价的影响

变量	因变量：$\Delta LOGSPREAD$			
	(1)		(2)	
	系数	t 值	系数	t 值
$\Delta LOGDISTANCE$	0.035*	1.96		
$\Delta SAME\_NUM$			−0.064*	−1.99
$\Delta LOGMATURITY$	−0.270*	−1.92	−0.278*	−2.01
$\Delta LOGAMOUNT$	−0.018	−0.27	0.022	0.55
$\Delta SECURED$	0.028	0.27	0.046	0.45
$\Delta TOPONE$	−0.935	−1.18	−0.700	−0.83
$\Delta DUAL$	0.192	0.46	0.200	0.60
$\Delta BOARD$	0.008	0.22	0.004	0.13
$\Delta ANALYST$	−0.007	−0.09	−0.002	−0.03
$\Delta BIG10$	−0.161	−1.53	−0.162**	−2.09
$\Delta SIZE$	0.093	0.97	0.035	0.38
ΔLEV	0.255	0.46	0.273	0.55

续表

变量	因变量：$\Delta LOGSPREAD$			
	(1)		(2)	
	系数	t 值	系数	t 值
ΔROA	1.316	0.96	0.780	0.57
ΔOCF	0.142	0.66	0.166	0.69
SOE	−0.140	−1.12	−0.199	−1.56
$\Delta MARKETINDEX$	−0.034	−0.70	−0.025	−0.49
$\Delta RATE\_PJ$	−0.132*	−1.87	−0.095	−1.28
$CONSTANT$	−0.245	−0.47	−0.602	−1.16
$INDUSTRYDUM$	控制		控制	
$YEARDUM$	控制		控制	
Adjusted R^2	0.416		0.419	
观测值	73		75	

注：所有报告的 t 值都经过 Huber－White（1980）稳健调整，***、**、* 分别代表在 1%、5%、10%水平上显著。

五、横截面分析

（一）企业所在省份交通状况的调节作用分析

主假设回归结果得出主要客户地理分散程度越高，企业在与主要客户进行商业往来时会花费更多的交易成本，进而使得债券投资者要求更高的风险溢价进行补偿，即主要客户的地理分散程度与公司债券发行定价呈正相关关系。本小节主要分析企业所在省份交通状况是否会影响发债企业的客户地理分散程度与公司债券发行定价之间的正向关系。一般来说，当地财政支出在交通运输上投入越多，说明当地越重视交通基础设施的建设，会促进当地交通运输业的发展，进而会降低当地企业的产品运输成本（刘生龙和胡鞍钢，2011；张学良，2012）。在这种情况下，企业所在省份交通运输的建设及保障越好，越可能会降低分散的客户地理分布给企业带来的运输成本增加的风险；反之，如果企业所在省份的交通运输建设和保障越落后，主要客户地理分散程度越高，会导致企业的运输成本增加，债券投资者更可能识别出这一风险信号。因此，利用交通财政支出比率（TRANS_FR）来度量各省份的交通状况。该指标的计算方式为，在Wind中国宏观经济数据库中的各省份交通运输方面的财政支出除以各省该年度的GDP总额（除以GDP总额是为了标准化处理数据，减少极端数据对估计结果的不利影响）。若该省份的交通财政支出比率大于当年度交通财政支出比率的中位数，则取值为1，反之为0。若该省份当年未披露交通财政支出的数据则为缺漏值。交通财政支出比率（TRANS_FR）作为分组的依据。表4-12第（1）和第（3）列为样本企业所在省份的交通状况相对较好（TRANS_FR=1）时的回归结果，第（2）和第（4）列的样本组企业所在省份的交通状况相对较差（TRANS_FR=0）时的回归结果。从回归结果可以看出，在TRANS_FR=0的子样本中，LOGDISTANCE在1%的水平上与LOGSPREAD呈显著正相关关系，SAME_NUM在1%的水平上与LOGSPREAD呈显著负相关关系；而在TRANS_FR=1的子样本中，LOGDISTANCE和SAME_NUM的系数均不显著。上述结果表明企业所在地区的良好交通情况会削弱客户地理分散带来的不利影响。此外，组间系数的显著差异性结果表明，在发债企业所在地交通状况存在差异的情况下，客户地理分布对公司债券发行定价的影响取决于地区的交通状况投入。总的来说，企业所在地的交通运输水平较低时，企业需要花费更多的物流成本来维持大客户关系，债券投资者会更关注客户地理分布特征对公司带来的经营不确定性与可能风险，客户地理分布特征对公司债券发行定价的正向作用在交通状况差的省份表现得更为明显。

表 4—12 企业所在城市交通财政支出的分组回归

因变量：LOGSPREAD

变量	(1) TRANS_FR=1 系数	(1) t值	(2) TRANS_FR=0 系数	(2) t值	(3) TRANS_FR=1 系数	(3) t值	(4) TRANS_FR=0 系数	(4) t值
LOGDISTANCE	0.004	0.24	0.050***	2.83	−0.48		−3.55	
SAME_NUM				−0.007		−0.055***		
LOGMATURITY	−0.127**	−2.51	−0.165**	−2.58	−0.199***	−3.84	−0.135**	−2.18
LOGAMOUNT	0.011	0.32	−0.025	−0.76	0.002	0.07	−0.003	−0.09
SECURED	0.036	0.85	0.113**	1.98	0.055	1.21	0.078	1.53
TOPONE	−0.192	−1.53	−0.071	−0.41	−0.259	−1.58	−0.150	−0.95
DUAL	0.051	0.84	0.261***	2.62	0.055	0.95	0.228***	2.69
BOARD	−0.026**	−2.07	−0.005	−0.41	−0.019	−1.41	0.001	0.06
ANALYST	−0.012	−0.59	0.014	0.51	0.009	0.47	0.007	0.29
BIG10	−0.007	−0.19	−0.207***	−4.66	−0.010	−0.31	−0.189***	−4.74
SIZE	−0.008	−0.20	−0.006	−0.21	−0.011	−0.31	−0.035	−1.46
LEV	−0.034	−0.27	0.188	1.03	−0.006	−0.05	0.279*	1.77
ROA	−1.363**	−2.58	−1.271	−1.49	−1.298**	−2.33	−1.254	−1.53
OCF	−0.113	−1.19	−0.080	−0.65	−0.079	−0.97	−0.016	−0.15
SOE	−0.123***	−2.76	−0.039	−0.63	−0.142***	−2.92	−0.130**	−2.40

第四章 客户地理分布特征对公司债券发行定价的影响

续表

因变量：LOGSPREAD

变量	(1) TRANS_FR=1 系数	(1) t值	(2) TRANS_FR=0 系数	(2) t值	(3) TRANS_FR=1 系数	(3) t值	(4) TRANS_FR=0 系数	(4) t值
MARKETINDEX	−0.019*	−1.91	−0.033*	−1.75	−0.020**	−1.99	−0.051***	−3.43
CONSTANT	2.765***	3.24	2.175***	3.17	2.985***	3.97	3.134***	5.49
RATEDUM	控制		控制		控制		控制	
INDUSTRYDUM	控制		控制		控制		控制	
YEARDUM	控制		控制		控制		控制	
Adjusted R^2	0.609		0.636		0.584		0.656	
观测值	226		202		236		214	

TestLOGDISTANCE (1) =LOGDISTANCE (2) chi2 (1) =5.73; Prob>chi2=0.0166
TestSAME_NUM (3) =SAME_NUM (4) chi2 (1) =8.04; Prob>chi2=0.0046

注：所有报告的t值都经过Huber—White (1980) 稳健调整。***、**、*分别代表在1%、5%、10%水平上显著。

（二）外部审计质量的调节作用分析

主效应的结果表明，当发债企业的主要客户地理分布较分散时，会向公司债券投资者传递企业经营业绩相关的风险信号，进而导致债券投资者要求更高的信用利差作为风险补偿。本部分将继续探究客户地理分布分散对企业经营产生的风险效应的强弱是否会因为发债企业外部审计质量的不同而产生差别。通常而言，企业的财务信息被高质量的会计师事务所审计，可降低企业与外部投资者之间的信息不对称（Lim and Tan，2008；朱松，2013）。公司债券市场的投资者能识别到高质量的外部审计在公司债券发行中的信息认证作用（Teoh and Wong，1993）。因此，本研究认为高质量的外部审计会削弱客户地理分布较广带来的风险效应，弱化分散的客户地理分布导致公司债券发行定价升高的作用。本研究将样本企业以是否被前十大会计师事务所审计为依据进行分组。表4-13报告了在不同外部审计监督下客户地理分布对公司债券发行定价影响的回归结果，其中第（1）列和第（3）列是企业被前十大会计师事务所审计的子样本，第（2）列和第（4）列是企业未被前十大会计师事务所审计的子样本。在第（2）和第（4）列中，$LOGDISTANCE$ 在1%的水平上与 $LOGSPREAD$ 呈显著正相关关系，$SAME\_NUM$ 在1%的水平上与 $LOGSPREAD$ 呈显著负相关关系；而在第（1）列和第（3）列中，$LOGDISTANCE$ 和 $SAME\_NUM$ 对 $LOGSPREAD$ 的影响均不显著，说明外部高质量的审计对会计信息的保证削弱了客户地理分散带来的不利影响。主要测试变量 $LOGDISTANCE$ 和 $SAME\_NUM$ 在是否被前十大会计师事务所审计情况下的回归系数存在显著差异性，也说明分散的客户地理分布对公司债券信用利差的正向作用在外部审计质量较低的企业体现得更为明显，高质量的外部审计对发债企业信息具有认证作用，使得公司债券投资者降低了对企业主要客户地理分布特征的关注，一定程度上削弱了客户地理分布分散导致公司债券发行定价上升的不利影响。

第四章　客户地理分布特征对公司债券发行定价的影响

表4-13　外部审计质量的分组回归

因变量：LOGSPREAD

变量	(1) BIG10=1 系数	(1) BIG10=1 t值	(2) BIG10=0 系数	(2) BIG10=0 t值	(3) BIG10=1 系数	(3) BIG10=1 t值	(4) BIG10=0 系数	(4) BIG10=0 t值
LOGDISTANCE	0.009	0.73	0.054***	3.42				
SAME_NUM					−0.015	−1.34	−0.061***	−3.84
LOGMATURITY	−0.098*	−1.96	−0.231***	−4.11	−0.096*	−1.93	−0.233***	−4.27
LOGAMOUNT	−0.008	−0.27	0.007	0.20	−0.011	−0.39	0.016	0.53
SECURED	0.114**	2.60	0.079*	1.71	0.110**	2.56	0.053	1.04
TOPONE	−0.056	−0.40	−0.122	−0.77	−0.024	−0.18	−0.261	−1.52
DUAL	0.086	1.39	0.214**	2.38	0.102*	1.90	0.164**	2.08
BOARD	−0.018*	−1.70	−0.011	−0.73	−0.008	−0.73	0.000	0.02
ANALYST	−0.017	−0.73	0.018	0.78	−0.006	−0.25	0.029	1.35
SIZE	0.004	0.12	−0.047	−1.10	−0.014	−0.47	−0.050	−1.31
LEV	0.044	0.24	0.220	1.33	0.078	0.45	0.196	1.20
ROA	−0.190	−0.24	−1.774**	−2.32	−0.186	−0.25	−1.812**	−2.31
OCF	−0.141	−1.36	0.069	0.60	−0.131	−1.39	0.106	0.89
SOE	−0.091*	−1.75	−0.117**	−2.17	−0.117**	−2.35	−0.149***	−2.73
MARKETINDEX	−0.031***	−3.11	0.005	0.33	−0.035***	−3.60	0.010	0.67

139

续表

因变量：LOGSPREAD

变量	(1) BIG10=1 系数	(1) BIG10=1 t值	(2) BIG10=0 系数	(2) BIG10=0 t值	(3) BIG10=1 系数	(3) BIG10=1 t值	(4) BIG10=0 系数	(4) BIG10=0 t值
CONSTANT	2.352***	3.79	3.185***	3.13	2.624***	4.96	3.169***	3.67
RATEDUM	控制		控制		控制		控制	
INDUSTRYDUM	控制		控制		控制		控制	
YEARDUM	控制		控制		控制		控制	
Adjusted R^2	0.662		0.544		0.655		0.564	
观测值	241		187		253		197	
Test LOGDISTANCE (1) = LOGDISTANCE (2) chi2 (1) = 10.35; Prob>chi2=0.0013							
Test SAME_NUM (3) = SAME_NUM (4) chi2 (1) = 8.64; Prob>chi2=0.0033							

注：所有报告的 t 值都经过 Huber-White (1980) 稳健调整，***、**、* 分别代表在1%、5%、10%水平上显著。

六、机制检验

前文研究发现客户地理分布的分散程度越高,会导致公司债券的发行定价越高。本节主要分析客户的地理分布特征是否会对企业的生产经营产生影响,进而向公司债券投资者传递企业经营相关的信号。如果企业的主要客户地理分布较广,企业在与大客户进行交易过程中,会花费更多的交易成本,比如信息沟通成本、交通运输成本等,进而增加企业商业活动的不确定性,传递企业生产经营相关的风险信号,为此将对这一机制进行检验。本章利用企业销售费用来衡量企业经营活动中的交易成本(Williamson,1979),以公司债券发行前一年的销售费用除以当年主营业务收入($SELLING\_COST$)作为因变量,客户地理分布特征($LOGDISTANCE/SAME\_NUM$)作为自变量,并参照模型(4.3)控制了企业层面的因素对企业销售费用的影响,最后采用OLS方法进行回归。表 4-14 列示了本章的机制分析回归结果,可以看出,$LOGDISTANCE$ 在 1% 的水平上与 $SELLING\_COST$ 显著正相关($t=3.36$),说明企业与主要客户的地理距离越远,会导致企业的销售费用显著上升;$SAME\_NUM$ 在 1% 的水平上与 $SELLING\_COST$ 呈显著负相关关系($t=-2.67$),同样说明了客户地理分布分散程度越高,越会增加企业日常经营的交易成本,增加发债企业经营活动的不确定性,进而传递企业生产经营相关的风险信号。

表 4-14 机制分析回归结果

变量	因变量:$SELLING\_COST$			
	(1)		(2)	
	系数	t 值	系数	t 值
$LOGDISTANCE$	0.004***	3.36		
$SAME\_NUM$			−0.003***	−2.67
$TOPONE$	−0.023**	−2.18	−0.028**	−2.53
$DUAL$	0.002	0.15	0.001	0.06
$BOARD$	−0.000	−0.04	−0.000	−0.08
$ANALYST$	−0.004*	−1.68	−0.005**	−2.15
$BIG10$	0.009***	2.60	0.009**	2.49
$SIZE$	0.006***	2.97	0.005***	2.75

续表

变量	因变量：SELLING_COST			
	(1)		(2)	
	系数	t 值	系数	t 值
LEV	−0.048**	−2.26	−0.040*	−1.93
ROA	−0.120	−1.57	−0.118	−1.52
OCF	−0.014	−1.08	−0.015	−1.19
SOE	−0.015***	−3.29	−0.014***	−3.50
MARKETINDEX	−0.001	−0.64	−0.001	−0.82
CONSTANT	−0.037	−0.80	−0.035	−0.66
INDUSTRYDUM	控制		控制	
YEARDUM	控制		控制	
Adjusted R^2	0.459		0.453	
观测值	428		450	

注：所有报告的 t 值都经过 Huber–White（1980）稳健调整，***、**、* 分别代表在 1％、5％、10％水平上显著。

七、进一步研究：客户地理分布特征与公司债券上市后抑价率

前文研究发现企业主要客户地理分布越分散，公司债券信用利差越高。公司债券发行定价主要反映的是公司债券一级市场的定价。本部分主要探讨客户地理分布特征是否会影响公司债券在二级市场上的定价，即对上市首日抑价率的影响。通常来讲，公司债券的抑价率反映的是投资者对公司债券的违约风险补偿，取决于公司债券上市首日的交易价格，该价格等于收盘净价加上公司债券面值和票面利率计算出的应计利息，公司债券的上市首日收盘净价越高，说明投资者对企业要求的风险溢价越高。本部分参照第三章模型（3.5）～（3.7）的做法，计算出公司债券抑价率（UNDER_P），探究公司债券投资者是否能识别发债企业主要客户地理分布特征对企业生产经营带来的影响，进而影响投资者对公司债券的信用风险评估。构建模型以公司债券抑价率（UNDER_P）为因变量，客户地理分布特征（LOGDISTANCE/SAME_NUM）为自变量，并控制了公司债券层面、治理层面、企业层面影响公司债券抑价率的相关因素，采用 OLS 方法进行回归。表 4−15 列示了客户地理分

布特征对公司债券抑价率影响的回归结果,可以看出,企业与前五大客户之间地理距离的对数(LOGDISTANCE)与公司债券抑价率(UNDER_P)在5%的水平上呈显著正相关关系,SAME_NUM 的系数虽不显著,但呈负相关关系。上述结果整体上说明发债企业的主要客户地理分布越广,会降低企业与主要客户之间的信息沟通效率,企业在经营活动中会花费较多交易成本,进而向公司债券投资者传递风险信号。发债企业的主要客户地理分布越分散,公司债券上市后的抑价率越高[①]。

表 4-15　客户地理分布特征对公司债券抑价率的影响

变量	因变量:UNDER_P			
	(1)		(2)	
	系数	t 值	系数	t 值
LOGDISTANCE	0.093**	2.43		
SAME_NUM			−0.007	−0.18
LOGMATURITY	−0.052	−0.31	−0.023	−0.13
LOGAMOUNT	0.103	1.04	0.103	1.11
SECURED	0.059	0.36	−0.112	−0.67
TOPONE	0.214	0.43	0.327	0.68
DUAL	0.239	0.78	0.172	0.62
BOARD	−0.035	−0.85	−0.039	−0.94
ANALYST	−0.033	−0.43	−0.032	−0.40
BIG10	0.018	0.13	0.034	0.23
SIZE	0.058	0.66	0.003	0.03
LEV	−0.035	−0.06	0.464	0.79
ROA	−6.487**	−2.56	−5.694**	−2.28
OCF	−0.609*	−1.81	−0.614*	−1.68
SOE	−0.227	−1.11	−0.261	−1.21
MARKETINDEX	−0.060*	−1.76	−0.081**	−2.19
CONSTANT	5.188**	2.33	4.604*	1.72

---

① 此处样本减少的原因在于在计算公司债券抑价时数据库有部分观测值缺失,其次在于本书仅包括上市首日至上市的首次交易间隔七个日历天数之内的样本,最终分别获取 313 和 326 个样本。

续表

变量	因变量：UNDER_P			
	(1)		(2)	
	系数	t值	系数	t值
RATEDUM	控制		控制	
INDUSTRYDUM	控制		控制	
YEARDUM	控制		控制	
Adjusted R^2	0.231		0.188	
观测值	313		326	

注：所有报告的 t 值都经过 Huber－White（1980）稳健调整，***、**、* 分别代表在 1％、5％、10％水平上显著。

第五节 本章小结

本章以我国沪深交易所在 2007—2019 年公开发行的且发债企业披露了主要客户信息的公司债券为样本，探究客户地理分布特征对公司债券发行定价的影响。运用了两种度量客户地理分布特征的方法：企业与前五大客户的地理距离以及前五大客户地理分布情况。基于聚类理论和交易成本理论的分析，研究发现，发债企业的主要客户地理分布邻近，会提高企业与主要客户的信息沟通效率，降低交易过程中可能产生的信息沟通成本、物流交通成本以及合约履行的监督成本，降低交易风险，使企业的经营业绩得到一定程度的保障，最终降低企业的信用风险。而如果发债企业的主要客户地理分布较为分散，企业可能需要花费较多的交易成本维护与主要客户之间的关系。债券投资者会识别客户地理分布分散所传递出的发债企业经营业绩相关的风险信号，进而要求更高的债券信用利差作为风险补偿。因此，客户地理分布特征会影响公司债券发行定价，即主要客户地理分布越分散，公司债券发行定价越高。在稳健性检验中，利用了多种可替代的自变量与因变量的度量方法对回归结果进行验证。针对研究可能出现的内生性问题，采用了工具变量法来解决模型中可能存在遗漏变量而导致的估计偏误，如用 Heckman 两阶段法解决样本的选择偏差问题，用差分模型来分析客户地理分布特征的变化对公司债券发行定价的变化影响，以明确客户地理分布特征与上游企业发行的公司债券定价的因果关系。在机制检验中发现客户地理分布确实会对企业的生产经营产生直接影响,客户地理分布越分散,会使得企业的交易成本显著上升,增加企业经营的不确定性,进而向市场传递企业经营的风险信号。在进一步研究中发现,客户地理分布越分散,公司债券二级市场的抑价率也会越高。分组检验中发现,企业所在省份的交通状况好,会在一定程度上弱化公司债券投资者对分散的客户地理分布这一信息的识别;高质量的外部审计在一定程度上能缓解分散的客户地理分布向资本市场传递的风险信号,弱化投资者对客户地理分布较为分散的风险溢价要求。

本章的研究具有一定的理论意义。首先,丰富了地理经济学的相关研究。之前关于地理经济对公司金融方面的研究主要基于直接经济主体之间的地理距离产生的经济后果。而本章的研究表明,企业客户的地理分布信息具有"溢出效应",除了对企业的生产经营产生影响以外,也会让公司债券的投资者感知到客户地理分布特征给企业带来的影响,进而影响到债券投资者对企业信用风险的评估。其次,丰富了供应链相关的理论文献,以往文献将客户集中度视为客户的重要特征,用来反映企业与客户之间的经济依赖程度,本章发现客户地理分布特征能够揭示出企业在交易过程中花费的信息沟通以及交通运输等各项交易成本,也能反映出供应链成员之间的关系紧密程度。因此,客户地理分布特征可向债券投资者传递企业经营业绩的增量信息,进而使得债券投资者要求相应的风险溢价作为补偿。

本章研究也具有一定现实意义。本章发现,首先,发债企业客户地理分布的分散可向公司债券市场的投资者传递风险信号,说明企业与远距离的客户进行交易往来时需要花费较多的交通成本,地方政府应加大当地交通基础设施建设,降低因地理因素造成商业活动交易成本提升的影响,有效形成供应链的成员产业集聚。其次,债券投资者会关注发债企业客户地理分布特征信息。因此,资本市场的监管者应该对发债企业经营层面的信息披露提出更严格的要求,鼓励发债企业进行更详尽的客户信息披露,以保护债券投资者的权益。最后,本章结论表明客户的地理分布可能会影响企业的经营活动,企业可以提高外部审计质量,降低企业与外部投资者之间的信息不对称程度,减少分散的客户地理分布对公司债券发行定价的不利影响。

第五章 客户稳定性对公司债券发行定价的影响

第一节 问题提出

根据信息不对称理论，经济活动中的交易主体之间所获取的信息是不对等的，企业需要花费时间和精力去搜寻交易对手的信息来降低与交易对手之间的信息不对称（Hui et al.，2012）。客户作为企业重要的利益相关者，能直接影响企业经营收入的实现。供应商企业无法掌握客户的所有信息（Information gap），进而增加企业的生产经营风险（Chiu et al.，2019）。正因为企业与客户企业之间存在着信息不对称，导致双方在交易过程中都可能花费较多的交易成本。比如客户因为无法获取供应商企业生产经营的相关信息，为防止自身利益受损，往往会要求供应商企业进行大量的专有资产投资，甚至通过盈余管理操纵利润，诱使企业进行专有资产投资，导致供应商企业出现投资效率低下的情况（Dou et al.，2013；林钟高和邱悦旻，2020）。当供应商企业无法掌握客户的相关信息时，为了防止自身利益受损，会要求客户现付甚至预付款，或降低给予客户的商业信用，减少销售过程中的不确定性（Peng et al.，2019）。企业与客户之间的信息不对称增加了交易活动的不确定性。

企业与利益相关者之间的信息不对称程度并不是固定不变的，信息不对称程度会随着双方交易合作时间的增加而降低。Bell et al.（1997）研究发现，随着企业与会计师事务所的合作时间增加，审计师能获取更多企业所在行业的专业知识，能更清晰地了解审计客户的生产及经营业务以评估客户的审计风险，实现审计质量的提升。Petersen and Rajan（1994）、苏牧（2020）的研究表明，企业与银行的借贷关系维持的时间越长，银行能获取企业非公开的信息量越多，信息的类型也会愈加丰富，随着企业与银行之间的信息不对称程度降低，银行会降低企业的贷款利率。然而，现有文献关于企业与客户之间的合作时间长短——供应商与客户关系的稳定性产生的经济后果的探究并不充分。

之前文献较多从客户集中度的角度来理解客户对供应商企业生产经营的影响（Patatoukas，2013；Murfin and Njoroge，2014；王丹等，2020；陈峻和郑惠琼，2020），客户集中度横向反映了企业对现有客户的经济重要性，并未纵向反映现有客户关系是否稳定、是否能为企业带来可持续的收益。客户企业并非同质的，企业与客户之间的经济联系紧密程度也有所不同。因此，需要进一步探讨客户企业的具体特征——客户稳定性。在公司债券市场中，债券投资者为了降低投资风险，会搜寻影响发债企业经营业绩的相关信息，进而对发债企业的违约风险进行合理评估。客户是企业经营收入的重要来源，债券投资者会关注发债企业客户的状况，判断企业的经营收入是否具有可持续性以及未来的违约风险（Cheng and Eshleman，2014；王雄元和高开娟，2017）。然而，现有文献并未充分关注公司债券投资者如何评价客户的稳定性。由于债券的发行期限较长，除了关注现有客户对企业当期的经营收入以外，债券投资者很可能会评估企业的客户是否能持续稳定地为投资标的企业带来收益，以保证债券存续期间违约风险较低。基于上述分析，本部分主要探究公司债券投资者是否会关注到发债企业的客户稳定性，根据主要客户的稳定性来对发债企业信用风险进行评估，进而影响公司债券的发行定价。本章的结构安排如下：首先，对客户稳定性与公司债券发行定价之间的可能逻辑关系进行理论分析并提出本章的研究假设；其次，对研究的样本来源、所涉及的变量进行说明，并构建实证模型；再次，对实证研究的主要结果进行分析说明，并进行一系列的稳健性检验以保证结果的可靠性，同时通过对样本的分组测试明确客户稳定性对公司债券发行定价的影响取决于一定外部条件；最后，对本章的发现进行小结。

第二节　理论分析与假设

客户企业作为供应商企业重要的利益相关主体，是企业经营业绩的重要来源，直接影响到企业生产经营的可持续性。供应商企业都期望与主要客户保持长久稳定的关系，因为稳定的客户才能保障企业有稳定的经营收入来源，可减少经营活动所带来的不确定性（Gosman et al.，2004）。本研究认为客户稳定性能给企业生产经营带来更多保障。

首先，客户作为企业的外部重要利益相关者，与供应商企业始终存在着信息不对称。信息不对称会增加交易活动的不确定性，因为买卖双方都要花费时间与精力来获取交易对手的信息,只有足够了解交易对手的情况,才能降低自身在交易活动中的风险（Hui et al.,2012）。比如客户需要了解供应商是否能以适宜的价格提供符合自己采购需求的产品,供应商企业的经营是否可持续,是否能提供足量的产品来满足自己长期的购买需求。同样,供应商企业也需要获取客户相关信息来指导企业的生产经营决策。比如供应商企业需要了解客户的购买需求,客户的经营状况是否能支持其对本企业产品持续的购买力。这些客户信息会影响供应商企业专有投资的数量与方向。如果客户的稳定性高,供应商企业与客户之间的熟悉程度高,可降低交易过程中的信息不对称,进而降低信息搜寻的成本。熟悉的客户与供应商企业可能有更多的信息共享（Cen et al.,2015）。通过以往的合作,客户能更清楚地了解供应商企业的生产经营情况。因为彼此熟悉,客户不需要花费过多的时间与精力来监督供应商企业。对于供应商企业而言,如果主要客户相对稳定,会降低供应商搜寻客户信息的成本,也能更清楚地了解客户的产品需求,及时根据客户的需求来调整企业的生产计划。反之,如果企业的客户经常变更,企业要花费更多的时间和精力去了解客户产品需求和经营状况。客户稳定性高会使得买卖双方的沟通效率提高,有利于形成持续稳定的供应链关系,降低交易双方在商业决策中误判的可能。

其次,根据交易成本理论,供应商企业在整个交易过程中会付出相应的交易成本。在交易活动前,供应商企业需要根据自身产品的特性来搜寻合适的交易对象,这会产生信息搜寻成本（Cannon,2001）;在找到合适的客户之后,双方签订合约过程中会产生签约谈判成本;在合约达成后,企业为了保证合约的正常履行,会进行一系列专有资产投资（Banerjee et al.,2008;王迪等,2016）;在供应商企业产品交付之后,客户方若无法进行款项交付,供应商企业将面临转换成本（Oliveira et al.,2017;Lian,2017）。如果客户的稳定性高,买卖双方因之前合作过,彼此相对熟悉,可降低双方的交易成本和交易风险。如果上游企业没有掌握足够的客户信息,识别客户经营的相关风险,客户的风险会通过供应链的关系传递给上游企业。在履约过程中,企业为维护主要客户关系需要进行必要的专有资产投资（Banerjee et al.,2008;王迪等,2016）。客户的稳定性越高,企业进行专有资产投资的风险越低,面临的转换成本相对较低,主要原因是企业与现有客户存在较多的历史交易,彼此的信任度会增加,企业与现有客户之间也形成了"利益共同体",一旦供应商企业的生产经营出现问题,无法正常为客户供货,客户的利益也会受损。在这种情况下,现有客户发生机会主义行为损害供应商企业的行为可能性相对较低。利益趋同使得客户也会出于长远合作的考虑,"体恤"供应商企业,减少对供应商企业的信贷侵占（徐瑶之和华迎，2020）。相反，若主要客户经常发生变更，企业前期为维护老客户进行的专有资产投资将面临较大的风险，新客户的产品需求不一定与之前客户相同，原有的专有资产投资也不一定能与新客户的需求完全吻合，导致前期投资的专有资产面临较高的转换成本（Krolikowski and Yuan, 2017）。新客户不一定能掌握企业的全部信息，出于"理性经济人"的考虑，客户会采取更多措施来维护自身利益，甚至采取一些机会主义行为，进而损害供应商企业的利益。另外，从客户的角度来说，因为前期已经通过交易活动建立了买卖双方的一定信任，客户对供应商企业的产品情况以及经营情况也相对熟悉，信息摩擦的成本降低（包晓岚等，2020）。若不断更换供应商，也会增加客户自身的交易成本。稳定关系对信任度的提升可以促使现有客户对供应商企业的监督成本相对较低。总的来说，客户的稳定性高能有效降低买卖双方企业的交易成本，减少企业经营活动的不确定性。

再次，从收益来源的稳定性来看，主要客户的稳定性提高了供应商企业经营收入的稳定性（Gosman et al., 2004）。如果主要客户不稳定，尤其是对于产品专有性较强的供应商企业，供应商需要花费时间和精力不断寻求新客户。原有客户的流失会增加企业生产经营多环节的不确定性。一旦企业没有及时寻求到新客户，现有产品难以实现其产品价值，经营现金流也会面临中断的风险（Lian, 2017）。与新客户建立合约关系之初，双方的信息不对称程度高，彼此的信任度不够，也会增加交易进程中的风险。供应商为了维护与新客户的关系，会进行较多的专有资产投资，造成供应商企业的主营业务成本增加，可能会使得经营业绩出现波动，损害其他利益相关方的利益。因此，较高的客户稳定性为供应商企业的经营收益提供了更多保障，一定程度上保障了企业偿还债务的资金来源。

供应链信息传递理论表明，债券投资者会根据客户的信息来评估发债主体的经营业绩（Cheng and Eshleman, 2014；魏明海等，2018）。对于一个发债企业，其自身的客户稳定性较高，能给债券投资者带来标的公司相关的增量信息：首先，客户的稳定性高会使得债券投资者更准确地评估企业的经营业绩，降低发债企业与公司债券投资者之间的信息不对称程度。王雄元和彭旋（2016）研究发现，稳定的大客户能使供应商企业的经营收益更稳定，使得分析师盈余预测精准度提高。所以，客户的稳定性便于债券投资者准确地判断企业的营业收入情况以及违约风险，同时也便于债券投资者追踪主要客户的具体情况，以此来推断供应商企业业绩披露的真实性和可靠性，使得债券投资者与发债企业之间的信息不对称性降低，债券投资者要求相对低的风险溢价水平作为补偿。若发债企业的客户不断更换，而债券投资者对发债企业公开披露的信息的解读具有一定滞后性（吴建华等，2014），会使得客户信息传递的路径受限，债券投资者难以通过现有客户的情况来推断供应商企业未来的经营业绩以及违约风险，增加债券投资者准确评估企业违约风险的难度，从而要求更高的风险溢价。其次，稳定的客户源为供应商企业的经营收入的来源提供更可靠的保障，企业为维护现有客户进行的专有资产投资的风险较低，可向债券市场传递企业经营业绩稳定的积极信号（Gosman et al.，2004），从侧面说明供应商企业产品有较稳定的市场，这意味着债券到期时有更充裕的资金来偿还债务，债务违约的可能性相对较低。再次，客户的稳定性较高也说明供应商企业与客户建立了相对稳定的关系，经过长期的合作，现有客户对企业的生产经营情况相对了解，更便于对供应商企业的生产经营发挥监督作用（Cen et al.，2015），使得发债企业与外部利益相关者之间的代理成本相对降低。综上分析，对于客户稳定性高的发债企业，债券投资者可能要求更低的债券信用利差作为风险补偿，使得公司债券的发行定价相对较低。综上所述，提出以下假设：

H5-1：在其他条件不变情况下，发债企业的客户稳定性越高，债券发行定价越低。

第三节 研究设计

一、样本选择、数据来源

本章以 2007—2019 年在上海交易所和深圳交易所发行的 9709 只公司债券作为初始样本。由于本研究需要发债企业披露的财务信息，剔除了非上市公司以及非沪深 A 股上市企业发行的公司债券样本；剔除了发债企业在公司债券发行前一年未披露客户信息的样本；由于非公开发行的公司债券的债券特征缺失较多，予以剔除；剔除了金融企业发行的公司债券，以及控制变量缺失的样本，获得观测值 450 个。由于客户的稳定性是依据公司债券发行前一年度的客户信息对比之前的客户信息获取，但是在公司债券发行前两年度的客户信息存在未披露的情形，因此最终的观测样本为 332 个。本章的数据来源：发行人披露的客户信息来自同花顺 iFind 金融数据库及中国研究数据库（CNRDS），公司债券发行信息以及公司债券特征来自同花顺 iFind 金融数据库，发行公司债券企业的财务特征信息来源于 CSMAR 数据库。

二、变量定义

（一）客户稳定性（STABLE_CUS）

本章参考 Li and Yang（2011）、王雄元和彭旋（2016）的方法来量化客户稳定性，计算方法为发债企业在债券发行前一年度的主要客户在再前一年度已经作为主要客户的占比，取值越大说明企业的客户稳定性越高。本章使用公司债券发行前一年度发债企业所披露的第一大客户与再前一年度的第一大客户是否相同（SAME_FIRST）作为自变量进行稳健性测试。

（二）公司债券发行定价（SPREAD）

与第三章的因变量的计算方法相同，参考 Gong et al.（2019）的做法，公司债券的信用利差定义为公司债券到期时的收益率与同等剩余期限国债的收益率之差。同时为降低公司债券信用利差之间的差异性可能对估计结果造成的影响，利用取对数之后的信用利差（LOGSPREAD）作为因变量进行稳健性测试。

以往研究表明，公司债券发行定价会受到债券自身特征的影响（Ge and Kim，2014；陈超等，2014），因此本章对公司债券层面的特征如债券发行期限（LOGMATURITY）、债券发行规模（LOGAMOUNT）、债券担保情况（SECURED）进行控制。企业内部和外部的治理也可能会影响公司债券的发行定价（Gong et al.，2019；林晚发等，2013；周宏等，2018），本章对公司治理层面的特征如股权集中度（TOPONE）、二职合一（DUAL）、董事会规模（BOARD）、分析师人数（ANALYST）以及审计质量（BIG10）进行控制。发债公司本身的特征也会影响公司债券的发行定价（Graham et al.，2008；Kim，2016；方红星等，2013），本章控制的公司层面的因素包括企业规模（SIZE）、资产负债率（LEV）、总资产收益率（ROA）、经营活动现金流量（OCF）、企业性质（SOE），其他特征包括市场化指数（MARKETINDEX）、信用评级（RATEDUM）、行业和年度虚拟变量。控制变量的具体说明详见表5-1。

表 5-1 主要变量及其相关说明

变量类型	变量名称	变量符号	变量描述
因变量	债券发行定价	SPREAD	公司债券发行时的票面利率与发行时间和剩余期限相同的国债收益率之差，即信用利差
自变量	客户稳定性	STABLE_CUS	发债企业在债券发行前一年度的主要客户在再前一年度已经作为主要客户占比
控制变量 — 债券特征	债券发行期限	LOGMATURITY	公司债券发行期限取对数（单位：月）
控制变量 — 债券特征	债券发行规模	LOGAMOUNT	公司债券发行金额取对数（单位：亿元）
控制变量 — 债券特征	债券担保状况	SECURED	公司债券发行是否存在担保，有担保为1，无担保则为0
控制变量 — 治理特征	股权集中度	TOPONE	公司第一大股东的持股比例
控制变量 — 治理特征	二职合一	DUAL	哑变量，如果董事长与总经理为同一人则为1，否则为0
控制变量 — 治理特征	董事会规模	BOARD	公司董事会的人数
控制变量 — 治理特征	分析师人数	ANALYST	跟踪公司分析师的人数
控制变量 — 治理特征	审计质量	BIG10	哑变量，如果企业被前十大会计师事务所审计取1，否则为0
控制变量 — 企业特征	企业规模	SIZE	公司年底资产的自然对数
控制变量 — 企业特征	资产负债率	LEV	负债总额/总资产
控制变量 — 企业特征	总资产收益率	ROA	净利润/总资产
控制变量 — 企业特征	经营活动现金流量	OCF	经营活动现金流量/主营业务收入
控制变量 — 企业特征	企业性质	SOE	哑变量，如果企业为央企国资控股则为1，否则为0
控制变量 — 其他	市场化指数	MARKETINDEX	公司所在省份的市场化指数
控制变量 — 其他	信用评级	RATEDUM	债券信用评级哑变量
控制变量 — 其他	行业	INDUSTRYDUM	行业哑变量，参考证监会上市公司行业分类指引（2012）
控制变量 — 其他	年度	YEARDUM	年度哑变量

三、模型构建

为验证本章提出的假设——发债企业的客户稳定性越高，公司债券的发行定价越低，将公司债券发行定价（SPREAD）作为被解释变量，客户稳定性（SATBLE_CUS）作为解释变量，并控制影响公司债券发行定价的一系列影响因素，最终构建模型（5.1）：

$$\begin{aligned}
SPREAD_{i,t} = & \eta_0 + \eta_1 STABLE\_CUS_{i,t-1} + \eta_2 LOGMATURITY_{i,t} + \\
& \eta_3 LOGAMOUNT_{i,t} + \eta_4 SECURED_{i,t} + \eta_5 TOPONE_{i,t-1} + \\
& \eta_6 DUAL_{i,t-1} + \eta_7 BOARD_{i,t-1} + \eta_9 BIG10_{i,t-1} + \eta_{11} LEV_{i,t-1} + \\
& \eta_{12} ROA_{i,t-1} + \eta_{13} OCF_{i,t-1} + \eta_{14} SOE_{i,t-1} + \\
& \eta_{15} MARKETINDEX_{i,t} + \sum RATE + \sum Industry + \\
& \sum Year + \rho_{i,t}
\end{aligned} \quad (5.1)$$

其中，下标 i 表示公司债券发行的企业，t 表示公司债券发行年度，模型采用普通最小二乘法回归。模型中的公司债券自身特征采用的是公司债券发行当年数据（t 期），因为公司债券发行当期的债券特征会影响债券发行时的信用利差；宏观环境的市场化指数采用 t 期的数据；而自变量以及其他控制变量采用 $t-1$ 期的数据，主要原因在于公司债券投资者基本依据企业发行公司债券之前的会计信息对企业的信用风险作出评估。所有的 t 值采用 Huber-White（1980）稳健调整以降低异方差的影响。本章对所有连续变量进行了1%和99%分位的 Winsorize 处理，以降低数据极端值对估计结果的影响。本章涉及的相关数据分析及实证检验均采用 Stata15 完成。如果客户稳定性（STABLE_CUS）系数显著为负，则说明公司债券发行企业的主要客户稳定性越高，会使得公司债券发行定价越低。

第四节 实证结果分析

一、描述性统计分析与相关性分析

变量的描述性统计结果见表5-2。客户稳定性（STABLE_CUS）最小值为0.000，最大值为1.000，说明发债企业的主要客户稳定性状况存在差异。在公司债券发行前一年度，有发债企业的主要客户与再前一年度所披露的主要客户是完全相同的，也有发债企业的主要客户与再前一年度所披露的主要客户是完全不同的，且均值为0.488，表明发债企业在债券发行前一年度所披露的主要客户在再前一年度已经作为其主要客户的比例为48.8%。此外，公司债券发行定价（SPREAD）的均值为2.515，标准差为1.177，与以往研究基本一致（林晚发等，2018；Gong et al.，2019）。

鉴于本章的因变量和控制变量与前文基本一致，在本部分未列示变量的Pearson相关性系数表，通过对变量进行Pearson相关系数检验得出，客户稳定性（STABLE_CUS）与公司债券发行定价（SPREAD）的相关性系数为−0.439，并且在1%的水平上显著，初步印证了本章的主假设，即发债企业的主要客户稳定性越高，会使得公司债券发行定价越低。此外，本章进一步利用方差膨胀因子（VIF）来检验变量之间的多重共线度，方差膨胀因子最大值8.9，小于10，表明模型的设定没有存在较严重的多重共线性问题。

表5−2　变量描述性统计

Variable	N	Mean	S.D.	Min	Q1	Median	Q3	Max
SPREAD	332	2.515	1.177	0.293	1.711	2.238	3.244	6.541
STABLE_CUS	332	0.488	0.306	0.000	0.200	0.500	0.800	1.000
MATURITY	332	59.310	21.530	12.000	36.000	60.000	60.000	180.000
LOGMATURITY	332	4.022	0.349	3.178	3.584	4.094	4.094	4.787
AMOUNT	332	12.50	15.35	0.0320	5.000	8.000	15.000	160.000
LOGAMOUNT	332	2.135	0.838	0.000	1.609	2.079	2.708	4.369
SECURED	332	0.310	0.463	0.000	0.000	0.000	1.000	1.000
TOPONE	332	0.426	0.168	0.100	0.301	0.411	0.529	0.863
DUAL	332	0.114	0.319	0.000	0.000	0.000	0.000	1.000
BOARD	332	9.404	1.839	6.000	9.000	9.000	11.000	15.000
ANALYST	332	2.026	1.040	0.000	1.386	2.197	2.773	3.689
BIG10	332	0.572	0.495	0.000	0.000	1.000	1.000	1.000
SIZE	332	23.700	1.594	20.770	22.500	23.540	24.690	28.500
LEV	332	0.569	0.160	0.132	0.459	0.587	0.682	0.862
ROA	332	0.038	0.029	0.001	0.018	0.030	0.053	0.149
OCF	332	0.115	0.219	−1.084	0.031	0.090	0.201	0.732
SOE	332	0.199	0.400	0.000	0.000	0.000	0.000	1.000
MARKETINDEX	332	7.725	1.859	2.870	6.260	8.040	9.350	9.950

注：表5−2各变量单位在表5−1中已说明。

二、主假设的回归结果分析

表 5-3 呈现的是利用模型（5.1）控制了影响公司债券发行定价的相关因素之后，发债企业的客户稳定性对公司债券发行定价影响的回归结果。在第（1）列中，因变量为公司债券发行定价（SPREAD），仅控制了债券特征、治理层面特征、企业层面特征等控制变量，可以看出控制变量中债券发行期限（LOGMATURITY）、债券担保情况（SECURED）、董事会规模（BOARD）、审计质量（BIG10）、总资产收益率（ROA）以及企业产权性质（SOE）都会对公司债券发行定价（SPREAD）产生显著影响，说明模型设定中控制变量的选取是合理的。在第（2）列中，自变量客户稳定性（STABLE_CUS）的系数为-0.596，在1%的水平上与公司债券发行定价（SPREAD）显著负相关（$t=-2.66$），说明发债企业的客户稳定性越高，越能显著降低公司债券发行定价水平，与预期相符。并且 STABLE_CUS 对 SPREAD 的影响是具有经济显著性的，STABLE_CUS 增加一单位的标准差，使得 SPREAD 下降 0.0725（$-0.0725=-0.596\times0.306/2.515$）。此外，$\Delta R^2$ 反映出逐级回归的解释力度在显著增加，表明客户稳定性对公司债券发行定价具有解释力。上述回归结果说明，客户稳定性高会向债券投资者传递企业生产经营相关的积极信号，投资者识别客户这一特征后，会认为客户稳定性高的企业，在公司债券存续期间发生违约的可能性更低，对于这类企业发行的公司债券可能会要求相对低的风险溢价作为补偿，发债企业拥有的客户稳定性高，可降低公司债券的发行定价，验证了本章的主假设。

表 5-3　客户稳定性与公司债券发行定价

变量	因变量：SPREAD			
	(1)		(2)	
	系数	t 值	系数	t 值
STABLE_CUS			-0.596***	-2.66
LOGMATURITY	-0.548***	-3.67	-0.534***	-3.64
LOGAMOUNT	-0.116	-1.25	-0.126	-1.40
SECURED	0.327**	2.06	0.274*	1.81
TOPONE	-0.776	-1.62	-0.728	-1.58
DUAL	0.401	1.62	0.385	1.54

续表

变量	因变量：SPREAD			
	(1)		(2)	
	系数	t 值	系数	t 值
BOARD	−0.071*	−1.67	−0.064	−1.54
ANALYST	0.056	0.68	0.048	0.58
BIG10	−0.458***	−3.16	−0.436***	−3.06
SIZE	0.163	1.65	0.191**	1.99
LEV	−0.319	−0.60	−0.546	−0.98
ROA	−3.992*	−1.80	−3.848*	−1.66
OCF	−0.293	−0.78	−0.213	−0.56
SOE	−0.442***	−2.84	−0.426***	−2.75
MARKETINDEX	−0.051	−1.26	−0.049	−1.22
CONSTANT	4.575**	2.44	4.045**	2.15
RATEDUM	控制		控制	
INDUSTRYDUM	控制		控制	
YEARDUM	控制		控制	
Adjusted R^2	0.539		0.554	
观测值	332		332	
ΔR^2				10.24***

注：所有报告的 t 值都经过 Huber−White（1980）稳健调整，***、**、* 分别代表在 1%、5%、10%水平上显著。

三、稳健性检验

（一）替换主要研究变量

为了检验主假设回归结果的稳健性，本部分选择可替代的变量对主要测试变量进行替换，再次运用模型（5.1）进行回归。之前主效应中的自变量客户稳定性（STABLE_CUS）定义为公司债券发行前一年度发债企业所披露的主要客户在再前一年度已经作为主要客户的比例，本小节将客户稳定性重新定义为哑变量（SAME_FIRST）：如果公司债券发行前一年披露的第一大客户为再前一年度所披露的第一大客户,则为 1,否则为 0。取值为 1 说明第一大客户未发生改变,大客户认可发债企业,且客户关系的稳定性高。此外,之前检验中使用的因变量为公司债券发行定价($SPREAD$),即公司债券到期时的收益率与同等剩余期限国债的收益率之差,而本小节参照 Gong et al.(2016)的方法,将公司债券发行定价定义为公司债券到期时的收益率与同等剩余期限国债的收益率做差后再取对数,即公司债券发行定价的对数 $LOGSPREAD$。表 5-4 中第(1)列列示的是将自变量替换为 $SAME\_FIRST$ 后进行回归的结果,$SAME\_FIRST$ 的系数为 -0.289,在 5% 的水平上与公司债券信用利差($SPREAD$)显著负相关($t=-2.58$)。第(2)列是将因变量替换为 $LOGSPREAD$ 后得到的回归结果,自变量 $STABLE\_CUS$ 仍然与 $LOGSPREAD$ 呈显著负相关关系($t=-2.37$)。上述结果表明,在替换了主要研究变量的度量方式后,回归结果仍然保持不变,说明投资者对于主要客户稳定性高的企业所发行的公司债券会要求更低的风险溢价,即主要客户的稳定性越高,公司债券的发行定价越低。

表 5-4 替换主要研究变量后的回归结果

变量	因变量:$SPREAD$ (1) 系数	t 值	因变量:$LOGSPREAD$ (2) 系数	t 值
$SAME\_FIRST$	-0.289**	-2.58		
$STABLE\_CUS$			-0.142**	-2.37
$LOGMATURITY$	-0.535***	-3.74	-0.146***	-3.52
$LOGAMOUNT$	-0.081	-0.94	-0.033	-1.32
$SECURED$	0.264*	1.73	0.073*	1.82
$TOPONE$	-0.726	-1.54	-0.160	-1.23
$DUAL$	0.364	1.51	0.101	1.60
$BOARD$	-0.076*	-1.80	-0.018	-1.54
$ANALYST$	0.049	0.59	0.022	1.00
$BIG10$	-0.450***	-3.10	-0.117***	-3.07
$SIZE$	0.140	1.47	0.024	0.84
LEV	-0.333	-0.60	-0.015	-0.10
ROA	-3.912*	-1.71	-1.179*	-1.83

续表

变量	因变量：SPREAD (1)		因变量：LOGSPREAD (2)	
	系数	t 值	系数	t 值
OCF	-0.284	-0.75	-0.046	-0.52
SOE	-0.458***	-2.95	-0.123***	-2.70
MARKETINDEX	-0.045	-1.11	-0.017	-1.62
CONSTANT	5.112***	2.76	2.120***	3.85
RATEDUM	控制		控制	
INDUSTRYDUM	控制		控制	
YEARDUM	控制		控制	
Adjusted R^2	0.550		0.598	
观测值	332		332	

注：所有报告的 t 值都经过 Huber－White（1980）稳健调整，***、**、* 分别代表在 1％、5％、10％水平上显著。

（二）对同年度发行多只公司债券的信用利差进行加权处理

在本章之前部分的实证分析中，对于一个发债主体在同一年度发行的多只公司债券，将各公司债券视为单一不同的观测值，使同年发行的多只公司债券对应的控制变量取值是一致的，可能导致控制变量的截面相关性较高。本小节参照以往学者的研究，对同年度发行多只公司债券的以发债规模进行加权平均处理，一定程度上缓解了控制变量的截面相关性过高的问题（Ge and Kim, 2014）。这样的处理方法虽然能更好地体现相关控制变量对公司债券信用利差的影响，但会使得总样本量锐减，损失掉公司债券特征对公司债券发行定价影响的观测，所以在主回归中并未采用此方法。在对因变量债券信用利差进行加权平均处理后，表 5-5 第（1）列中，客户稳定性（STABLE_CUS）作为自变量，其系数为 -0.587，并在 1％水平上与 SPREAD 显著负相关。表 5-5 第（2）列中，第一大客户稳定性（SAME_FIRST）作为自变量，其系数为 -0.277，并在 5％的水平上与 SPREAD 呈显著负相关，验证了主假设结果的可靠性。

表5-5 同一企业同一年度发行多只公司债券的处理

变量	因变量：SPREAD			
	(1)		(2)	
	系数	t值	系数	t值
STABLE_CUS	−0.587***	−2.70		
SAME_FIRST			−0.277**	−2.35
LOGMATURITY	−0.559***	−2.79	−0.523***	−2.65
LOGAMOUNT	−0.059	−0.63	−0.037	−0.40
SECURED	0.364**	2.41	0.357**	2.30
TOPONE	−0.788*	−1.71	−0.760	−1.63
DUAL	0.331	1.28	0.313	1.24
BOARD	−0.039	−0.96	−0.049	−1.20
ANALYST	0.079	1.00	0.067	0.85
BIG10	−0.471***	−3.25	−0.467***	−3.13
SIZE	0.127	1.06	0.105	0.88
LEV	−0.308	−0.52	−0.250	−0.42
ROA	−4.062*	−1.71	−3.961*	−1.69
OCF	−0.170	−0.40	−0.245	−0.58
SOE	−0.300**	−1.98	−0.313**	−2.09
MARKETINDEX	−0.041	−1.01	−0.036	−0.86
CONSTANT	4.687*	1.74	4.803*	1.79
RATEDUM	控制		控制	
INDUSTRYDUM	控制		控制	
YEARDUM	控制		控制	
Adjusted R^2	0.500		0.495	
观测值	256		256	

注：所有报告的t值都经过Huber-White（1980）稳健调整，***、**、*分别代表在1%、5%、10%水平上显著。

（三）考虑变量的相关性系数过高及信用评级的重新度量

在进行变量间Pearson相关性系数检验时，发现公司债券发行规模（LOGAMOUNT）与公司规模（SIZE）的相关性系数为0.661，为缓解变量间相关性系数过高可能产生的多重共线性问题,本部分在回归模型中不控制企业规模($SIZE$)后重新进行回归。表5—6第(1)列列示了该结果,在不控制企业规模后,自变量客户稳定性($STABLE\_CUS$)与公司债券发行定价($SPREAD$)仍然在5%的水平上呈显著负相关关系。此外,在主回归中利用的是一系列哑变量$RATE\_DUM$来控制公司债券信用评级对公司债券发行定价的影响,在本部分将使用重新定义的公司债券信用评级($RATE\_PJ$),即将公司债券信用评级AA−、AA、AA+、AAA分别赋值为1、2、3、4。表5—6第(2)列呈现了该结果,将公司债券信用评级的变量替换后,客户稳定性($STABLE\_CUS$)与公司债券发行定价($SPREAD$)在5%的水平上呈显著负相关关系。以上结果再次说明较高发债企业客户的稳定性会降低公司债券发行定价。

表5—6 考虑变量的相关性系数过高及信用评级重新度量后的回归结果

变量	因变量:$SPREAD$			
	(1)		(2)	
	系数	t值	系数	t值
$STABLE\_CUS$	−0.548**	−2.52	−0.565**	−2.51
$LOGMATURITY$	−0.523***	−3.43	−0.552***	−3.76
$LOGAMOUNT$	−0.022	−0.26	−0.133	−1.47
$SECURED$	0.210	1.34	0.272*	1.75
$TOPONE$	−0.482	−1.09	−0.755*	−1.66
$DUAL$	0.377	1.46	0.398*	1.66
$BOARD$	−0.058	−1.39	−0.077*	−1.86
$ANALYST$	0.100	1.33	0.044	0.54
$BIG10$	−0.394***	−2.88	−0.448***	−3.06
$SIZE$			0.207**	2.10
LEV	−0.151	−0.30	−0.559	−0.98
ROA	−4.730**	−2.06	−3.790	−1.63
OCF	−0.179	−0.47	−0.320	−0.81
SOE	−0.352**	−2.37	−0.411***	−2.64
$MARKETINDEX$	−0.047	−1.17	−0.046	−1.18

续表

变量	因变量：SPREAD			
	(1)		(2)	
	系数	t 值	系数	t 值
RATE_PJ			−0.713***	−6.27
CONSTANT	7.680***	9.07	5.393***	2.89
RATEDUM	控制			
INDUSTRYDUM	控制		控制	
YEARDUM	控制		控制	
Adjusted R^2	0.547		0.550	
观测值	332		332	

注：所有报告的 t 值都经过 Huber－White（1980）稳健调整，***、**、* 分别代表在 1％、5％、10％水平上显著。

（四）考虑客户集中度的影响

以往学者发现客户集中度会影响债权人对企业的信用风险评估（李欢等，2018），本部分探究在控制了客户集中度对因变量公司债券发行定价的影响后，客户稳定性对公司债券发行定价的影响是否依然存在。将客户集中度定义为前五大客户的销售收入占比。表 5－7 呈现的是在加入客户集中度（CONCENTRATION）后客户稳定性对公司债券发行定价影响的回归结果，可以看出，STABLE_CUS 的系数仍然在 1％的水平上显著为负（$t=-2.85$），客户集中度（CONCENTRATION）与公司债券发行定价（SPREAD）呈显著正相关关系，与以往学者的研究结论相似（Campello and Gao，2017；王雄元和高开娟，2017），说明在控制了客户集中度的影响后，客户稳定性与公司债券发行定价的负向关系依然存在，再次验证了主效应结果是稳健的。

表5-7 控制客户集中度后的回归结果

变量	因变量：SPREAD	
	系数	t 值
STABLE_CUS	−0.627***	−2.85
LOGMATURITY	−0.490***	−3.31
LOGAMOUNT	−0.131	−1.42
SECURED	0.258*	1.66
TOPONE	−0.744	−1.61
DUAL	0.397	1.58
BOARD	−0.055	−1.41
ANALYST	0.048	0.58
BIG10	−0.368**	−2.55
SIZE	0.199**	2.18
LEV	−0.670	−1.27
ROA	−3.775	−1.65
OCF	−0.318	−0.90
SOE	−0.455***	−2.94
MARKETINDEX	−0.040	−1.03
CONCENTRATION	0.551*	1.87
CONSTANT	3.457*	1.85
RATEDUM	YES	
INDUSTRYDUM	YES	
YEARDUM	YES	
Adjusted R^2	0.561	
观测值	332	

注：所有报告的 t 值都经过 Huber-White（1980）稳健调整，***、**、* 分别代表在1%、5%、10%水平上显著。

四、内生性问题处理

(一) 倾向性得分匹配法 (PSM)

为了识别发债企业客户稳定性与公司债券发行定价的因果关系,缓解可观测变量的偏差,本章根据 Dhaliwal et al. (2016) 用到的倾向性得分匹配法来解决这一内生性问题。具体方法如下:①构造处理指示变量 (Treatment variable)。采用第一大客户的稳定性 ($SAME\_FIRST$) 作为处理指示变量来构造倾向性得分的匹配样本。如果公司债券发行前一年度披露的第一大客户为再前一年度所披露的第一大客户,则为 1 (处理组),否则为 0 (对照组)。采用 Logit 模型对模型 (5.1) 中的控制变量进行回归计算倾向性得分值,即公司债券发行前一年披露的第一大客户与再前一年度披露的第一大客户是否相同的概率值。②根据倾向性得分值以 1∶1 不放回匹配的方法。设定匹配半径为 0.01,对处理组和对照组进行匹配,最终得到 63 个处理组观测值以及 63 个对照组观测值。表 5-8 的 Panel A 列示了匹配前后的结果。从第 (1) 列可以看出,在匹配前存在一些企业层面的因素会影响客户稳定性 ($SAME\_FIRST$),但是匹配后的第 (2) 列表明,所有控制变量均不显著,且 $Pseudo\ R^2$ 由 0.140 降低至 0.073,表明匹配效果较好。表 5-8 的 Panel B 呈现的是处理组 ($SAME\_FIRST=1$) 与对照组 ($SAME\_FIRST=0$) 倾向性得分值的差异性检验,表明未存在显著差异。Panel C 显示的是匹配后单变量的差异性检验,可得知除了公司债券发行定价 ($SPREAD$) 在对照组 ($SAME\_FIRST=0$) 和处理组 ($SAME\_FIRST=1$) 存在显著差异外,对照组的公司债券信用利差均值要显著高于处理组 ($t=2.59$),其他控制变量均无显著差异,说明客户稳定性高的企业,其公司债券发行定价要相对低于客户稳定性低的企业。Panel D 是匹配后对主效应进行重新检验的结果,第 (1) 列只控制了治理层面以及公司层面的相关变量,在第 (2) 列中加入了模型 (5.1) 中全部的控制变量,可以看出,两列中客户稳定性 ($SAME\_FIRST$) 均与公司债券发行定价 ($SPREAD$) 在 5% 的水平上呈显著负相关关系。上述结果说明企业拥有的主要客户稳定性高,有利于降低公司债券发行时的定价。

表 5-8 倾向性得分匹配法（PSM）

Panel A：匹配前回归与匹配后回归

变量	因变量：SAME_FIRST			
	(1) 匹配前		(2) 匹配后	
	系数	z 值	系数	z 值
TOPONE	0.574	0.51	1.716	1.02
DUAL	−0.634	−1.19	0.832	1.12
BOARD	−0.002	−0.03	0.116	0.84
ANALYST	−0.227	−1.09	0.280	0.82
BIG10	0.160	0.64	−0.062	−0.11
SIZE	0.549***	2.45	−0.302	−0.80
LEV	−3.316***	−2.25	1.110	0.48
ROA	−0.488	−0.07	10.523	1.03
OCF	0.268	0.33	−0.163	−0.13
SOE	−0.107	−0.23	0.216	0.32
MARKETINDEX	0.108	1.06	−0.081	−0.48
CONSTANT	−11.695***	−2.39	4.338	0.56
INDUSTRYDUM	控制		控制	
YEARDUM	控制		控制	
Pseudo R^2	0.140		0.073	
观测值	332		126	

Panel B：倾向性得分值的差异性检验

	Mean	S.D.	Min	P25	Median	P75	Max
P_score for SAME_FIRST =0（Obs.=63）	0.475	0.162	0.161	0.366	0.436	0.576	0.897
P_score for SAME_FIRST =1（Obs.=63）	0.471	0.161	0.160	0.364	0.436	0.571	0.894
Difference	0.004	0.001	0.001	0.002	0.000	0.005	0.003

Panel C：匹配后的单变量差异性检验

变量	SAME_FIRST=0 (Obs.=63)	SAME_FIRST=1 (Obs.=63)	Difference	t-statistic
SPREAD	2.816	2.296	0.519	2.59***
TOPONE	0.385	0.383	0.002	0.09
DUAL	0.111	0.158	−0.047	−0.77
BOARD	9.111	9.269	−0.158	−0.54
ANALYST	1.969	2.099	−0.130	−0.68
BIG10	0.492	0.539	−0.047	−0.53
SIZE	23.269	23.287	−0.017	−0.07
LEV	0.559	0.547	0.011	0.38
ROA	0.037	0.042	−0.005	−0.95
OCF	0.103	0.111	−0.008	−0.21
SOE	0.126	0.126	0.000	0.00
MARKETINDEX	7.660	7.658	0.002	0.01

Panel D：匹配后的主效应检验

变量	因变量：SPREAD (1) 系数	t值	(2) 系数	t值
SAME_FIRST	−0.355**	−2.54	−0.252**	−2.02
LOGMATURITY			−0.454*	−1.66
LOGAMOUNT			−0.060	−0.50
SECURED			0.629***	3.16
TOPONE	−1.060	−1.56	−1.356*	−1.90
DUAL	0.020	0.09	0.005	0.02
BOARD	−0.060	−1.29	−0.048	−1.03
ANALYST	−0.020	−0.18	−0.034	−0.34
BIG10	−0.439*	−1.96	−0.518**	−2.47
SIZE	0.080	0.53	0.246	1.44
LEV	−0.947	−1.30	−1.212*	−1.68

续表

变量	因变量：SPREAD			
	(1)		(2)	
	系数	t 值	系数	t 值
ROA	−3.338	−0.88	−3.042	−0.86
OCF	−0.333	−0.57	−0.162	−0.31
SOE	−0.220	−1.03	−0.206	−1.06
MARKETINDEX	−0.077	−1.30	−0.112*	−1.98
CONSTANT	4.658	2.44	3.882	1.09
RATEDUM			控制	
INDUSTRYDUM	控制		控制	
YEARDUM	控制		控制	
Adjusted R^2	0.572		0.620	
观测值	126		126	

注：所有报告的 t 值都经过 Huber−White（1980）稳健调整，***、**、* 分别代表在 1％、5％、10％水平上显著。

（二）Heckman 两阶段解决样本选择偏差

不同企业的信息披露详尽程度有所不同，即企业披露客户信息是具有选择性的。本章在假定发债企业披露了客户信息的前提下，研究客户稳定性对公司债券发行定价的影响。因此本章采用 Heckman 两阶段法来解决企业的客户信息选择性披露所导致的样本选择性偏差问题。在第一阶段，以企业是否披露客户名称信息为因变量，影响企业客户名称信息披露的因素作为自变量，用 Logit 模型进行回归，将第一阶段估计出的逆米尔斯比率（IMR）带入第二阶段，观察在控制了样本选择性偏差后，客户稳定性是否还能显著影响公司债券的发行定价。第一阶段的模型与第三章模型（3.2）类似，为了简明起见，本部分未进行列示。表 5−9 展示了 Heckman 二阶段的回归结果，可以看出，在加入逆米尔斯比率（IMR）之后，自变量 STABLE_CUS 和 SAME_FIRST 均在 5％ 的水平上与公司债券发行定价（SPREAD）呈显著负相关关系，且 IMR 系数不显著，说明样本选择性偏差并不严重。上述结果依然说明企业拥有的主要客户稳定性高，会向债券投资者传递企业经营相关的积极信号，债券投资者会要求较低的风险溢价作为补偿，即主要客户的稳定性越高，公司债券发行定价越低。

表 5-9 运用 Heckman 两阶段法的回归结果

变量	第二阶段：因变量（SPREAD）			
	系数	t 值	系数	t 值
STABLE_CUS	−0.597**	−2.59		
SAME_FIRST			−0.261**	−2.22
LOGMATURITY	−0.527***	−3.37	−0.526***	−3.40
LOGAMOUNT	−0.082	−0.97	−0.051	−0.61
SECURED	0.270*	1.75	0.270*	1.73
TOPONE	−0.684	−1.50	−0.699	−1.50
DUAL	0.418	1.62	0.403	1.62
BOARD	−0.060	−1.44	−0.073*	−1.73
ANALYST	0.046	0.53	0.052	0.60
BIG10	−0.444***	−3.03	−0.456***	−3.05
SIZE	0.136	1.47	0.099	1.06
LEV	−0.490	−0.92	−0.301	−0.56
ROA	−3.706	−1.48	−3.871	−1.56
OCF	−0.300	−0.77	−0.348	−0.88
SOE	−0.429***	−2.60	−0.458***	−2.74
MARKETINDEX	−0.060	−1.42	−0.053	−1.24
IMR	0.105	0.82	0.074	0.52
CONSTANT	4.674**	2.31	5.270**	2.56
RATEDUM	控制		控制	
INDUSTRYDUM	控制		控制	
YEARDUM	控制		控制	
Adjusted R^2	0.554		0.547	
观察值	332		332	

注：所有报告的 t 值都经过 Huber−White（1980）稳健调整，***、**、* 分别代表在 1%、5%、10%水平上显著。

五、在不同条件下客户稳定性对公司债券发行定价的影响

(一) 经济政策不确定性的调节作用分析

之前的结果表明,发债企业的主要客户稳定性高,相互熟悉的双方可增加信息沟通的效率,稳定的客户源给企业带来的收益稳定性更高,因而可向公司债券市场传递积极信号,债券投资者会要求相对较低的风险溢价水平,使得公司债券发行定价降低。国家的宏观经济政策会对微观企业产生影响(Gulen and Ion,2016),也会影响到企业的贷款成本(宋全云等,2019)。本部分主要探讨发债企业客户稳定性与公司债券发行定价是否会受到宏观经济政策不确定性的影响。经济政策不确定性是指国家宏观经济政策变动的频繁程度,如果国家宏观经济政策变化较频繁,意味着经济政策不确定性较高,会导致企业经营的不确定性增加,具体体现为未来现金流量的波动可能会较大(饶品贵和徐子慧,2017)、企业产品的成本波动也会较大(黄晓红,2020)等。在经济政策不确定性高的情况下,企业经营通常会面临较大的市场风险,若企业的主要客户稳定性高,对企业的经营收益的保障作用可能体现得更明显。因此,在经济政策不确定性较高时,债券投资者更能识别出发债企业拥有稳定的大客户对企业经营业绩产生的积极作用,进而会要求低的风险溢价作为补偿。反之,当经济政策不确定性较低时,企业整体的经营不确定性也会降低,客户稳定性向公司债券投资者传递的信号会被弱化。基于此,本章采用 Baker et al. (2016) 编制的"中国经济政策不确定性指数"[①],以公司债券发行所在月份的经济政策不确定性指数(EPU)为分组依据,若公司债券发行所在月份的经济政策不确定性指数大于样本中位数,则为 1 (经济政策不确定性高组),反之为 0 (经济政策不确定性低组)。表 5-10 为区分不同时间状况下的经济政策不确定性的分组回归结果。第(1)列为经济政策不确定性较高组(EPU=1),第(2)列为经济政策不确定性低组(EPU=0)。上述回归结果表明,客户稳定性(STABLE_CUS)在经济政策不确定性高的子样本中与公司债券发行定价(SPREAD)在 5% 的水平上呈显著负相关关系($t=-2.19$)。而客户稳定性(STABLE_CUS)在经济政策不确定性低的子样本中不显著,说明在经济政策不确定性高的时期,公司债券投资者会担心发债企业经营面临的不确定性以及整个市场的风险,因此会更加关注发债企业主要客户稳定性情况,对于

---

① 参见 http://www.policyuncertainty.com/china_epu.html。

客户稳定性高的公司债券发行企业，公司债券投资者会要求更低的风险溢价作为补偿，使得公司债券的发行定价相对较低。另外，对两组子样本的回归结果进行自变量的差异性系数检验，发现第（1）列和第（2）列的自变量系数存在显著性差异，说明在经济政策不确定较高时，债券投资者更能识别出稳定的大客户对企业经营业绩的保障作用，进而要求相对低的风险溢价水平。

表 5-10 考虑经济政策不确定性情况下的分组回归结果

变量	因变量：SPREAD			
	（1）EPU=1		（2）EPU=0	
	系数	t 值	系数	t 值
STABLE_CUS	−0.920**	−2.19	−0.259	−0.87
LOGMATURITY	−0.839***	−2.81	−0.334*	−1.88
LOGAMOUNT	−0.154	−1.06	−0.012	−0.10
SECURED	0.357	1.38	0.343*	1.91
TOPONE	−1.244	−1.52	0.129	0.23
DUAL	0.593	1.25	0.253	0.94
BOARD	−0.102	−1.56	−0.026	−0.59
ANALYST	0.070	0.53	0.015	0.14
BIG10	−0.469	−1.59	−0.150	−1.02
SIZE	0.338**	2.11	−0.076	−0.66
LEV	−1.063	−1.02	0.327	0.57
ROA	−6.156	−1.36	−2.240	−0.64
OCF	−0.101	−0.14	−0.405	−0.95
SOE	−0.233	−0.97	−0.267	−1.46
MARKETINDEX	−0.030	−0.51	−0.055	−1.24
CONSTANT	3.490	1.00	7.607***	3.35
RATEDUM	控制		控制	
INDUSTRYDUM	控制		控制	
YEARDUM	控制		控制	

续表

变量	因变量：SPREAD			
	(1) EPU=1		(2) EPU=0	
	系数	t 值	系数	t 值
Adjusted R^2	0.580		0.563	
观测值	165		167	
TestSTABLE _ CUS (1) =STABLE _ CUS (2) chi2 (1) = 2.88；Prob>chi2=0.0896				

注：所有报告的 t 值都经过 Huber－White (1980) 稳健调整，***、**、* 分别代表在 1％、5％、10％水平上显著。

（二）企业与监管机构距离的调节作用分析

本部分主要探究公司债券发行企业与监管机构之间的距离远近是否会对发债企业客户稳定性与公司债券发行定价之间的关系产生影响。企业与监管机构之间的距离会对企业经营行为以及财务信息披露行为产生多方面的影响。以往文献表明，监管机构与企业之间的距离远近会影响监管成本，如果监管机构与企业之间距离近，监管机构会更容易获取企业相关信息，降低监管的难度和成本，近距离的监管距离对企业有更强的约束力度（田利辉和王可第，2019）。当企业与监管机构较近时，通常会促使企业财务行为的合规性提高（Kedia and Rajgopal，2011），因为与监管机构地理邻近，一旦财务违规被监管机构查处的风险较高。企业因违规受到监管机构的处罚会导致其声誉受损、客户流失等（邓英雯和张敏，2019）。因此与监管机构地理邻近会使得企业主动提高自身会计信息披露的合规性，降低监管处罚的风险（姚圣等，2016）。如果发债企业与监管机构距离邻近，会促使企业信息披露的合规性更高，进而使得公司债券投资者与企业之间的信息不对称程度以及代理成本降低。反之，如果发债企业与监管机构距离较远，投资者可能更关注企业公开披露的信息，尤其会关注发债企业是否有稳定的经济业绩来保障其债券到期时有足够的资金来偿还债务。基于此，当发债企业与监管机构距离较远时，公司债券投资者可能更能识别主要客户稳定性所传递的企业经营业绩相关的积极信号，对公司债券要求较低的风险溢价作为补偿。本小节将对企业与监管机构之间的距离定义为（DIS），计算方式如下：获取公司的办公地址与中国证监会以及公司所在交易所的经纬度之后计算公司与监管机构之间的最小距离。以企业与监管机构之间地理距离作为分组依据，如果发债企业与监管机构之间距离大于样本中位数则取值为1，否则取值为0。表5—11列示了企业与监管机构距离的分组回归结果，可以看出在企业与监管机构距离较远时（$DIS=1$），客户稳定性（$STABLE\_CUS$）与公司债券发行定价（$SPREAD$）在1%的水平上呈显著负相关关系（$t=-3.06$），说明当企业与监管机构距离较远时，债券投资者可能更重视发债企业客户稳定性这一信息，对于主要客户稳定性高的发债企业，债券投资者会要求相对低的信用利差作为风险补偿，因而企业与监管机构距离较远时，客户稳定性与公司债券发行定价的负相关关系更显著。

表5—11 考虑企业与监管机构距离远近的分组回归结果

变量	因变量：$SPREAD$			
	(1) $DIS=1$		(2) $DIS=0$	
	系数	t值	系数	t值
$STABLE\_CUS$	−0.850***	−3.06	0.150	0.42
$LOGMATURITY$	−0.845***	−4.38	−0.288	−1.05
$LOGAMOUNT$	−0.258**	−2.04	−0.044	−0.35
$SECURED$	0.195	1.05	0.151	0.64
$TOPONE$	−0.636	−1.01	0.577	0.83
$DUAL$	0.410	1.61	0.642*	1.90
$BOARD$	−0.031	−0.91	0.024	0.46
$ANALYST$	0.091	0.95	0.221	1.57
$BIG10$	−0.447***	−3.06	−0.816***	−2.76
$SIZE$	0.550***	3.55	−0.218	−1.49
LEV	−1.849**	−2.41	0.339	0.38
ROA	−6.711**	−2.05	−8.879**	−2.27
OCF	−0.934***	−3.04	0.824	1.30
SOE	−0.640***	−3.32	−0.228	−1.00
$MARKETINDEX$	0.049	1.05	0.109	0.80
$CONSTANT$	−2.577	−0.82	9.256***	2.67
$RATEDUM$	控制		控制	
$INDUSTRYDUM$	控制		控制	
$YEARDUM$	控制		控制	

续表

变量	因变量：SPREAD			
	(1) $DIS=1$		(2) $DIS=0$	
	系数	t 值	系数	t 值
Adjusted R^2	0.643		0.625	
观测值	166		166	
Test STABLE_CUS (1) = STABLE_CUS (2) chi2 (1) = 8.81; Prob>chi2=0.0030				

注：所有报告的 t 值都经过 Huber-White（1980）稳健调整，***、**、* 分别代表在 1%、5%、10%水平上显著。

六、机制检验

前面部分的分析发现，客户的稳定性越高，会降低债券投资者对公司债券的风险溢价要求，使得公司债券发行定价越低。本部分将进一步研究客户的稳定性是否会对企业的生产经营产生直接影响，进而向投资者传递企业经营业绩的相关信号，影响投资者对企业信用风险的评估。如果发债企业的主要客户稳定性高，会增加企业与客户未来继续合作的可能，企业未来经营业绩的稳定性可能会更高。本章将对这一机制进行检验，利用企业资产收益率的波动（ROA_FLU）来反映企业经营业绩的稳定程度，计算方式为公司债券发行当年及未来两年共计三个年度的企业资产收益率（ROA）的标准差①。

如果企业资产收益率的波动率越低，企业的经营业绩越稳定，说明较高的客户稳定性会对企业经营业绩带来更多的保障。为此，以企业资产收益波动率（ROA_VOL）作为因变量，客户稳定性（STABLE_CUS）作为自变量，控制企业层面影响企业资产收益波动率相关因素，采用OLS方法进行回归分析。表5-12呈现了客户稳定性对发债企业未来资产收益波动率的影响，发现STABLE_CUS在10%的水平上与ROA_VOL呈显著负相关关系，说明发债企业的客户稳定性越高，越能降低企业经营业绩的不确定性，所以发债企业主要客户稳定性高可向投资者传递企业经营业绩的积极信号，进而影响投资者对企业信用风险的评估。

---

① 样本量比主回归的样本少30个的原因在于：主回归的样本中2019年度发行的公司债券无法获取未来两年（2020年和2021年）的资产收益率（ROA）的数据，因此予以剔除。ROA存在两个年度即可计算标准差。

表 5-12　机制分析的回归结果

变量	因变量：ROA_FLU	
	系数	t 值
STABLE_CUS	-0.010*	-1.80
TOPONE	-0.001	-0.07
DUAL	-0.008	-1.02
BOARD	-0.000	-0.08
ANALYST	-0.004	-1.49
BIG10	-0.008	-1.39
SIZE	-0.003*	-1.67
LEV	0.031	1.54
ROA	0.263**	2.22
OCF	-0.017**	-2.04
SOE	-0.007	-1.01
MARKETINDEX	-0.001	-0.71
CONSTANT	0.099**	2.11
INDUSTRYDUM	控制	
YEARDUM	控制	
Adjusted R^2	0.206	
观测值	302	

注：所有报告的 t 值都经过 Huber-White（，1980）稳健调整，***、**、* 分别代表在 1%、5%、10%水平上显著。

七、进一步研究：客户稳定性对公司债券信用评级的影响

公司债券发行前需要第三方信用评级机构对公司债券的信用风险进行评级，而发债主体的经营业绩持续性也是评级机构在评估公司债券信用风险时的重要关注点之一（Adams et al.，2003），因为这会直接影响公司债券到期时企业是否有充裕的资金来偿还债务。在前面部分，我们发现发债企业的客户稳定性会影响公司债券投资者对企业的信用风险评估，进而影响公司债券的发行定价。本部分则探讨信用评级机构是否能识别企业客户稳定性对企业生产经营带来的影响，进而影响信用评级机构对公司债券的信用评级。为此，将本章出

现的公司债券的信用评级分为 AA−、AA、AA+、AAA 四个等级，分别赋值为 1、2、3、4，公司债券信用评级越高，数值越大，公司债券的信用风险越低。将公司债券信用评级（RATE_PJ）作为因变量，客户稳定性（STABLE_CUS）作为自变量，并控制了影响公司债券信用评级的相关因素，采用 Ologit 模型来检验客户稳定性对公司债券信用评级的影响。从表 5-13 的结果可以看出，客户稳定性（STABLE_CUS）在 5% 的水平上与公司债券信用评级呈显著正相关关系（$t=2.09$），说明信用评级机构会识别出发债企业主要客户稳定性对企业生产经营的影响。发债企业的主要客户稳定性高，一定程度上可为企业的经营业绩带来更好的保障，降低公司债券到期时的违约风险，评级机构会对这类企业给予更高的信用评级。

表 5-13　客户稳定性对公司债券信用评级的影响的回归结果

变量	因变量：RATE_PJ 系数	t 值
STABLE_CUS	1.086**	2.09
LOGMATURITY	−0.090	−0.20
LOGAMOUNT	0.485*	1.83
SECURED	2.078***	5.16
TOPONE	2.169**	2.07
DUAL	−0.412	−0.89
BOARD	0.008	0.06
ANALYST	0.315*	1.65
BIG10	0.367	1.06
SIZE	0.719**	2.08
LEV	−2.664*	−1.71
ROA	−1.167	−0.20
OCF	0.857	0.93
SOE	1.943***	4.96
MARKETINDEX	0.188**	2.27
INDUSTRYDUM	控制	
YEARDUM	控制	

续表

变量	因变量：RATE_PJ	
	系数	t 值
Adjusted R^2	0.402	
观测值	332	

注：所有报告的 t 值都经过 Huber–White（1980）稳健调整，***、**、*分别代表在 1％、5％、10％水平上显著。

第五节 本章小结

本章以 2007—2019 年沪深两市公开发行的公司债券为研究样本，探究了发债企业客户稳定性对公司债券发行定价的影响。研究发现，债券投资者会识别发债企业主要客户的稳定性对企业生产经营产生的影响。从信息成本角度来讲，相互熟悉的买卖双方的沟通效率可能更高，高的客户稳定性能有效降低买卖双方企业的交易成本。从收益来源的稳定性来讲，高的客户稳定性可为供应商企业的经营收益提供更多保障，为企业在债务到期时偿还债务提供一定的资金保障。研究结果表明，公司债券投资者能识别出客户稳定性高传递的与企业经营业绩相关的积极信号，即公司债券发行企业的主要客户稳定性较高时，债券投资者会要求更低的风险溢价作为补偿，进而使得公司债券发行定价较低。在稳健性检验中，替换了主要研究变量的度量方式后研究结果未发生改变。本章还运用多种方法来解决可能存在的内生性问题，如针对可观测变量的偏差问题采用了倾向性得分匹配法（PSM），采用 Heckman 两阶段法来解决客户名称信息披露选择性偏差问题。在分组检验中发现，客户稳定性与公司债券发行定价的负相关关系会受到经济政策不确定性的影响，当公司债券发行时的经济政策不确定性较高时，公司债券投资者会更重视发债企业的客户稳定性对企业生产经营的影响，进而使得客户稳定性与公司债券发行定价的负相关关系在经济政策不确定性高时更为明显。此外，发债企业与监管机构之间的地理距离也会对企业的客户稳定性与公司债券发行定价的关系产生影响，当企业与监管机构距离较近时，公司的财务信息披露规范性较高，可降低投资者与发债企业的信息不对称程度；而当企业与监管机构距离较远时，投资者会更关注企业公开披露的反映企业经营业绩以及偿债能力的信息，以此来评估企业的信用风险。

因此，当企业与监管机构距离较远时，公司债券投资者可能更能识别主要客户稳定性所传递的企业经营业绩相关的积极信号，对公司债券要求较低的风险溢价作为补偿，客户稳定性对公司债券发行定价的降低作用体现得更明显。在机制分析中发现，企业在公司债券发行时的主要客户稳定性高，会为企业的经营业绩带来更多的保障，降低企业经营业绩的波动率。在进一步研究中发现，信用评级机构也能识别出发债企业的主要客户稳定性给企业经营业绩带来的影响，评级机构会对客户稳定性高的发债企业给予更高的信用评级。

本章的研究具有一定的理论意义。本研究丰富了供应链相关研究，除了客户集中度会对企业生产经营各方面产生影响外，企业与主要客户经济合作的稳定性也是衡量供应链关系紧密度的一项重要特征。企业的主要客户稳定与否，会影响企业销售收入的稳定性，而且客户稳定性这一信息同样具有"溢出效应"，公司债券投资者会识别客户稳定性传递的企业生产经营相关的信号，进而对发债企业的信用风险做出评估。

本研究也具有一定实际意义。研究发现公司债券投资者在对发债企业的信用风险进行评估时，客户稳定性也是其考虑的重要因素之一。投资者会识别发债企业的客户稳定性对企业生产经营的影响，进而要求相应的风险溢价。这说明客户稳定性这一特征会影响企业发行公司债券所付出的成本。企业都希望以更低的成本来获取债务资金，因而在日常生产经营中要重视对客户关系的维护，要及时与大客户进行沟通，了解客户对产品的购买需求，在保障产品质量的同时也应做好相应的售后服务。企业通过维持主要客户的稳定性进而向资本市场传递企业生产经营相关的积极信号，将有利于降低投资者对公司债券的风险溢价要求，实现公司融资成本的下降。

第六章 研究结论与政策建议

第一节 研究主要结论

在市场竞争日益激烈的今天，客户作为企业重要的利益相关主体，已然成了企业是否能健康持续经营发展以及在市场竞争中立于不败之地的重要因素之一。由于供应链成员之间具有紧密的经济联系，下游客户可能会向投资者传递企业生产经营相关的信号，进而影响投资者对企业的信用风险的评估。因此，本研究基于供应链信息传递的视角，以2007—2019年我国公司债券市场上公开发行的公司债券为样本，将企业客户特征细分为客户资质、客户的地理分布以及客户的稳定性，研究发债企业主要客户的特征是否会向公司债券投资者传递与企业生产经营相关的信号，公司债券投资者是否能感知到发债企业主要客户的这些具体特征，进而影响公司债券发行定价。本研究结论总结如下：

公司债券投资者可以识别发债企业不同资质的主要客户给企业生产经营带来的影响，如果发债企业拥有高资质的大客户（客户为上市类公司、政府类客户），其购买需求与能力相对较高，对企业经营业绩的保障程度更高，公司债券投资者会要求较低的信用利差作为补偿。实证结果表明，客户资质与公司债券发行定价呈显著负相关关系，说明不同的主要客户资质向资本市场传递的信号是有差异的，发债企业拥有高资质的客户会向公司债券的投资者传递与企业经营相关的积极信号，进而降低投资者要求的风险溢价。在进行一系列稳健性和内生性检验后回归结果依然存在。在机制检验中，发现企业拥有高资质的客户会使得企业的销售收入增长率提高，进而向资本市场传递企业生产经营的积极信号。对样本进行的分组测试结果表明，在非中央控股企业中，客户资质与公司债券发行定价的负相关关系更明显；企业的主要客户中存在外资客户时，可在一定程度上弱化上市公司类或政府类客户这类优质客户对公司债券发行定价的影响。

此外，公司债券投资者可以识别发债企业的主要客户不同的地理分布给企业生产经营带来的影响。若发债企业的主要客户地理分布分散程度较高，会导致企业与客户之间的信息不对称程度提高，同时也会产生更多的交易成本，增加企业交易过程中的不确定性，债券投资者会要求较高的风险溢价作为补偿。实证结果表明，发债企业主要客户地理分布的分散程度与公司债券发行定价呈显著正相关关系，说明客户的地理分布状况不同会向债券投资者传递差异化的信号，大客户的地理分散程度高会向债券投资者传递与企业经营相关的风险信号，债券投资者会要求更多的风险溢价作为补偿，进而导致公司债券较高的发行定价。在经过一系列的稳健性测试及控制潜在的内生性问题后，研究结果保持不变。在机制检验中，发现大客户地理分布的分散程度高，会增加企业日常经营的交易成本，进而传递与企业生产经营相关的风险信号。对样本进行分组检验的结果表明，发债企业所在省份的交通状况较好，会弱化分散的客户地理分布对公司债券发行定价上升的影响；企业的外部审计质量越高，也会削弱客户地理分布分散与公司债券发行定价的正相关关系。

公司债券投资者可以识别发债企业主要客户的稳定性对公司生产经营产生的影响。如果发债企业的主要客户稳定性较高，企业与主要客户在之前的交易活动中彼此熟悉，可降低彼此之间信息沟通的成本，并且稳定的大客户可能会为企业带来更高的经营收入稳定性，使得债券投资者降低对发债企业的风险溢价要求。实证结果表明，客户的稳定性越高，公司债券发行定价越低。这也说明了不同客户稳定性的向债券投资者传递的信号是有差异的。如果发债企业的主要客户稳定性高，能向债券投资者传递与企业经营相关的积极信号，债券投资者会认为稳定的大客户可为企业经营收入带来更多保障，使得企业的债券到期时违约风险下降，从而降低投资者所要求的风险溢价。经过稳健性和内生性测试后，研究结果依然保持不变。在机制检验中，发现企业的客户稳定性高，可降低企业经营业绩的波动率，进而传递企业生产经营的积极信号。样本进行分组检验的结果表明，当公司债券发行时经济政策不确定性较高，或企业与监管机构地理距离较远时，公司债券投资者会更重视客户稳定性对企业经营业绩带来的有利影响，客户稳定性与公司债券发行定价的负相关关系会更为显著。

第二节 政策建议

一、对公司债券发行企业的建议

对于公司债券的发行企业来说，其发行公司债券的目的是以较低的资金成本获取长期的债务融资。当公司债券发行企业与投资者面临较高的信息不对称时，投资者会要求更高的风险溢价作为补偿，进而导致企业的公司债券发行面临较高的融资成本。

本研究认为，公司债券的投资者会关注发债企业主要客户的状况，发债企业的主要客户会向债券投资者传递企业经营相关信号，债券投资者会根据客户特征评估企业的经营风险以及违约风险，进而影响公司债券的融资成本。因此，发债企业应做到：第一，完善客户信息的披露。除了披露主要客户的销售占比外，应尽量披露客户的具体名称，对主要客户的具体情况以及与主要客户关系是否具有持续的可能进行介绍，让投资者更清楚地了解到企业的主要客户的状况，进而降低企业与外部投资者之间的信息不对称，降低发债企业的公司债券融资成本。第二，企业应将主要客户纳入公司风险防控体系之中，对主要客户的资质水平进行甄别，尽可能地掌握主要客户的经营业绩相关信息，降低下游客户自身风险通过供应链传递给企业的可能性；设立公司的分支机构时，要考虑到主要客户的地理分布；在商业交易过程中应注重与大客户的沟通，及时了解客户的购买需求，实时调整公司的生产计划，降低企业转换成本。第三，积极采用多项策略来降低现有客户可能给企业带来的风险，提高企业经营业绩的能力，比如积极引入外资客户来降低低资质的客户给企业生产经营带来的风险，聘请高质量的外部审计来提高企业财务报告质量，降低远距离客户向债券投资者传递的风险信号等。

二、对公司债券投资者的建议

对于公司债券投资者而言，其投资目的就是在债券存续期间按期获息，到期收回本金。如何在公司债券市场中选择合适的投资标的，准确地评估公司债券发行企业的违约风险，是每个债券投资者需要思考的关键问题。客户是企业重要的利益相关主体，影响着企业的正常生产经营活动，不可避免地影响企业的偿债能力。本研究表明，企业的客户是异质的，不同客户所具备的特征对企业生产经营的影响是不同的，进而关系到企业在债务期限到期时是否有足够的现金流来偿还债务。因此，投资者在选择公司债券投资时不仅要关注发债企业公开披露的财务信息，还应该关注企业在各种公告及说明书中披露的非财务信息（比如客户信息），通过分析发债企业的主要客户具体状况，判断发债企业目前的主要客户是否能够成为企业经营业绩强有力的支撑、主要客户的生产经营是否会通过供应链关系对上游企业的生产经营产生风险，进而影响到发债企业在债券到期时的偿债能力。分析主要客户的状况能使投资者更清楚地了解企业日常生产经营状况以及盈利是否具有可持续性，进而对不同发债企业要求相应的风险溢价，比如对于拥有稳定优质客户的发债主体所发行的公司债券会要求更低的信用利差。另外，债券投资者对客户的具体信息的关注也能促使发债主体更重视对非财务信息尤其是客户信息的披露，降低企业与债券投资者之间的信息不对称程度。

三、对相关监管机构的建议

本研究表明，公司债券投资者会识别主要客户的具体特征对企业生产经营的影响，影响公司债券投资者对发债企业的信用风险评估。这说明投资者会关注发债主体的客户信息的披露情况。目前应进一步完善证监会对我国公开发行证券公司的客户信息披露制度，以保障投资者更充分地了解发债主体的相关信息，降低投资者与发债企业之间的信息不对称。比如证监会可以要求发债企业详尽披露与现有客户形成交易合同关系的期限，以及现有客户关系发生中断后对企业经营业绩会产生多大程度的不利影响，从而有助于投资者判断客户的稳定性以及潜在风险。此外，监管机构在考察企业的风险时也应将其主要客户纳入风险考核体系，根据企业主要客户情况的不同采取差异化的监督策略，比如当发债企业的主要客户距离较远，或者发债企业的主要客户经常发生变更时，主要客户的这些特征可能会增加企业运营风险，进而增加债券到期时的违约风险，监管机构对这类企业应该加强监管的力度，以保障公司债券投资者的合法权益。

四、对地方政府的建议

在我国，地方政府在市场经济发展中也扮演着重要的角色。本研究发现，发债企业的主要客户地理分布较分散时会增加上游企业与客户的信息不对称和交易成本，会导致债券投资者要求更高的风险溢价，这无疑使得发债主体面临更高的债务融资成本。而企业所在区域的交通状况较好在一定程度上能弱化分散的客户地理分布对公司债券融资成本上升的不利影响。因此，地方政府应适当加大对地方交通基础设施方面的财政支出，为企业提供良好的交通基础设施，降低企业经营活动中的交通运输成本，便于当地企业实现经营业务的拓展。

五、对目前学术研究的建议

本研究主要基于供应链信息传递的视角，研究了企业的下游客户在公共债务市场中发挥的作用。目前，我国关于供应链层面的研究基本与西方学者的研究趋同，大多集中于探究供应链集中度对供应链成员企业经营业绩、财务结构、战略行为等方面的影响。我国证监会在《公开发行证券的公司信息披露内容与格式准则第2号——年度报告的内容与格式》（证监发〔2012〕22号）中对于重要客户（供应商）的认定标准与美国资本市场存在一定差异。我国证监会要求公开发行证券的公司披露前五名客户/供应商的销售/采购的占比，鼓励公司分别披露前五名客户（供应商）的具体名称，而美国财务会计准则委员会对主要客户的认定为10%以上的销售（采购）占比，未对客户供应商具体名称披露做明确规定。因此，我国现有的供应链信息披露的制度更有利于学者对于供应链企业的具体特征在资本市场的作用展开研究。本书主要研究了发债企业主要客户的三项重要的特征对发债企业公司债券发行定价的影响，为财务会计在供应链方面的研究提供了一些新思路，未来关于供应链层面的研究视角应从以往研究供应链集中度对企业的生产经营影响转移到供应链成员的异质性对企业的影响。此外，企业的其他利益相关者是如何识别供应链成员的异质性给企业带来的影响，进而影响利益相关者对企业价值的评估也是值得关注的。

第三节 研究局限与展望

本研究仍存在一些局限，在未来的研究中有待进一步解决：

第一，本研究细分出的客户的三个主要特征，即客户的资质、客户的地理分布以及客户的稳定性，具有一定的代表性。客户资质可能会影响企业现有经营业绩的维持程度，进而影响现有的偿债能力。客户地理分布影响企业为维护主要客户关系而付出的交易成本，也可能会对现有经营业绩实现的效率产生影响，进而影响公司债券的发行定价。客户的稳定性反映的是供应链关系是否可持续，可能会影响企业未来的经营业绩的稳定性，进而影响投资者要求的风险溢价。但客户存在的其他特征还有待进一步挖掘，比如客户的财务状况、客户的货款支付方式也可能会对企业的经营收入产生影响，进而影响投资者对企业的风险溢价要求，限于信息采集的难度，本书未对客户的这些特征展开研究。

第二，本研究的初始研究样本对象仅为我国 2007—2019 年在沪深两市发行了公司债券的上市公司，然而，证监会在 2015 年出台的《公司债券发行与交易管理办法》中建立了非公开发行制度，公司债券的发行主体扩大至非上市公司，到 2019 年 12 月 31 日为止，有 7488 只公司债券由非上市公司发行。但由于非上市公司没有公开披露财务报告，在债券募集说明书上的财务业绩相关数据提取难度较大，使得本研究的样本受到一定限制。事实上，非上市公司的主要客户可能对公司的影响更为明显，因为非上市公司自身的资质、发展规模等各方面都与上市公司存在一定差距，获取外部融资的能力有限，非上市公司的经营收入依赖于其主要客户的购买需求，主要客户的状况会直接影响企业在公司债券到期时是否有足够的资金来偿还债务。并且由于非上市公司公开披露的信息少，与投资者的信息不对称程度更高，投资者可能会更加关注非上市公司在债券募集说明书上公开披露的、与企业经营业绩相关的信息，尤其会关注其主要客户的特征，通过分析客户的特征来判断非上市公司的资质和声誉，更准确地评估企业未来盈利能力与现金流水平以及债券违约的风险。因此，在未来的研究中有必要探究投资者在选择非上市公司发行的公司债券时，是否会识别非上市公司的主要客户的特征，进而影响非上市公司债券发行定价。

第三，我国公司债券市场发展时间只有 10 多年，导致目前研究的样本较有限。此外，本书研究了发债企业主要客户的特征对公司债券发行定价的影响，那么，发债企业的主要客户是否会影响债券其他的特征有待进一步分析。随着公司债市场规模的扩大，公司债券违约事件也相继发生。据 Wind 数据，截至 2020 年 12 月 31 号，共有 295 只公司债券发生实质违约，而在未来的一至两年会有大量的公司债券到期，违约事件的发生频率可能还会增加。公司债券违约的发生原因可被认为是企业在发行债券后的经营业绩状况出现了不稳定，导致在债券到期时没有足够的现金流来偿付举债的本金和利息。企业将产品销售给客户是其经营收入的主要来源，客户会影响发债企业在未来的经营业绩，进而影响其是否有资金来偿还债务。比如客户资质高，为上市公司类或政府类客户，自身发生财务危机可能性低，会降低企业发行公司债券违约的可能性。主要客户的稳定性高，交易关系的不确定性相对较小，便于投资者对企业的盈利水平进行准确评估,债券违约的可能性也会下降。然而,限于现阶段公司债券违约样本量较少,因此本书并未对发债企业的主要客户特征对公司债券违约的影响进行研究,未来可就该问题在现有的研究基础上加以拓展。

参考文献

[1] Adams M, Burton B, Hardwick P. The determinants of credit ratings in the United Kingdom insurance industry [J]. Journal of business finance & accounting, 2003, 30 (3/4): 539−572.

[2] Agarwal S, Hauswald R. Distance and private information in lending [J]. Review of financial studies, 2010, 23 (7): 2757−2788.

[3] Ak B K, Patatoukas P N. Customer−base concentration and inventory efficiencies: Evidence from the manufacturing sector [J]. Production and operations management, 2016, 25 (2): 258−272.

[4] Akerlof G A. The market for "lemons": Quality uncertainty and the market mechanism [J]. The quarterly journal of economics, 1978, 84 (3): 488−500.

[5] Ashbaugh−Skaife H, Collins D W, Lafond R. The effects of corporate governance on firms' credit ratings [J]. Journal of accounting and economics, 2006, 42 (1): 203−243.

[6] Bae K H, Wang J. Why do firms in customer−supplier relationships hold more cash? [J]. International review of finance, 2015, 15 (4): 489−520.

[7] Baker S R, Bloom N, Davis S J. Measuring economic policy uncertainty. [J]. The quarterly journal of economics, 2016, 131 (4): 1593−1636.

[8] Ball R, Bushman R M, Vasvari F P. The debt−contracting value of accounting information and loan syndicate structure [J]. Journal of accounting research, 2008, 46 (2): 247−287.

[9] Banerjee S, Dasgupta S, Kim Y. Buyer−supplier relationships and the stakeholder theory of capital structure [J]. The journal of finance, 2008, 63 (5): 2507−2552.

[10] Bathelt H, Malmberg A, Maskell P. Clusters and knowledge: local

buzz, global pipelines and the process of knowledge creation [J]. Human geography, 2004, 28 (1): 31—56.

[11] Bharath S T, Sunder J, Sunder S V. Accounting quality and debt contracting [J]. The accounting review, 2008, 83 (1): 1—28.

[12] Bhattacharya S, Chiesa G. Proprietary information, financial intermediation, and research incentives [J]. Journal of financial intermediation, 1995, 4 (4): 328—357.

[13] Bindroo V, Mariadoss B J, Pillai R G. Customer clusters as sources of innovation-based competitive advantage [J]. Journal of international marketing, 2012, 20 (3): 17—33.

[14] Boisot M, Meyer M W. Which way through the open door? Reflections on the internationalization of Chinese firms [J]. Management & organization review, 2008, 4 (3): 349—365.

[15] Boschma R A. Editorial: role of proximity in interaction and performance: conceptual and empirical challenges [J]. Regional studies, 2005, 39 (1): 41—45.

[16] Cai K, Zhu H. Customer-Supplier relationships and the cost of debt [J]. Journal of banking & finance, 2020, 110: 105686.

[17] Cai N, Helwege J, Warga A. Underpricing in the corporate bond market [J]. The review of financial studies, 2007, 20 (6): 2021—2046.

[18] Campbell J L. Why would corporations behave in socially responsible ways? An institutional theory of corporate social responsibility [J]. Academy of management review, 2007, 32 (3): 946—967.

[19] Campello M, Gao J. Customer concentration and loan contract terms [J]. Journal of financial economics, 2017, 123: 108—136.

[20] Cannon J P, Homburg C. Buyer-supplier relationships and customer firm costs [J]. Journal of marketing, 2001, 65 (1): 29—43.

[21] Cao Y, Hu X, Lu Y, et al. Customer concentration, tax collection intensity, and corporate tax avoidance [J]. Emerging markets finance and trade, 2020, 56 (11): 2563—2593.

[22] Carroll A B, Buchholtz A K. Ethics and stakeholder management. [M]. Cincinnati: South-Western, 1996.

[23] Cen L, Dasgupta S, Elkamhi R, et al. Reputation and loan contract

terms: The role of principal customers [J]. Review of finance, 2015, 14: 501−533.

[24] Cen L, Maydew E L, Zhang L, et al. Customer−supplier relationships and corporate tax avoidance [J]. Journal of financial economics, 2017, 123 (2): 377−394.

[25] Cenesizoglu T, Essid B. The effect of monetary policy on credit spreads [J]. Journal of financial research, 2012, 35 (4): 581−613.

[26] Chatfield D C, Kim J G, Harrison T P, et al. The bullwhip effect− impact of stochastic lead time, information quality, and information sharing: a simulation study [J]. Production and operations management, 2004, 13 (4): 340−353.

[27] Chava S, Kumar P, Warga A. Managerial agency and bond covenants [J]. Review of financial studies, 2010, 23 (3): 1120−1148.

[28] Chava S, Roberts M R. How does financing impact investment? The role of debt covenants [J]. The journal of finance, 2008, 63 (5): 2085−2121.

[29] Chen C, Zhao Y, Zhao Y. Corporate bond ratings, underwriters' reputation and cost of bonds [J]. Asia−pacific journal of accounting & economics, 2018, 26 (1−2): 1−16.

[30] Chen P F, He S, Ma Z, et al. The information role of audit opinions in debt contracting [J]. Journal of accounting & economics, 2016, 61 (1): 121−144.

[31] Chen T K, Tseng Y. Readability of notes to consolidated financial statements and corporate bond yield spread [J]. European accounting review, 2021, 30 (1): 83−113.

[32] Chen Y, Jiang L. Liquidity Risk and Corporate Bond Yield Spread: Evidence from China [J]. International review of finance, 2021, 21 (4): 1117−1151.

[33] Cheng C A, Eshleman J D. Does the market overweight imprecise information? Evidence from customer earnings announcements [J]. Review of accounting studies, 2014, 19 (3): 1125−1151.

[34] Cheng Q, Du F, Wang X, et al. Seeing is believing: analysts' corporate site visits [J]. Review of accounting studies, 2016, 21 (4): 1245−

1286.

[35] Chiu T T, Kim J B, Wang Z. Customers' risk factor disclosures and suppliers' investment efficiency [J]. Contemporary accounting research, 2019, 36 (2): 773—804.

[36] Clarkson M E. A stakeholder framework for analyzing and evaluating corporate social performance [J]. Academy of management review, 1995, 20 (1): 92—117.

[37] Coase R H. The nature of the firm. Economica, 1937, 4 (16): 386—405.

[38] Cohen D A, Li B. Customer-base concentration, investment, and profitability: the US Government as a major customer [J]. The accounting review, 2020, 95 (1): 101—131.

[39] Coval J D, Moskowitz T J. The geography of investment: informed trading and asset prices [J]. Journal of political economy, 2001, 109 (4): 811—841.

[40] Crawford S, Huang Y, Li N, et al. Customer concentration and public disclosure: Evidence from management earnings and sales forecasts [J]. Contemporary accounting research, 2020, 37 (1): 131—159.

[41] Dahlman C J. The problem of externality [J]. Journal of law & economics, 1979, 22 (1): 141—162.

[42] Dhaliwal D, Judd J S, Serfling M, et al. Customer concentration risk and the cost of equity capital [J]. Journal of accounting and economics, 2016, 61 (1): 23—48.

[43] Dhaliwal D, Michas P N, Naiker V, et al. Greater reliance on major customers and auditor going-concern opinions [J]. Contemporary accounting research, 2020, 37 (1): 160—188.

[44] Dou Y, Hope O K, Thomas W B. Relationship-specificity, contract enforceability, and income smoothing [J]. The accounting review, 2013, 88 (5): 1629—1656.

[45] Eisenthal-Berkovitz Y, Feldhütter P, Vig V. Leveraged buyouts and bond credit spreads [J]. Journal of financial economics, 2020, 135 (3): 577—601.

[46] Eng L L, Mak Y T. Corporate governance and voluntary disclosure [J].

Journal of accounting & public policy, 2003, 22 (4): 325−345.

[47] Fabbri D, Klapper L F. Bargaining power and trade credit [J]. Journal of corporate finance, 2016, 41: 66−80.

[48] Flannery M J, Nikolova S, Öztekin Ö. Leverage expectations and bond credit spreads. [J]. Journal of financial and quantitative analysis, 2012, 47 (4): 689−714.

[49] Foster G. Intra-industry information transfers associated with earnings releases [J]. Journal of accounting and economics, 1981, 3 (3): 201−232.

[50] Francis B, Hasan I, Koetter M, et al. Corporate boards and bank loan contracting [J]. Journal of financial research, 2012, 35 (4): 521−552.

[51] Francis J, Nanda D, Olsson P. Voluntary disclosure, earnings quality, and cost of capital [J]. Journal of accounting research, 2010, 46 (1): 53−99.

[52] Ganesan S, Malter A J, Rindfleisch A. Does distance still matter? Geographic proximity and new product development [J]. Journal of marketing, 2005, 69 (4): 44−60.

[53] Gao W, Ng L, Wang Q. Does geographic dispersion affect firm valuation? [J]. Journal of corporate finance, 2008, 14 (5): 674−687.

[54] García D, Øyvind N. Geographic dispersion and stock returns [J]. Journal of financial economics, 2012, 106 (3): 547−565.

[55] Ge W, Kim J B. Real earnings management and the cost of new corporate bonds [J]. Journal of business research, 2014, 67 (4): 641−647.

[56] Ge W, Liu M. Corporate social responsibility and the cost of corporate bonds [J]. Journal of accounting and public policy, 2015, 34 (6): 597−624.

[57] Ge Y, Liu Y, Qiao Z, et al. State ownership and the cost of debt: Evidence from corporate bond issuances in China [J]. Research in international business and finance, 2020, 52: 101164.

[58] Gençay R, Signori D, Xue Y, et al. Economic links and credit spreads [J]. Journal of banking & finance, 2015, 55: 157−169.

[59] Goldman E, Rocholl J, So J. Politically connected boards of directors and the allocation of procurement contracts [J]. Review of finance,

2013, 17 (5): 1617—1648.

[60] Gong G, Xiao L, Xu S, et al. Do Bond Investors Care About Engagement Auditors' Negative Experiences? Evidence from China [J]. Journal of business ethics, 2019, 158 (3): 779—806.

[61] Gong G, Xu S, Gong X. Bond covenants and the cost of debt: Evidence from China [J]. Emerging markets finance and trade, 2017, 53 (3): 587—610.

[62] Gong G, Xu S, Gong X. On the value of corporate social responsibility disclosure: an empirical investigation of corporate bond issues in China [J]. Journal of business ethics, 2016, 150, (1): 227—258.

[63] Gosman M, Kelly T, Olsson P, et al. The profitability and pricing of major customers [J]. Review of accounting studies, 2004, 9 (1): 117—139.

[64] Graham J R, Li S, Qiu J. Corporatemisreporting and bank loan contracting [J]. Journal of financial economics, 2008, 89 (1): 44—61.

[65] Greene W. The behaviour of the maximum likelihood estimator of limited dependent variable models in the presence of fixed effects [J]. The econometrics journal, 2004, 7 (1): 98—119.

[66] Guan Y, Wong M F, Zhang Y. Analyst following along the supply chain [J]. Review of accounting studies, 2015, 20 (1): 210—241.

[67] Gulen H, Ion M. Policy uncertainty and corporate investment [J]. The review of financial studies, 2016, 29 (3): 523—564.

[68] Hasan I, Park J C, Qiang W. The impact of earnings predictability on bank loan contracting [J]. Journal of business finance & accounting, 2012, 39 (7/8): 1068—1101.

[69] Heckman J J. Sample selection bias as a specification error [J]. Econometrica, 1977, 47: 153—161.

[70] Hu T, Hu X, Huang H, et al. Locational effects and the cost of corporate bonds: the role of information [J]. Accounting & finance, 2019, 59: 1977—2016.

[71] Hu X, Shi J, Wang L, et al. Foreign ownership in Chinese credit ratings industry: Information revelation or certification? [J]. Journal of banking & finance, 2020, 118: 105891.

[72] Huang H H, Lobo G J, Wang C, et al. Customer concentration and corporate tax avoidance [J]. Journal of banking & finance, 2016, 72: 184-200.

[73] Hui K W, Klasa S, Yeung P E. Corporate suppliers and customers and accounting conservatism [J]. Journal of accounting & economics, 2012, 53 (1/2): 115-135.

[74] Irvine P J, Park S S, Yıldızhan Ç. Customer-base concentration, profitability, and the relationship life cycle [J]. The accounting review, 2016, 91 (3): 883-906.

[75] Itzkowitz J. Buyers as stakeholders: How relationships affect suppliers' financial constraints [J]. Journal of corporate finance, 2015, 31: 54-66.

[76] Itzkowitz J. Customers and cash: how relationships affect suppliers cash holdings [J]. Journal of corporate finance, 2013, 19: 159-180.

[77] Jensen K, Kim J M, Yi H. The geography of US auditors: information quality and monitoring costs by local versus non-local auditors [J]. Review of quantitative finance and accounting, 2015, 44 (3): 513-549.

[78] Jiang J. Beating earnings benchmarks and the cost of debt. [J]. The accounting review, 2008, 83 (2): 377-416.

[79] John K, Knyazeva A, Knyazeva D. Does geography matter? Firm location and corporate payout policy [J]. Journal of Financial economics, 2011, 101 (3): 533-551.

[80] Johnson W C, Kang J K, Yi S. The certification role of large customers in the new issues market [J]. Financial management, 2010, 39 (4): 1425-1474.

[81] Kalwani M U, Narayandas N. Long-term manufacturer-supplier relationships: do they pay off for supplier firms? [J]. Journal of marketing, 1995, 59 (1): 1-16.

[82] Kang C, Zhang Y, Ma X, et al. Inferring properties and revealing geographical impacts of intercity mobile communication network of china using a subnet data set [J]. International journal of geographical unformation science, 2013, 27 (3): 431-448.

[83] Kashyap A K, Rajan R, Stein J C. Banks as liquidity providers: An

explanation for the coexistence of lending and deposit-taking [J]. The journal of finance, 2002, 57 (1): 33-73.

[84] Kecskés A, Mansi S A, Zhang A J. Are short sellers informed? Evidence from the bond market [J]. The accounting review, 2013, 88 (2): 611-639.

[85] Kedia S, Rajgopal S. Do the SEC's enforcement preferences affect corporate misconduct? [J]. Journal of accounting and economics, 2011, 51 (3): 259-278.

[86] Kim G H. Credit derivatives as a commitment device: evidence from the cost of corporate debt [J]. Journal of banking & finance, 2016, 73: 67-83.

[87] Kim J B. The voluntary adoption of International Financial Reporting Standards and loan contracting around the world [J]. Review of accounting studies, 2011, 16 (4): 779-811.

[88] Kolay M, Lemmon M, Tashjian E. Spreading the misery? Sources of bankruptcy spillover in the supply chain [J]. Journal of financial and quantitative analysis, 2016, 51 (6): 1955-1990.

[89] Koller T, Goedhart M, Wessels D. Valuation: Measuring and managing the value of companies [M]. New Jersey: John Wiley&Sons, 2005.

[90] Krishnan G V, Patatoukas P N, Wang A Y. Customer-base concentration: Implications for audit pricing and quality [J]. Journal of management accounting research, 2019, 31 (1): 129-152.

[91] Krolikowski M, Yuan X. Friend or foe: Customer-supplier relationships and innovation [J]. Journal of business research, 2017, 78: 53-68.

[92] Krugman P. Increasing Returns and Economic Geography [J]. Journal of political economy, 1991, 99 (3): 483-499.

[93] Kwak K, Kim N. Concentrate or disperse? The relationship between major customer concentration and supplier profitability and the moderating role of insider ownership [J]. Journal of business research, 2020, 109: 648-658.

[94] Lee S M, Jiraporn P, Song H. Customer concentration and stock price crash risk. [J]. Journal of business research, 2020, 110: 327-346.

[95] Li K. Innovation externalities and the customer/supplier link [J]. Journal of banking & finance, 2018, 86: 101-112.

[96] Lian Y. Financial distress and customer-supplier relationships [J]. Journal of corporate finance, 2017, (43): 397-406.

[97] Lim C, Tan H. Non-audit service fees and audit quality: The impact of auditor specialization [J]. Journal of accounting research, 2008, 46 (1): 199-246.

[98] Liu C, Xiao Z, Xie H. Customer concentration, institutions, and corporate bond contracts [J]. Internationaljournal of finance & economics, 2020, 25 (1): 90-119.

[99] Lu Z, Zhu J, Zhang W. Bank discrimination, holding bank ownership, and economic consequences: evidence from china [J]. Journal ofbanking & finance, 2012, 36 (2): 341-354.

[100] Luo S, Nagarajan N J. Information complementarities and supply chain analysts [J]. The accounting review, 2015, 90 (5): 1995-2029.

[101] Mansi S A, Maxwell W F, Mille D P. Does auditor quality and tenure matter to investors? Evidence from the bond market [J]. Journal of accounting research, 2004, 42 (4): 755-793.

[102] Mihov A, Naranjo A. Customer-base concentration and the transmission of idiosyncratic volatility along the vertical chain [J]. Journal of empirical finance, 2017, 40: 73-100.

[103] Minnis M. The value of financial statement verification in debt financing: Evidence from private US firms [J]. Journal of accounting research, 2011, 49 (2): 457-506.

[104] Murfin J, Njoroge K. The implicit costs of trade credit borrowing by large firms [J]. The Review of financial studies, 2015, 28 (1): 112-145.

[105] Nash R C, Netter J M, Poulsen A B. Determinants of contractual relations between shareholders and bondholders: Investment opportunities and restrictive covenants [J]. Journal of corporate finance, 2003, 9 (2): 201-232.

[106] O'brien R. Global Financial Integration: The end of geography [M].

New York: Council on Foreign Relationship Press, 1992.

[107] Oliveira M, Kadapakkam P R, Beyhaghi M. Effects of customer financial distress on supplier capital structure [J]. Journal of corporate finance, 2017, 42: 131−149.

[108] Pandit S, Wasley C E, Zach T. Information externalities along the supply chain: The economic determinants of suppliers' stock price reaction to their customers' earnings announcements [J]. Contemporary accounting research, 2011, 28 (4): 1304−1343.

[109] Patatoukas P N. Customer−base concentration: Implications for firm performance and capital markets [J]. The accounting review, 2012, 87 (2): 363−392.

[110] Peng X, Wang X, Chan K C. Does customer concentration disclosure affect IPO pricing? [J]. Finance research letters, 2019, 28: 363−369.

[111] Peng X, Wang X, Yan L. How does customer concentration affect informal financing? [J]. International review of economics & finance, 2019, 63: 152−162.

[112] Petersen M A. Estimating standard errors in finance panel data sets: Comparing approaches [J]. The review of financial studies, 2009, 22 (1): 435−480.

[113] Petersen M A, Rajan R G. The benefits of lending relationships: Evidence from small business data [J]. The journal of finance, 1994, 49 (1): 3−37.

[114] Pons−Novell J, Viladecans−Marsal E. Cities and the internet: the end of distance? [J]. Journal of urban technology, 2006, 13 (1): 109−132.

[115] Poon W P H, Chan K C, Firth M A. Does having a credit rating leave less money on the table when raising capital? A study of credit ratings and seasoned equity offerings in China [J]. Pacific−basin finance journal, 2013, 22: 88−106.

[116] Porter M E. Clusters and the new economics of competition [J]. Harvard business review, 1998, 76 (6): 77−90.

[117] Presutti M, Boari C, Majocchi A, et al. Distance to customers, absorptive capacity, and innovation in high−tech firms: The dark face

of geographical proximity [J]. Journal of small business management, 2019, 57 (2): 343−361.

[118] Radhakrishnan S, Wang Z, Zhang Y. Customers' capital market information quality and suppliers' performance [J]. Production and operations management, 2014, 23 (10): 1690−1705.

[119] Rahaman M M, Zaman A. Management quality and the cost of debt: Does management matter to lenders? [J]. Journal of banking & finance, 2013, 37 (3): 854−874.

[120] Raman K, Shahrur H. Relationship-specific investments and earnings management: evidence on corporate suppliers and customers [J]. The accounting review, 2008, 83 (4): 1041−1081.

[121] Reisel, Natalia. On the value of restrictive covenants: empirical investigation of public bond issues [J]. Journal of corporate finance, 2014, 27: 251−268.

[122] Shi G, Sun J, Luo R. Geographic dispersion and earnings management [J]. Journal of accounting and public policy, 2015, 34 (5): 490−508.

[123] Shi G, Sun J. Corporate bond covenants and social responsibility investment [J]. Journal of business ethics, 2015, 131 (2): 285−303.

[124] Shleifer A, Vishny R W. Large shareholders and corporate control [J]. Journal of political economy, 1986, 94 (3): 461−488.

[125] Stiglitz J E, Weiss A. Credit rationing in markets with imperfect information [J]. The American economic review, 1981, 71 (3): 393−410.

[126] Tallman S, Jenkins M, Henry N, et al. Knowledge, clusters, and competitive advantage [J]. Academy of management review, 2004, 29 (2): 258−271.

[127] Tan J, Cao H, Kong X. Do major customers promote firms' innovation? [J]. China journal of accounting research, 2019, 12 (2): 209−229.

[128] Tan W, Tsang A, Wang W, et al. Corporate Social Responsibility (CSR) Disclosure and the Choice between Bank Debt and Public Debt [J]. Accounting horizons, 2020, 34 (1): 151−173.

[129] Teoh S H, Wong T J. Perceived auditor quality and the earnings

response coefficient [J]. The accounting review, 1993: 346-366.

[130] Tian X. The causes and consequences of venture capital stage financing [J]. Journal of financial economics, 2011, 101 (1): 132-159.

[131] Utama S, Cready W M. Institutional ownership, differential predisclosure precision and trading volume at announcement dates [J]. Journal of accounting and economics, 1997, 24 (2): 129-150.

[132] Wang J. Do firms' relationships with principal customers/suppliers affect shareholders' income? [J]. Journal of corporate finance, 2012, 18 (4): 860-878.

[133] Wheeler D, Sillanpa M. Including the stakeholders: The business case [J]. Long range planning, 1998, 31 (2): 201-210.

[134] White H. A heteroskedasticity-consistent covariance matrix estimator and a direct test forheteroskedasticity [J]. Econometrica: journal of the econometric society, 1980, 48 (4): 817-838.

[135] Williamson O E. The economic institutions of capitalism-transaction cost economics [J]. The political economy reader markets as institutions, 1985: 185-194.

[136] Williamson O E. Transaction-cost economics: the governance of contractual relations [J]. Journal of law & economics, 1979, 22 (2): 233-261.

[137] Wong T J. Corporate governance research on listed firms in China: Institutions, governance and accountability [J]. Foundations & trends in accounting, 2016, 9 (4): 259-326.

[138] Yin C, Cheng X, Yang Y, et al. Do corporate frauds distort suppliers' investment decisions? [J]. Journal of business ethics, 2021, 172 (1): 115-132.

[139] Zhang H, Lin Z, Liu M, et al. Customer concentration and over-investment [J]. Applied economics, 2020, 52 (46): 5035-5045.

[140] Zhang M, Gong G, Xu S, et al. Corporate fraud and corporate bond costs: evidence from China [J]. Emerging markets finance and trade, 2018, 54 (5): 1011-1046.

[141] 敖小波, 林晚发, 李晓慧. 内部控制质量与债券信用评级 [J]. 审计研究, 2017 (2): 57-64.

[142] 包晓岚，宋明亮，李思呈. 客户关系与企业风险承担［J］. 科学决策，2020（8）：44-66.

[143] 陈超，李镕伊. 债券融资成本与债券契约条款设计［J］. 金融研究，2014（1）：44-57.

[144] 陈超，李镕伊. 审计能否提高公司债券的信用评级［J］. 审计研究，2013（3）：59-80.

[145] 陈峻，王雄元，彭旋. 环境不确定性、客户集中度与权益资本成本［J］. 会计研究，2015（11）：76-82.

[146] 陈峻，郑惠琼. 融资约束、客户议价能力与企业社会责任［J］. 会计研究，2020（8）：50-63.

[147] 陈强. 高级计量经济学及Stata应用［M］. 北京：高等教育出版社，2014.

[148] 陈正林. 客户集中、行业竞争与商业信用［J］. 会计研究，2017（11）：79-85.

[149] 程小可，宛晴，李昊洋. 大客户地理邻近性对供应商企业会计稳健性的影响研究［J］. 审计与经济研究，2019，34（5）：65-74.

[150] 褚剑，方军雄. 客户集中度与股价崩盘风险：火上浇油还是扬汤止沸［J］. 经济理论与经济管理，2016（7）：44-57.

[151] 邓英雯，张敏. 客户—证监局地理距离与审计投入［J］. 会计与经济研究，2019（5）：3-20.

[152] 杜立，屈伸，钱雪松，等. 地理距离、契约设计与企业内部资本市场借贷风险防控——来自中国企业集团内部借贷交易的证据［J］. 金融研究，2020（8）：130-148.

[153] 窦超，袁满，陈晓. 政府背景大客户与审计费用——基于供应链风险传递视角［J］. 会计研究，2020（3）：164-178.

[154] 方红星，施继坤，张广宝. 产权性质、信息质量与公司债定价——来自中国资本市场的经验证据［J］. 金融研究，2013（4）：170-182.

[155] 方红星，张勇. 供应商/客户关系型交易，盈余管理与审计师决策［J］. 会计研究，2016（1）：79-86.

[156] 郭晔，黄振，王蕴. 未预期货币政策与企业债券信用利差——基于固浮利差分解的研究［J］. 金融研究，2016（6）：67-80.

[157] 黄波，王满，于浩洋. 分析师预测质量影响了债务融资成本吗？——来自我国上市公司的经验证据［J］. 金融评论，2018，10（2）：56-

72，124.

[158] 黄伟，陈钊. 外资进入、供应链压力与中国企业社会责任 [J]. 管理世界，2015（2）：91-100，132.

[159] 黄晓红. 宏观经济政策不确定性、存货调整与企业业绩 [J]. 软科学，2020，34（12）：47-51.

[160] 黄鑫楠，孙斌栋，张婷麟. 地理距离对互联网社会中网络信息传播的影响 [J]. 地理学报，2020，75（4）：722-735.

[161] 吉利，陶存杰. 供应链合作伙伴可以提高企业创新业绩吗？——基于供应商，客户集中度的分析 [J]. 中南财经政法大学学报，2019（1）：38-65.

[162] 寇宗来，盘宇章，刘学悦. 中国的信用评级真的影响发债成本吗？[J]. 金融研究，2015（10）：81-98.

[163] 类承曜，徐泽林. 股东治理会影响债券信用利差吗？——基于多个大股东的视角 [J]. 投资研究，2020，39（12）：23-43.

[164] 李常青，赖建清. 董事会特征影响公司绩效吗？[J]. 金融研究，2004（5）：64-77.

[165] 李丹，王丹. 供应链客户信息对公司信息环境的影响研究——基于股价同步性的分析 [J]. 金融研究，2016（12）：191-206.

[166] 李欢，李丹，王丹. 客户效应与上市公司债务融资能力——来自我国供应链客户关系的证据 [J]. 金融研究，2018（6）：138-154.

[167] 李欢，王丹. 供应链客户信息对公司信息环境的影响研究——基于股价同步性分析 [J]. 金融研究，2016（12）：191-206.

[168] 李欢，郑杲娉，李丹. 大客户能够提升上市公司业绩吗？——基于我国供应链客户关系的研究 [J]. 会计研究，2018（4）：58-65.

[169] 李秋茹. 论债务契约条款对自由现金流治理的妙用 [J]. 山西财经大学学报，2007（Z1）：104.

[170] 李新，苏兆国，史本山. 基于区位选择的中国工业生产企业空间集聚研究 [J]. 科学学研究，2010，28（4）：549-557，534.

[171] 林俊波. 信息传递机理与证券市场信息不对称成因分析 [J]. 经济学动态，2004（10）：28-30.

[172] 林晚发，何剑波，周畅，等. "投资者付费"模式对"发行人付费"模式评级的影响：基于中债资信评级的实验证据 [J]. 会计研究，2017（9）：62-68.

[173] 林晚发，李国平，王海妹，等．分析师预测与企业债券信用利差——基于 2008—2012 年中国企业债券数据［J］．会计研究，2013（8）：69－75．

[174] 林晚发，刘颖斐，赵仲匡．承销商评级与债券信用利差——来自《证券公司分类监管规定》的经验证据［J］．中国工业经济，2019（1）：174－192．

[175] 林晚发，钟辉勇，李青原．高管任职经历的得与失？——来自债券市场的经验证据［J］．金融研究，2018（6）：171－188．

[176] 林晚发，周倩倩．异常审计费用与债券信用评级［J］．审计与经济研究，2018，33（6）：48－57．

[177] 林钟高，邱悦旻．供应商－客户关系与代理成本［J］．北京工商大学学报（社会科学版），2020（11）：28－41，55．

[178] 刘生龙，胡鞍钢．交通基础设施与中国区域经济一体化［J］．经济研究，2011 46（3）：72－82．

[179] 刘文军，谢帮生．客户在公司隐藏坏消息中的角色：合谋者抑或监督者？［J］．产业经济研究，2017（3）：104－115．

[180] 刘文军．审计师的地理位置是否影响审计质量？［J］．审计研究，2014（1）：79－87．

[181] 刘妍，吴玲玉，宫长亮．现金持有、信用等级、债券利差［J］．系统工程，2018，36（9）：41－50．

[182] 罗党论，甄丽明．民营控制、政治关系与企业融资约束？——基于中国民营上市公司的经验证据［J］．金融研究，2008（12）：164－178．

[183] 罗进辉，黄泽悦，朱军．独立董事地理距离对公司代理成本的影响［J］．中国工业经济，2017（8）：100－119．

[184] 吕怀立，钟宇翔，李婉丽．发审制度，交易机制与盈余信息的债券定价功能［J］．管理评论，2016，28（12）：14－29．

[185] 马榕，石晓军．中国债券信用评级结果具有甄别能力吗？——基于盈余管理敏感性的视角［J］．经济学（季刊），2016，15（1）：197－216．

[186] 孟庆玺，白俊，施文．客户集中度与企业技术创新：助力抑或阻碍——基于客户个体特征的研究［J］．南开管理评论，2018（4）：62－73．

[187] 潘俊，袁璐，王禹．股价崩盘风险会影响债券契约条款设计吗？［J］．金融评论，2019（5）：67－79．

[188] 彭叠峰，程晓园．刚性兑付被打破是否影响公司债的发行定价？——基

于"11超日债"违约事件的实证研究[J]. 管理评论, 2018, 30 (12): 3-12.

[189] 饶品贵, 徐子慧. 经济政策不确定性影响了企业高管变更吗? [J]. 管理世界, 2017 (1): 145-157.

[191] 史金艳, 杨健亨, 陈婷婷, 等. 客户集中度影响现金股利的机制——信号传递、代理冲突还是融资约束? [J]. 投资研究, 2018, 37 (10): 74-89.

[192] 史永东, 田渊博. 契约条款影响债券价格吗?——基于中国公司债市场的经验研究[J]. 金融研究, 2016 (8): 143-158.

[193] 史永东, 王三法, 齐燕山. 契约条款能够降低债券发行利率吗?——基于中国上市公司债券的实证研究[J]. 证券市场导报, 2018 (2): 49-58.

[194] 苏牧. 银企关系, 关系型贷款与融资成本——来自上市公司的经验证据[J]. 技术经济与管理研究, 2020 (3): 82-86.

[195] 孙会霞, 陈金明, 陈运森. 银行信贷配置、信用风险定价与企业融资效率[J]. 金融研究, 2013 (11): 55-67.

[196] 田利辉, 王可第. 山高皇帝远: 地理距离与上市公司股价崩盘风险的经验证据[J]. 南方经济, 2019, 38 (11): 34-52.

[197] 宛晴, 程小可, 杨鸣京, 等. 大客户地理邻近性能够抑制公司违规吗? [J]. 中国软科学, 2019 (8): 100-119.

[198] 王丹, 李丹, 李欢. 客户集中度与企业投资效率[J]. 会计研究, 2020 (1): 110-125.

[199] 王迪, 刘祖基, 赵泽朋. 供应链关系与银行借款——基于供应商/客户集中度的分析[J]. 会计研究, 2016 (10): 42-49.

[200] 王雄元, 高开娟. 客户集中度与公司债二级市场信用利差[J]. 金融研究, 2017 (1): 130-144.

[201] 王雄元, 彭旋. 稳定客户提高了分析师对企业盈余预测的准确性吗? [J]. 金融研究, 2016 (5): 156-172.

[202] 王艳艳, 陈汉文. 审计质量与会计信息透明度——来自中国上市公司的经验数据[J]. 会计研究, 2006 (4): 9-15.

[203] 王永进, 盛丹. 地理集聚会促进企业间商业信用吗? [J]. 管理世界, 2013 (1): 101-114, 188.

[204] 魏明海, 衣昭颖, 李晶晶. 中国情境下供应链中客户盈余信息传递效应

影响因素研究 [J]. 会计研究, 2018 (6): 19-25.

[205] 吴超鹏, 薛南枝, 张琦, 等. 家族主义文化、"去家族化" 治理改革与公司绩效 [J]. 经济研究, 2019, 54 (2): 182-198.

[206] 吴建华, 王新军, 张颖. 企业信息披露滞后对债券违约风险影响的量化分析 [J]. 金融经济学研究, 2014, 29 (6): 17-28.

[207] 肖作平, 尹林辉. 终极所有权性质与股权融资成本——来自中国证券市场的经验证据 [J]. 证券市场导报, 2015 (7): 13-23.

[208] 谢璇, 王运陈, 吴萌. 分析师的供应链行业知识与盈余预测质量 [J]. 中南财经政法大学学报, 2019 (05): 53-63, 159.

[209] 邢天才, 詹明君, 王文钢. 评级机构竞争、声誉与债券信用评级质量 [J]. 财经问题研究, 2016 (6): 66-71.

[210] 幸丽霞, 陈冬, 林晚发. 企业避税行为与债券信用评级关系研究——基于避税风险观的中介效应视角 [J]. 中国软科学, 2017 (12): 169-177.

[211] 宋全云, 李晓, 钱龙. 经济政策不确定性与企业贷款成本 [J]. 金融研究, 2019 (7): 57-75.

[212] 宋渊洋, 黄礼伟. 为什么中国企业难以国内跨地区经营？ [J]. 管理世界, 2014 (12): 115-133.

[213] 陶雄华, 曹松威. 会计信息质量、政治关联与公司债融资成本——基于我国上市公司的证据 [J]. 中南财经政法大学学报, 2017 (3): 89-96, 160.

[214] 许和连, 金友森, 王海成. 银企距离与出口贸易转型升级 [J] 经济研究, 2020, 55 (11): 174-190.

[215] 徐思. 会计信息质量在公司债券定价中的作用机理研究 [D]. 长沙: 湖南大学, 2017.

[216] 徐瑶之, 华迎. 商业信用供给, 客户关系及阈值效应 [J]. 商业研究, 2020 (6): 14-22.

[217] 薛爽, 耀友福, 王雪方. 供应链集中度与审计意见购买 [J]. 会计研究, 2018 (8): 57-64.

[218] 杨大楷, 王鹏. 盈余管理与公司债券定价——来自中国债券市场的经验证据 [J]. 国际金融研究, 2014 (4): 86-96.

[219] 姚立杰, 付方佳, 程小可. 企业避税, 债务融资能力和债务成本 [J]. 中国软科学, 2018 (10): 117-135.

[220] 姚圣,杨洁,梁昊天. 地理位置、环境规制空间异质性与环境信息选择性披露 [J]. 管理评论,2016,28 (6):192-204.

[221] 杨国超,盘宇章. 信任被定价了吗?——来自债券市场的证据 [J]. 金融研究,2019 (1):35-53.

[222] 殷枫,贾竞岳. 大客户盈余管理对供应商企业投资的影响研究 [J]. 审计与经济研究,2017,32 (6):64-78.

[223] 于慧,邓伟,刘邵权. 地势起伏度对三峡库区人口及经济发展水平的影响 [J]. 长江流域资源与环境,2013,22 (6):686-690.

[224] 于鹏,申慧慧. 监管距离、事务所规模与盈余质量 [J]. 审计研究,2018 (5):105-112.

[225] 张军. 债券市场改革与投资者风险意识研究——来自公司债券发行定价的证据 [J]. 证券市场导报,2021 (1):56-63.

[226] 张敏,马珺,张胜. 供应商-客户关系与审计师选择 [J]. 会计研究,2012 (12):81-86.

[227] 张蕊,王洋洋,廖佳. 关键下属高管晋升锦标赛的创新激励效应研究 [J]. 会计研究,2020 (2):143-153.

[228] 张学良. 中国交通基础设施促进了区域经济增长吗——兼论交通基础设施的空间溢出效应 [J]. 中国社会科学,2012 (3):60-77,206.

[229] 赵振洋,王丽琼,杨建平. 宏观货币政策、会计稳健性与债务融资成本——基于中国A股上市公司的实证研究 [J]. 会计与经济研究,2017,31 (6):64-78.

[230] 甄红线,王三法,王晓洪. 公司债条款,债券评级与会计稳健性 [J]. 会计研究,2019 (10):42-49.

[231] 周宏,建蕾,李国平. 企业社会责任与债券信用利差关系及其影响机制——基于沪深上市公司的实证研究 [J]. 会计研究,2016 (5):18-25.

[232] 周宏,周畅,林晚发,等. 公司治理与企业债券信用利差——基于中国公司债券2008—2016年的经验证据 [J]. 会计研究,2018 (5):59-66.

[233] 朱松. 债券市场参与者关注会计信息质量吗?[J]. 南开管理评论,2013,16 (3):16-25.